Horster/Rolff · Unterrichtsentwicklung

Leonhard Horster · Hans-Günter Rolff

Unterrichtsentwicklung

Grundlagen, Praxis, Steuerungsprozesse

Beltz Verlag · Weinheim und Basel

Leonhard Horster, Jg. 1947, Oberstudiendirektor, Leiter des Studienseminars für das Lehramt für die Sekundarstufe II in Bocholt.

Prof. Dr. *Hans-Günter Rolff,* Jg. 1939, Leiter des Instituts für Schulentwicklungsforschung (IFS) der Universität Dortmund.

Alle Rechte, insbesondere das Recht der Vervielfältigung und Verbreitung sowie der Übersetzung, vorbehalten. Kein Teil des Werkes darf in irgendeiner Form (durch Fotokopie, Mikrofilm oder ein anderes Verfahren) ohne schriftliche Genehmigung des Verlages reproduziert oder unter Verwendung elektronischer Systeme verarbeitet, vervielfältigt oder verbreitet werden.

Gesetzt nach den neuen Rechtschreibregeln
Lektorat: Peter E. Kalb

© 2001 Beltz Verlag · Weinheim
www.beltz.de
Herstellung: Klaus Kaltenberg
Satz: Media Partner GmbH, Hemsbach
Druck: Druckhaus Beltz, Hemsbach
Umschlaggestaltung: Federico Luci, Köln
Zeichnungen: Dieter Surm, Schackendorf
Printed in Germany

ISBN 3-407-25241-2

Inhaltsverzeichnis

Vorwort 9

Teil I: Grundlegung

1. Schule in der Wissensgesellschaft 12
   1.1 Das Curriculum in der Wissensgesellschaft 13
   1.2 Identität im Zeitalter der Individualisierung 15
   1.3 Allgemeinwissen ist die beste Berufsqualifikation .. 17

2. Lernen und Unterricht 19
   2.1 Unterricht ist die institutionalisierte Seite des Lernens 19
   2.2 Bezugswissenschaften 20
       2.2.1 Gehirnwissenschaft/Neurobiologie 20
       2.2.2 Intelligenzforschung 25
       2.2.3 Konstruktivismus/Metakognition 27
       2.2.4 Unterrichtsforschung 30
   2.3 Wissen, Verstehen, Können – Was gelernt werden sollte 34
       2.3.1 Wissensbasis schaffen 35
       2.3.2 Verstehen lernen 36
       2.3.3 Können: Kompetenzen erwerben 37
       2.3.4 Eine Bildungstheorie ist nötig 38
   2.4 Eigenaktiv, lehrergeführt und reflexiv – wie gelernt werden kann 41
       2.4.1 Selbstständig und kooperativ lernen 41
       2.4.2 Anleitend und anregend lehren 42
       2.4.3 Die Lernstände regelmäßig überprüfen 44
   2.5 Lernen durch Unterricht: Fünf Leitlinien 45
       2.5.1 Vielfalt ist nötig: Grundformen des Unterrichts 45
       2.5.2 Fachunterricht um fachübergreifenden ergänzen 47
       2.5.3 Sachkompetent und situationsangemessen unterrichten 49
       2.5.4 Den Erziehungsauftrag nicht übersehen 50
       2.5.5 Effektiver Unterricht setzt sinnhaftes Lernen voraus 52

3. Unterrichtsentwicklung und Schulentwicklung. 54

    3.1 Unterrichtsentwicklung im Systemzusammenhang 54
    3.2 Unterrichtsentwicklung als organisationales sowie
         individuell und biografisches Lernen. 58
    3.3 Zentrale Vorgaben und innerschulische Entwicklung. 59

Teil II: Praxis

1. **Fünf Basisprozesse in der Unterrichtsentwicklung** 66
2. **Ein gemeinsames Bild von Unterricht entwickeln** 69
3. **Kriterien und Indikatoren vereinbaren**. 78
4. **Gemeinsam Unterrichtsvorhaben planen** 80

    4.1 Fachunterricht weiterentwickeln 80
    4.2 Fächerverbindender Unterricht – Stand und kooperative Planung
         eines Projektes. 81
    4.3 Vereinbarungen treffen zur Förderung der Methodenkompetenz von
         Schüler/innen. 89
    4.4 Das Lernen lernen: Weitere Beispiele für Arbeitstechniken und
         Lernstrategien. 93

5. **Das Methodenrepertoire erweitern** 104

    5.1 Formen selbst bestimmten und kooperativen Lernens nutzen 104
    5.2 Formen angeleiteten Lernens anreichern. 123

6. **Flexible Strukturen kooperativer Schülerarbeit einüben** 133

    6.1 Murmelgruppen. 134
    6.2 Vier Ecken. 134
    6.3 Interaktives Quartett 137
    6.4 Innenkreis-Außenkreis. 138
    6.5 Runder Tisch. 138
    6.6 Gruppenpuzzle. 139
    6.7 Schneller Schuh. 141
    Kommentar. 143

7. **Die Inhalte verändern: sinnhaftes und effizientes Lernen ermöglichen**. . . 145

    7.1 An offenen und authentischen (Sach-)Problemen arbeiten 147
    7.2 Kontinuierlich die Unterrichtsinhalte modernisieren. 159

8. Den Unterrichtsprozess und seine Ergebnisse evaluieren 160

    8.1 Austausch über Lernerfolgskontrollen 160
    8.2 Feedback auf der Grundlage von gegenseitigen Unterrichtsbesuchen... 161
    8.3 Feedback von Schülerinnen und Schülern 170
    8.4 Weitere Methoden der Datensammlung. 178
    8.5 Verarbeitung von Evaluationsergebnissen in Konferenzen 178

Teil III: Prozesssteuerung

1. Führung, Management und Moderation 183

2. Initiieren von UE 186

3. Arbeitsstrukturen nutzen bzw. schaffen 189

    3.1 Fachkonferenzen aktivieren 189
    3.2 Jahrgangsteams auf Qualitätsentwicklung orientieren. 192
    3.3 Klassenteams anregen und stützen 195
    3.4 Unterrichtsbezogenes Feedback einführen 196
    3.5 Leitungsstrukturen erweitern 200
    3.6 Mit einer Steuergruppe arbeiten 201

4. Ein Gesamtkonzept im Auge haben 203

5. Fortbildung stimulieren und koordinieren 205

6. Aufbau einer Evaluationskultur 207

Literaturverzeichnis 211

Vorwort

Unterricht steht im Zentrum schulischer Arbeit. Den Unterricht zu entwickeln gehört zu den schwierigsten Reformaufgaben überhaupt, gilt es doch, den eigenen Arbeitsplatz zu verändern und sich selbst auch, seine Vorstellungen, seine Einstellungen und sein Verhalten.

Die Hindernisse der Unterrichtsentwicklung kannte schon die Reformpädagogik, in deren Fokus zweifellos die Erneuerung des Unterrichts stand, die aber kaum und zudem wenig nachhaltig gelang. Aber der Reformpädagogik standen noch nicht die Erfahrungen der Schul- und Organisationsentwicklung zur Verfügung, die der Unterrichtsentwicklung eine breite Unterstützung und eine zweite Perspektive versprachen.

Wir wollen jedenfalls das Potenzial der Schul- und Organisationsentwicklung nutzen, um ein realistisches und nachhaltiges Konzept der Unterrichtsentwicklung vorzustellen. Dabei haben wir ein umfassendes Bild von Unterrichtsentwicklung vor Augen, das weit mehr beinhaltet als Methodentraining oder modernisierte Leistungsmessung. Uns schwebt vielmehr ein Ideal sowohl sinnhaften als auch effizienten Unterrichts vor, der geistvoll und schülerorientiert zugleich ist.

Die Kombination von Unterrichts- und Organisationsentwicklung läuft daraus hinaus, dass aus Lehrerkollegien zunehmend Lernkollegien werden, dass »professionelle Lerngemeinschaften« (Fullan 2000, S. 17) entstehen. Soll Unterrichtsentwicklung im von uns gemeinten umfassenden Sinne gelingen, muss sie mit Personalentwicklung einhergehen. Die Lehrperson entscheidet über Sinn, Gehalt und Erfolg des Unterrichts mehr als die Lehrpläne und Lehrmittel.

Prinzipiell sind mindestens sechs Ausgangspunkte für Unterrichtsentwicklung denkbar: Erstens vom Lehrer selbst, seinen subjektiven Vorstellungen von Unterricht sowie seinem Handwerkszeug; zweitens von Lerntheorien, deren Stand und Bedeutung für Unterrichtsgestaltung; drittens den Inhalten, die die Schülerinnen und Schüler lernen sollen (z.B. als Qualifikationen zur Bewältigung künftiger Lebenssituationen); viertens der allgemeinen Didaktik, also der Theorie des Lernens durch Unterricht; fünftens der Fachlichkeit, deren Inhaltlichkeit und geeigneter Vermittlungsform; und sechstens dem Schulcurriculum bzw. Schulprogramm, das Leitlinien für den gesamten Unterricht einer Schule enthält. Wir halten alle sechs Ausgangspunkte für wichtig und werden deshalb auch jeden behandeln, zumindest streifen.

Beginnen wollen wir indes mit einer Darlegung des Standes der neueren Lernforschung, weil uns dies grundlegend zu sein scheint. Zuvor soll einleitend aufgezeigt werden, was Lernen in einer gerade entstehenden Gesellschaftsform bedeutet, die manche Informations-, und andere Wissensgesellschaft nennen, und die wie keine bisher bekannte Gesellschaftsform auf Lernen, Unterricht und Schule angewiesen ist.

Dem Manuskript dieses Buches geht eine interne Publikation voraus, die wir für die Schulleitungsfortbildung des Landes Nordrhein-Westfalen verfasst haben. Wir danken Herbert Buchen, der dieses Modul veranlasst und seine Entstehung mit viel Anregung und Kritik begleitet hat. Gerd Orth aus dem Düsseldorfer Schulministerium hat uns viele hilfreiche Hinweise gegeben.

Der großzügigen Unterstützung von Jutta Maybaum-Fuhrmann aus dem Landesinstitut für Schule und Weiterbildung in Soest verdanken wir die Möglichkeit zur Veröffentlichung.

Leonhard Horster, Hans-Günter Rolff

Teil I: Grundlegung

1. Schule in der Wissensgesellschaft

Wenn versucht wird, die Veränderungen in der Gesellschaft unserer Tage auf einen neuen, aussagefähigen Begriff zu bringen, wird zunehmend der Begriff der Wissensgesellschaft benutzt. Er hat den Begriff der Informationsgesellschaft zu Recht verdrängt, weil immer deutlicher wird, dass Informationen vielleicht geronnenes Wissen oder auch Voraussetzung für die Entwicklung von weiterem Wissen sind, Wissen selber aber eine sehr viel komplexere Struktur hat als bloße Information.

Bereits 1983 begriff Pierre Bourdieu Wissen sehr viel breiter, wenn er von dem »kulturellen Kapital einer Gesellschaft« sprach. Heute ist klar und allgemein anerkannt, dass Wissen darüber hinaus zum Produktionsfaktor geworden ist, wahrscheinlich sogar zum wichtigsten. Willke (1997, S. 12f.) definiert Wissensgesellschaft vor diesem Hintergrund wie folgt:

> *»Von einer Wissensgesellschaft oder einer wissensbasierten Gesellschaft lässt sich sprechen, wenn die Strukturen und Prozesse der materiellen und symbolischen Reproduktion einer Gesellschaft so von wissensabhängigen Operationen durchdrungen sind, dass Informationsverarbeitung, symbolische Analyse und Expertensysteme gegenüber anderen Faktoren der Reproduktion vorrangig werden.«*

Basis der Wissensgesellschaft ist die Wissenschaft. Wissenschaftliches Wissen produziert permanent zusätzliche Handlungsmöglichkeiten. Wer dieses Wissen als Erster in konkretes Handeln oder sogar marktgängige Produkte umsetzt, erhält dadurch einen Vorsprung, der sich ökonomisch verwerten lässt. Da dem Wachstum des Wissens praktisch keine Grenzen gesetzt sind, ergibt sich angesichts des Verwertungsdrucks eine sich selbst verstärkende Beschleunigung, die zu einer Umwälzung der Produktions- und Lebensweise führt, wie wir sie bisher nicht kannten. Die Wissensgesellschaft ist ein Fass ohne Boden. Wir alle rennen den Ereignissen hinterher; kaum jemand hat das Gefühl, hinsichtlich der geforderten Kenntnisse und Fähigkeiten auf dem neuesten Stand zu sein, auch nicht der spezialisierte Wissenschaftler.

Stehr betont in seinem Buch zur Wissensgesellschaft 1994, dass es vor allem um *Wissen für Handeln* geht, genauer um die »Fähigkeit zum sozialen Handeln und die Möglichkeit, etwas in Gang zu setzen« (Stehr 1994, S. 12). Er bezieht dabei ausdrücklich Erfahrungswissen und verhaltensrelevantes Wissen ein. Dies aber ist an *Menschen* gebunden, entsteht in ihrem Bewusstsein und geht eventuell mit ihnen verloren. Erst die Aneignung von Informationen durch Menschen oder die Integration in Produkte, deren sich Menschen bedienen, vermag aus Informationen Wissen zu machen. Um es mit einem modernen Schlagwort auszudrücken: Wissensmanagement muss in Zukunft fast jeder beherrschen.

Die entscheidende Bedeutung des Ansatzes der Wissensgesellschaft liegt also darin, dass dieser – anders als der Begriff »Informationsgesellschaft« – *die Vorstellung der Aneignung und Verarbeitung von Wissen durch Personen* beinhaltet. Damit ist auch ein Bezug zum Bildungssystem hergestellt, das die Aneignung und Erschließung von Wissen vermittelt.

1.1 Das Curriculum in der Wissensgesellschaft

Das Bundesministerium für Bildung und Wissenschaft, Forschung und Technologie hat in der Zeit von 1996 bis 1998 bemerkenswerte Untersuchungen zur Bildung in der Wissensgesellschaft durchführen lassen (Prognos/Infratest 1998). Befragt wurden jeweils ca. 500 Experten, insgesamt also über 1.000, die, aus verschiedenen Kontexten stammend, mit den jeweiligen Themengebieten beruflich beschäftigt waren. Untersucht wurde mithilfe der DELPHI-Methode, inwieweit in den einzelnen Wissensgebieten in der Zukunft Wissenszuwächse zu erwarten sind, welcher Bedarf an interdisziplinärer Verknüpfung einzelner Wissensgebiete besteht und welche Inhalte eine Allgemeinbildung abdecken sollte. Die Ergebnisse lassen sich wie folgt zusammenfassen: Rund die Hälfte aller Wissensgebiete werden von den Befragten als dynamisch eingeschätzt, nur einige wenige als eher undynamisch. Die Experten sehen überdurchschnittliche Zuwächse voraus in den Bereichen der Informationstechniken und Medien, der neuen Technologien, der Medizin, der Umweltschutztechnik, der internationalen Wirtschaft und Arbeitswelt, des gesellschaftlichen Wandels und interessanterweise des Managements des Wissens selber. Als weniger dynamisch werden Grundlagendisziplinen der Mathematik, Chemie und Physik, alte Sprachen, Lese- und Schreibtechniken, Geschichte des Rechts oder der Musik eingeschätzt. Im Zusammenhang mit der Notwendigkeit zur interdisziplinären Zusammenarbeit werden vor allem die Themenbereiche Umwelt, Globalisierung, Mensch, Technik und gesellschaftliche Ordnung identifiziert. Interdisziplinäre Forschungsgebiete zum Themenbereich Mensch sind beispielsweise Krebs, Gehirn und Nervensystem, kognitive Prozesse, Psychosomatik, Neurosen, Gewaltbereitschaft etc. Als Wissensgebiete mit geringerer interdisziplinärer Bedeutung erweisen sich erneut Grundlagenfächer wie Mathematik, Physik und Chemie, Sprachen und Literatur, Kunst und Musik.

Der Bereich der Allgemeinbildung wurde in vier Felder eingeteilt, nämlich 1. personale Kompetenz, 2. soziale Kompetenz, 3. instrumentelle Kompetenz und 4. inhaltliche Kompetenz bzw. Basiswissen. Als personale Kompetenz wurden persönliches Erfahrungswissen und die Fähigkeit zum Umgang mit Wissen definiert und unter sozialer Kompetenz kommunikative Fähigkeiten und soziale Verantwortung. Personale und soziale Kompetenz wurden von den Experten als am wichtigsten für die Orientierung des Einzelnen in der Wissensgesellschaft eingestuft. Auch die instrumentelle Kompetenz, d.h. allgemeine Grundlagen und Kulturtechniken, erhielt eine hohe Einschätzung. Das inhaltliche Basiswissen, d.h. aktuelle Probleme und inhaltliche Grundlagen zu Einzeldisziplinen, erhielt von allen die niedrigste Antworthäufigkeit.

Bildungssituationen verändern sich in Zukunft nach Ansicht der befragten Experten auch hinsichtlich einer wachsenden Internationalisierung der Abschlüsse, einer steigenden Durchlässigkeit im Bildungssystem, vermehrter Kooperationen der Bildungsinstitutionen mit externen Institutionen und einer Pluralisierung von Lernorten infolge medialer Vernetzung. Die Länderhoheit im Bildungssektor, das Sitzenbleiben und gegliederte Schultypen werden auch in Zukunft Merkmale bundesdeutscher Bildungsstrukturen bleiben.

Dringender Reformbedarf wird nach Einschätzung der Experten bei den *Lernarrangements und Lernmethoden* gesehen. Dies umfasst nach Angaben der Befragten auch die Rolle der Lehrenden und Lernenden. Mittelfristige Veränderungen werden zudem in den Bereichen der Qualitätssicherung und des Qualitätsmanagements erwartet. Dazu gehört eine strategische Personalentwicklung im Bildungssystem, mehr Kundenorientierung, mehr Nachfrageorientierung und ein Wachstum an Autonomie und Gestaltungsfreiheit der Bildungsinstitutionen.

Die Chancen und Risiken der Wissensgesellschaft aus bildungspolitischer Sicht wurden von den Befragten differenziert eingeschätzt. Die Zugangsmöglichkeit zu Informationsquellen nimmt durch neue Technologien deutlich zu. Die kommunikationstechnische Vielfalt vermehrt nach Ansicht der Experten auch die Chancen auf eine Welt des Arbeitens und Lernens, die stärker auf individuelle Bedürfnisse abgestimmt ist, und stärkt gleichzeitig auch die Mündigkeit und Eigenverantwortung der Lernenden. Geteilter Meinung sind die Experten hinsichtlich einer Einschätzung der These des exponentiell wachsenden Wissens und der Aussicht auf die Schaffung neuer »virtueller« sozialer Bezugssysteme. Die Befragten gehen davon aus, dass in Zukunft die Verlässlichkeit der Informationen eher abnimmt, die Gefahr gezielter Manipulation und Propaganda steigt, Irrationalismus-Tendenzen beim Individuum durch Überforderung hervorgerufen werden, virtualisierte Welten das soziale Lernen eher hemmen, die Gefahr von wachsenden Defiziten bei Primärerfahrung von Kindern steigt, die Kluft zwischen wissensnahen und -fernen Gruppen zunehmen kann und somit eine Selektion über den Zugang zum Wissen entsteht.

In einem Interview mit dem SPIEGEL bringt der US-amerikanische Soziologe Manuel Castells die Probleme drastisch auf den Punkt, welche entstehen, wenn diese Herausforderung nicht bewältigt wird:

> *»An die Stelle der Ausbeutung der Schwächeren, wie wir sie aus der industriellen Ära kennen, tritt eine viel schrecklichere Form der Ausschließung. Menschen, die nicht über die nötige Bildung und Technologie verfügen, werden ignoriert, weil sie weder als Produzenten noch als Konsumenten gebraucht werden, wenn sie nicht mit dem Netz verbunden werden können. Sie fallen in ein schwarzes Loch.«* (Castells 2000, S. 149)

Die neuerliche Debatte um Chancengleichheit hat genau hier ihre Wurzel und ihren Sinn, ebenso die Forderung nach Internetanschluss für jede Schule, besser noch für jede Klasse.

Zusammengefasst ergibt sich, dass die Zunahme des Wissens, der wachsende interdisziplinäre Umgang mit ihm, der Bedeutungswandel des Allgemeinwissens und die steigenden Anforderungen an das Individuum zu nachhaltigen Auswirkungen auf das Bildungssystem führen. Die Grenzen zwischen Arbeiten, Lernen und Leben werden unscharf. Wenn man nicht in das zitierte schwarze Loch fallen will, wird Lernen jetzt tatsächlich zu einem *Prozess des lebenslangen Lernens*; vorher war diese Forderung eher Rhetorik. Zentral bedeutsam werden Einstiegswissen, Lernmethodik, Sozialkompetenzen und die Kompetenz zum persönlichen Umgang mit Risiko und Unsicherheit.

Die Wissensgesellschaft eröffnet also viele Chancen, birgt aber gleichzeitig auch erhebliche Risiken. Die künftige soziale und wirtschaftliche Entwicklung moderner Gesellschaften wird stark davon bestimmt, ob und wie gut es gelingt, die wachsenden Informationsmengen immer wieder mit dem sich ändernden Wissensbedarf in Einklang zu bringen und das neu entstehende Wissen angemessen zu interpretieren.

Otto Lilienthal, der ein Fluggerät erfand, hatte noch ein naives Verständnis von Wissen. Er glaubte ernsthaft, Ländergrenzen seien jetzt überflüssig. Dabei hatte er nur ein technisches Problem gelöst, das soziale blieb und spitzte sich sogar zu. Ähnliches gilt heute für das Internet. Deshalb gehört zu einem zeitgemäßen Curriculum nicht nur technisches Wissen, sondern auch kulturelles, gesellschaftliches und politisches Wissen. Auch ästhetisches Wissen ist nicht zu vernachlässigen. Schließlich kommt ein überzeugendes Konzept von Allgemeinbildung nicht ohne die Vermittlung sozialer Kompetenzen aus, die für eine verständige und reflektierbare Teilhabe am gesellschaftlichen und öffentlichen Leben unentbehrlich sind. Diese Sozialkompetenz zu erwerben wird allerdings immer schwieriger. Denn parallel zum Trend zur Wissensgesellschaft diagnostizierten Soziologen einen Trend zur Individualisierung.

1.2 Identität im Zeitalter der Individualisierung

Die Theorie zur Individualisierung bezieht sich nach ihrem Begründer Ulrich Beck auf die Auf- und Ablösung relativ stabiler industriegesellschaftlicher Lebensformen durch solche, in denen die Einzelnen ihre Biografie selbst herstellen müssen, und zwar ohne die stabilen Milieus, wie sie während der Industriegesellschaft gegeben waren.

Die Individualisierungstheorie analysiert den tief greifenden Strukturwandel moderner Gesellschaften als einen, der sich in der Auflösung traditioneller Klassen- und Sozialbedingungen zeigt und dabei dem Individuum weit mehr Freiheiten zuschreibt, aber auch mehr Aufgaben, als früher zumutet. Das historisch Neue, das Individualisierung auch vom herkömmlichen Individualismus unterscheidet, besteht darin, dass das, was früher wenigen zugemutet wurde, nun mehr und mehr Menschen abverlangt wird, nämlich ein den eigenen Wünschen entsprechendes, selbst gewähltes Leben zu führen. Solcherlei Freisetzung kann mit gelungener Emanzipation, selbstbewusster oder ethisch wertvoller Selbstbestimmung einhergehen. Aber dies ist kein Automatismus. Denn die freigesetzten Individuen bleiben arbeitsmarktabhängig und anstelle der traditionellen Orientierung an gesellschaftliche Großgruppen, eines Lebenslaufs als Gruppenschicksal, tritt eine Biografie, die mehr und mehr als Karriere, als individuelles Familienschicksal oder als Marginalisierungprozess verstanden wird und die immer weniger als Normalbiographie in vorgegebenen und damit sicheren Bahnen verläuft. Aufwachsen wird also zum Suchprozess. Auch die Berufskarrieren werden unübersichtlicher. Man muss sich seinen beruflichen Werdegang oft durch Teilzeitarbeit und verschiedene Formen des Wechsels von Arbeit erst mühsam zusammensuchen. Denn in der beruflichen Arbeit zeigt sich eine Lockerung von Standards des »Normalarbeitsverhältnisses«. Nach einer ISO-Studie hatte 1995 in Deutschland nur noch jeder fünfte Beschäftigte einen Vollzeitjob mit geregelten, gleich bleibenden Arbeitszeiten (DIE ZEIT, 2.2.1996).

Individualisierung bringt also grundlegende Änderungen in den Lebenskarrieren in Richtung auf so genannte »Bastelbiographien«, die eine mühsame Arbeit an der eigenen Identität bedeuten. Während früher aus der Statistik das Durchschnittsalter bei der Heirat, der Geburt des ersten Kindes und bei der abgeschlossenen Berufsgliederung mit nur geringer Streuung ablesbar waren, kann man heute Voraussagen aus solchen Daten nicht mehr treffen.

Der Berufssoziologe Michael Brater schließt an die Individualisierungsdebatte an und bezeichnet Hilfe zur Selbstfindung und zum selbstständigen und selbstbestimmten Handeln als eine Schlüsselaufgabe der Bildungssituation. Wörtlich schreibt er:

»Will die Schule nicht weiterhin in der Situation verharren, dass sie Riesen im Reproduzieren halb verdauter Wissensinhalte, aber Zwerge in persönlichen Möglichkeiten der Lebensbewältigung hervorbringt, und will Schule zu einer neuen Legitimation, zu einer neuen Glaubwürdigkeit in der Einlösung des Anspruchs finden, auf das Leben vorzubereiten, dann muss sie die neuen Aufgaben erkennen, die ihr aus den skizzierten Erfordernissen des Individualisierungsprozesses erwachsen.« (Brater 1977, S. 158)

In der Einschätzung dieser neuen Aufgaben der Schule kommt Brater zu einem ähnlichen Ergebnis wie die anfangs genannte Untersuchung des Bildungsministeriums:

»Zur Bewältigung des ›modernen Lebens‹ sind also keineswegs nur bestimmte Kulturtechniken und Wissensinhalte (Mathematik, Französisch, Chemie) notwendig ..., sondern in erster Linie grundlegende Fähigkeiten und Eigenschaften der Person, die dieser ein Handeln unter Individualisierungsbedingungen ermöglichen.« (Brater 1997, S. 161)

Die Methoden der Vermittlung solcher Fähigkeiten sieht er weniger in der Einführung eines neuen Fachs oder in der Neuordnung der Bestehenden, sondern vielmehr in einer Pädagogik mit verstärktem Bezug zu praktischen Lebenssituationen.

> »Lernen findet immer dadurch statt, dass man gewissermaßen probeweise Situationen bewältigen muss, in denen das, was erst gelernt werden soll, bereits praktiziert wird.« (Brater 1997, S. 166)

Vor dem Hintergrund dieser eher grundlegenden Ausführungen können wir ein Fazit zum Unterricht in der Wissensgesellschaft ziehen. Es lautet:

1.3 Allgemeinwissen ist die beste Berufsqualifikation

Wenn man deutsche Eltern nach ihren Erwartungen an die Schule befragt, dann steht mit Abstand an erster Stelle der *Wunsch nach besserer Berufsvorbereitung* (Kanders u.a. 1997). Doch was ist unter angemessener Berufsvorbereitung zu verstehen: mehr Fachausbildung, mehr Praxisbezug oder schlicht eine bessere Allgemeinbildung?

Die einleitend erwähnte Untersuchung des Bundesbildungsministeriums lehrt uns, dass Letzteres angesagt ist. Die *Bedeutung des Allgemeinwissens* als Basis- und Orientierungswissen für die künftige Gesellschaft wurde von allen befragten Experten mit außerordentlich geringen Schwankungen gleich hoch eingeschätzt. Ingenieure und Geisteswissenschaftler, Journalisten und Unternehmer, Professoren und Praktiker bewerteten die Bedeutung des Allgemeinwissens in der künftigen Gesellschaft weitgehend gleich positiv. Demnach gewinnt Allgemeinwissen eine ganz eigenständige Funktion für die künftige gesellschaftliche Entwicklung. Diese bezieht sich vor allem auf

- die *Aneignung von Spezialwissen* im Sinne von Schlüsselqualifikationen, die den Zugang zu einem immer heterogener werdenden Spektrum des Wissens eröffnen (Einstiegsfunktion);
- die notwendige gegenseitige *Verständigung zwischen verschiedenen Experten* und damit als Klammer zur Nutzung und Verknüpfung von Spezialwissen (kommunikative Funktion) und
- die *Orientierung in der Flut an Informationen*, die aufgegriffen, verknüpft und mit den eigenen Erfahrungswerten verbunden werden müssen (Bewertungsfunktion).

Allgemeinwissen bekommt also eine Einstiegs-, Verständigungs- und Bewertungsfunktion. Sie wird zur *Basis für eine Wissensgesellschaft* und es kann nirgendwo so gut vermittelt werden wie in der Schule. Das hier gemeinte Allgemeinwissen beschränkt sich dabei keineswegs auf den Bereich des inhaltlichen Basiswissens, das im traditionellen Bildungssystem bisher allzu oft im Vordergrund des Interesses stand. Das Spektrum des Allgemeinwissens muss heute sehr viel breiter gesehen werden. Dazu gehören z.B.:

- *persönliche Fähigkeiten* im Umgang mit Wissen wie die Fähigkeiten zur Beurteilung und Einordnung, zum Selbstmanagement, zur Entscheidung, Planung und Organisation;
- *kommunikative Kompetenzen* wie sprachliche Ausdrucksfähigkeit, Teamfähigkeit und Moderationsgeschick;
- *gesellschaftliche und ethische Orientierungsmöglichkeiten* z.B. im Zusammenhang mit der Übernahme von sozialer Verantwortung, Toleranz, Rücksicht, Solidarität oder dem Umgang mit anderen Kulturen und Generationen sowie
- *methodische Grundlagen und Kulturtechniken,* wie z.B. Fremdsprachenkenntnisse, klassische Kulturtechniken, Logik und Umgang mit Informationstechniken;
- *inhaltliche Grundlagen und Problemwissen* etwa zu der geschichtlichen, naturwissenschaftlichen, geistigen und wirtschaftlich sozialen Entwicklung im Zusammenhang mit aktuellen Problemen in Bildung und Beruf, Ökologie, europäischer Integration und weltweiter Abhängigkeit.

Diese Fähigkeiten und Kompetenzen machen, für sich allein genommen, nur begrenzt handlungsfähig. Im konkreten Fall müssen Spezialkenntnisse im einen oder anderen Bereich hinzukommen. Insofern sind sie nur die Basis für die Fähigkeit, sich zusätzliche Informationen nutzbar zu machen, zu lernen. Gleichzeitig aber ist das Allgemeinwissen auch die Basis für die Kommunikation und Verknüpfung zwischen den vielfältigen Formen des Spezialwissens (nach Rosenbladt 1999, S. 15f.).

Die Aufgaben der Schulen waren noch nie zu unterschätzen. In einer Zeit, in der Wissen zum Produktionsfaktor geworden ist, werden die Schulen noch wichtiger: Sie *produzieren* sozusagen die Produktionsfaktoren. Dabei geht es einerseits darum, den nachwachsenden Generationen zeitgemäßes Wissen zu vermitteln. Und es geht andererseits darum, den Menschen zu helfen, mit den sich rasch verändernden Anforderungen der Individualisierung fertig zu werden, auch denen, welche dem Tempo der Veränderung nicht standhalten und in der Wissensgesellschaft an den Rand gedrängt zu werden drohen.

2. Lernen und Unterricht

Die Aufgaben der Schule werden vor allem durch Unterricht erledigt. Unterricht dient in erster Linie dem Lernen der Schülerinnen und Schüler. Deshalb muss zunächst der Stand des Wissens über Lernen geklärt werden, bevor dann Hinweise für die Praxis der Unterrichtsentwicklung (UE) gegeben und schließlich Vorschläge zur Umsetzung und Prozesssteuerung unterbreitet werden, wobei aus den nachfolgenden Gründen der Rolle der Schulleitung besondere Aufmerksamkeit gilt.

2.1 Unterricht ist die institutionalisierte Seite des Lernens

Überall und zu jeder Zeit lernen die Heranwachsenden, meist zufällig, manchmal geplant, sie lernen vielfach unbewusst, indirekt und gleichsam nebenbei, sie lernen manches nicht und sie verlernen einiges auch wieder. Vieles bleibt zufällig, je nach den vorhandenen oder nicht vorhandenen Lernanlässen.

Unterricht ist demgegenüber eine besondere Lernsituation: Sie ist nicht zufällig, sondern bewusst beabsichtigt und meistens auch geplant, sie ist nicht punktuell, sondern auf Dauer gestellt. Kurz: Unterricht ist die institutionalisierte und systematisierte Seite des Lernens. Den institutionellen Rahmen stellt dabei die Schulorganisation, für die Systematisierungen werden Lehrpläne entworfen.

Dies bezeichnet die schulpädagogischen Grundvoraussetzungen, über die Gewissheit herrscht. Vor diesem Hintergrund entstehen in diesen Jahren jedoch immer mehr Fragen, die Zeichen von Ungewissheit sind, wie beispielsweise:

- Welche neuen Forschungsergebnisse sind für Unterrichtsgestaltung wichtig?
- Was bedeutet Allgemeinbildung in der Wissensgesellschaft?
- Sind reformpädagogische Ansätze noch aktuell und werden sie den neuen Qualitätsanforderungen gerecht?
- Ist das Konzept der Schlüsselqualifikationen weiterhin wichtig oder ist es durch die neuerliche Akzentuierung von Fachunterricht überholt?
- Welches ist überhaupt das Verhältnis von Fachunterricht und fächerübergreifendem Unterricht?

Es nehmen darüber hinaus Fragen nach neuen Konzepten und Begriffen zu wie Metakognition, intelligentes Wissen, Qualitätsindikatoren oder cross-curriculum competencies.

Wir bemühen uns, diese Fragen im Folgenden zu beantworten, zumindest zu bearbeiten, und den wachsenden Informationsbedarf zu decken. Wir fangen mit den Fragen an, die mit Lernen und der Lernforschung zu tun haben.

2.2 Bezugswissenschaften

Grundvoraussetzung erfolgreichen Unterrichts ist zu wissen, wie Menschen lernen. Deshalb gehört seit Jahren zum schulpädagogischen Wissen eine gewisse Informiertheit über Lerntheorien. Wissen über behavioristische, sozialpsychologische (»Modelllernen«) und kognitive (in der Piaget-Tradition) Lerntheorien wird in jeder Lehramtsprüfung verlangt und kann vorausgesetzt werden. Indes macht die Lernforschung in diesen Jahren große Fortschritte und es tauchen neue Konzepte auf, die wir im Folgenden behandeln wollen. Erkenntnisse über das Lernen werden aus einer großen Bandbreite von Quellen gewonnen, die von der Neurobiologie, Psychologie, Philosophie bis zur Psychiatrie reichen. Eine geschlossene Lerntheorie gibt es bisher nicht, lediglich eine Reihe von Bezugswissenschaften, von denen wir im Folgenden die wichtigsten behandeln. Wir beginnen mit der

2.2.1 Gehirnwissenschaft/Neurobiologie

Die neurobiologische Fundierung der Lerntheorie ist seit Erscheinen des Buches von Frederic Vester (1975) gut bekannt, handelt es sich dabei doch um das in Deutschland meistgekaufte und zudem noch in Fernsehfilme transportierte Buch des pädagogischen Feldes. Vester unterscheidet vor dem Hintergrund der Gehirnforschung bei jedem Menschen unterschiedlich ausgeprägte so genannte Eingangskanäle des Lernens: Visuelles, auditives und kinästhetisches Lernen sind dabei die Grundmuster. Vester fasst das olfaktorische (Riechen), das goustatorische (Schmecken) und das haptische Erfassen gemeinsam mit der Gefühlsebene als kinästhetischen Eingangskanal zusammen. Nach den Ergebnissen der Hirnforschung gibt es also Menschen, die besser über das Sehen, andere über das Hören und wieder andere besser über das eigene Tun Sinneseindrücke wahrnehmen und die Wahrnehmungen auch schwerpunktmäßig so verarbeiten und abspeichern.

Vester gibt dafür ein Beispiel hinsichtlich des von ihm so genannten vernetzten Denkens: Mit vernetztem Denken bringen visuelle Menschen zunächst ein sichtbares Netzwerk in Verbindung. Sie sehen dies vor ihren geistigen Augen, und zwar als Ganzes im Überblick. Erst danach richtet sich ihr Interesse auf die tragenden Verankerungspunkte, also das zuständige bzw. notwendige Detailwissen. Anders verhalten sich Menschen, deren Schwerpunkt die Kinästhetik darstellt: Ihre Vorstellung von einem Netzwerk beginnt bei den Verankerungspunkten. Diese müssen erst vorhanden sein, um Netze (»Seile«, Verbindungen) dort zu befestigen. Kommen nun Anhänger beider Schwerpunkte in einer Klasse, in einem an Gemeinsamkeit orientierten Unterricht zusammen, wird der eine zunächst den Überblick fordern, während der andere erst die notwendigen Grundlagen für spätere Verbindungen benötigt.

Vester hat die neurobiologische Basis des Lernens eindrucksvoll beschrieben: Bereits im Mutterleib haben die Sinnessysteme, noch unausgereift, ihre Funktion aufgenommen. Aber so richtig setzt der Entwicklungsschub im Kopf erst unmittelbar nach der Geburt ein. Wie Zweige und Knospen sprießen überall fein verästelte Fortsätze an den Nervenzellen, so genannte Dendriten. Sie sind übersät mit »Dornen«, auf denen jeweils Synapsen sitzen. Über diese Kontakte empfängt das Neuron Signale anderer Zellen.

Vester ging noch davon aus, dass die Synapsenbildung im Alter von zwei Jahren so gut wie abgeschlossen sei und damit der Möglichkeitsspielraum für Lernen, der ihm allerdings riesengroß zu sein schien.

Neuere Forschungen haben diese z.T. auf Spekulation beruhenden Aussagen zur »Architektur« des Hirns weitgehend bestätigt, aber auch um einige lernbiologische Aspekte ergänzt; sie lassen Vesters Aussage zum frühen Abschluss des Synapsenwachstums allerdings als höchst fraglich erscheinen. Wolfe/Brandt (1998) fassen den Ertrag der neueren Hirnforschung zu vier Ergebnissen zusammen:

- **1. Ergebnis:** *Das Hirn ändert seine Physiognomie als Ergebnis von Erfahrung. Die Umwelt, in welcher das Gehirn arbeitet, determiniert zu einem hohen Grad die Funktionsgewohnheiten dieses Gehirns.*
  Der Mensch besitzt bei seiner Geburt noch kein vollständig funktionierendes Gehirn. Das Gehirn ist das Ergebnis der Interaktion zwischen dem individuellen genetischen Erbe und seiner Umwelt. Die Umwelt beeinflusst, wie Anlagen sich entfalten, und die Anlagen determinieren, wie die Umwelt interpretiert wird. Dies ist kein neues Verständnis. Bereits Mitte der 60er-Jahre fanden Forscher an-

hand ihrer Experimente mit Ratten in unterschiedlichen Umgebungen heraus, dass Hirnstrukturen durch die Umwelt modifiziert werden. Ihre Forschung etablierte das Konzept der neuralen Plastizität. Sie besagt, dass Dendriten, also die Verbindungen zwischen den Hirnzellen, in jedem Alter wachsen. So ist unsere Umwelt, auch schulisch betrachtet, kein neutraler Ort:
- Das Gehirn entwickelt sich nicht, indem es bedeutungslose Fakten aufnimmt.
- Das Gehirn ist darauf angelegt, fortwährend Beziehungen zwischen neuen und bekannten Dingen herzustellen: Lernen ist also eine aktiver Prozess des Lernenden.
- Das Gehirn entwickelt sich mit der Zeit und in einer sich ergänzenden Art und Weise: Eine anregende Lernumgebung richtet also zahlreiche Entwicklungsimpulse gleichzeitig an das Gehirn.
- Das Gehirn ist angeborenermaßen auf Interaktivität angelegt und es entwickelt sich besser, wenn die Umgebung viele Anregungen für das Denken bereitstellt.

- **2. Ergebnis:** *Der IQ wird nicht mit der Geburt fixiert.*
Dieses Ergebnis ist im ersten schon enthalten. Es ist in den letzten Jahren wiederholt empirisch überprüft worden. So entwickelten Psychologen ein Förderprogramm für verarmte Kinder, um diese vor einem niedrigen IQ und mentalen Verzögerungen zu bewahren. Es war ihnen möglich, den IQ solcher Kinder um 15–30% anzuheben, wobei der IQ sich bei allen theoretischen Vorbehalten messtechnisch als nützlich erwiesen hat (Educational Leadership 1998, S. 11).

- **3. Ergebnis:** *Einige Fähigkeiten entwickeln sich besser während spezifischer »sensibler Phasen« oder »Fenstern der Möglichkeiten«.*
Amerikanische Hirnforscher haben eine Abbildtechnik entwickelt, genannt PET (Positionen-Emissions-Tomographie), welche den Energieverbrauch des Gehirns visuell veranschaulicht. Daraufhin ist es möglich, den durchschnittlichen Energiebedarf der Gehirne verschiedener Altersklassen aufzudecken. Diese Forschungen lassen darauf schließen, dass die Spitze der kindlichen Lernfähigkeit erreicht wird, wenn die Synapsen in großer Anzahl geformt werden. Das kindliche Gehirn hat in dieser Phase bemerkenswerte Möglichkeiten, sich anzupassen und zu reorganisieren. Einige Potenziale entwickeln sich in dieser Zeit leichter als nach der Pubertät. Beispielsweise reicht die sensible Phase des Spracherwerbs bis zum Alter von ca. 10 Jahren. Nicht alle »Fenster der Möglichkeiten« werden fest geschlossen. So kann ein Erwachsener fraglos eine zweite Sprache erlernen. Es ist für ihn jedoch viel schwieriger als für Kinder bis zum 10. Lebensjahr.

- **4. Ergebnis:** *Lernen ist stark beeinflusst von Emotionen.*
Unsere Emotionen beeinflussen unsere Aufmerksamkeit. Es ist biologisch unmöglich, etwas zu lernen und zu behalten, dem man keine Aufmerksamkeit schenkt. So ist es wichtig, Emotionen in der Schule zu beachten. Sie spielen beim Lernen eine duale Rolle: Je stärker eine Erfahrung mit Emotionen verbunden ist, desto stärker ist die Erinnerung an die Erfahrung. Bei u starken Emotionen wiederum nimmt das Lernen ab.

Es gibt aber auch einige Modifizierungen bzw. vorsichtigere Interpretationen dieser Ergebnisse, die John Bruer in drei Punkten zusammengefasst hat (Educational Leadership 1988, S. 14ff.):

- Zur frühen Formation der Synapsen.
- Zu den »sensiblen Phasen« bzw. Entwicklungsfenstern.
- Zu den Effekten einer anregenden Umwelt.

Zur frühen Formation der Synapsen

Seit den späten 70ern ist klar, dass sich die Anzahl der Synapsen pro Volumeneinheit des Gewebes über die gesamte Lebensspanne des Menschen hin verändert. Insbesondere ist klar, dass sich die Synapsendichte innerhalb der ersten beiden Lebensdekaden im Sinne eines umgekehrten U verändert. Neurowissenschaftler schlossen hieraus, dass *kein direkter Zusammenhang zwischen der Synapsendichte und der Intelligenz eines Menschen* besteht. Genauso wenig unterstützen neurowissenschaftliche Untersuchungen die Idee, dass die Anzahl der Lernerfahrungen während der Kindheit einen Einfluss auf die Synapsendichte hat. Neurowissenschaftler wissen sehr wenig darüber, wie Lernen, speziell Schullernen, die Synapsendichte beeinflusst. Bruer stellt klar, dass alle in diese Richtung gehenden Behauptungen mehr auf Spekulationen, denn auf Hirnwissenschaft basieren.

Zu den »sensiblen Phasen« bzw. Entwicklungsfenstern

»Sensible Phasen« bedeuten, dass für einen gelungenen Entwicklungsprozess spezielle Erfahrungen zu bestimmten Zeiten notwendig sind. Am besten erforscht ist auf diesem Gebiet die Entwicklung des visuellen Systems. Amerikanische Forscher haben in den 60er-Jahren diesbezügliche Experimente mit Katzen und Affen gemacht. Die Ergebnisse waren folgende:

- Ein in den frühen Lebensmonaten zugenähtes und später wieder geöffnetes Augenlid bewirkt, dass der funktionelle Gebrauch des Auges nie wieder aufgenommen werden kann.
- Länger andauernde Deprivationen bei erwachsenen Tieren haben keine diesbezüglichen Effekte.
- Das Schließen beider Augen während der »sensiblen Phasen« hat keine permanenten Langzeiteffekte.
- »Umgekehrter Schluss« während der »sensiblen Phasen« bewirkt, dass der Gebrauch des ursprünglich beeinträchtigten Auges wieder aufgenommen werden kann.

Es ist also offenbar nicht das Ausmaß der Stimulationen während der »sensiblen Phasen« bedeutend, sondern die Balance und das relative Timing der Augenstimulationen. Insgesamt handelt es sich bei den »sensiblen Phasen« um ein sehr komplexes Feld:

- Es gibt verschiedene »sensible Phasen« für unterschiedliche Hirnfunktionen.
- Es gibt verschiedene »sensible Phasen« für unterschiedliche spezifische Funktionen (visuell: Sehschärfe – »Feldstecher«-Funktion – Tiefenwahrnehmungsfähigkeit).
- Für jede spezifische Funktion existieren drei deutliche Phasen: Eine Phase der schnellen Reifung, eine Phase der Sensibilität für Beeinträchtigungen und eine Phase ausreichender Plastizität, um Beeinträchtigungen zu kompensieren.

»Sensible Phasen« sind demnach ein Ergebnis des Evolutionsprozesses und haben »anpassenden« Wert für den Organismus. Hochkomplexe Neuralsysteme sind abhängig von der Präsenz von Umweltstimuli bzw. von einer Feinabstimmung der Neuralkreisläufe, da sie so sensibler abgestimmt werden können, als es über eine feste genetische Verbindung möglich wäre. Es ist jedoch nicht riskant, sich auf diese Umweltreize verlassen zu müssen, da sie allgegenwärtig und reichlich vorhanden sind. Einige Forscher haben die Art der Hirnveränderungen als Ergebnis »sensibler Phasen«, als »Erfahrungs-Erwartungs-Hirnplastizität« charakterisiert. *Sind »sensible Phasen« Ergebnis der Evolutionsgeschichte, so ist neurowissenschaftliche Forschung über »sensible Phasen« für die formale Erziehung irrelevant.* Bruer folgert daraus, dass wir keinen Grund haben anzunehmen, dass es sensible Phasen für kulturell und sozial übermittelte Geschicklichkeiten wie Lesen, Mathematik oder Musik gibt. Diese Geschicklichkeiten lassen sich in jedem Alter erwerben.

Zu den Effekten einer anregenden Umwelt

Hirnforscher haben das Aufwachsen von Ratten in zwei kontrastierenden Umgebungen und die Auswirkungen auf ihre Hirnstrukturen studiert. Die isolierte Umgebung, die typische Laborumgebung für Ratten, stand einer komplexen Umgebung mit großen Gruppenkäfigen mit neuen Objekten und Hindernissen gegenüber. Diese komplexe Umgebung sollte die wilde, natürliche Rattenumgebung imitieren. Ergebnis war, dass junge Ratten in der komplexen Umgebung im visuellen Bereich ihres Hirnes über 25% mehr Synapsen pro Neuron verfügten; andere Hirnbereiche zeigten jedoch keine Effekte. Auch ergab sich, dass das Hirn erwachsener Ratten sehr wohl neue Synapsen als Antwort auf komplexe Umgebungen formen kann. *Forschung über komplexe Umgebungen und damit einhergehende Erkenntnisse zeigen, dass das Hirn sich selbst reorganisieren kann, um ein Leben lang zu lernen.* Diese Einsicht steht der Idee einer Fixation der frühen Entwicklung und der »sensiblen Phasen« entgegen.

Bei der Übertragung dieser Ergebnisse auf die Erziehungswirklichkeit darf man komplex nicht mit anregend verwechseln. »Anregend« ist eine wertgeladene Beschreibung, in kulturell bevorzugter Weise ist hiermit eine Mittelschichts-Lernumgebung gemeint (Klavierspielen und Schachspielen werden bevorzugt – Videospiele, MTV und Glücksspiele sind verpönt). Für die Neurowissenschaften sind all diese Umgebungen gleich komplex, ob sie nun anregend sind oder nicht. Komplexität ist also eine neurobiologische Kategorie, Anregung einer kulturelle und pädagogische. Anregung ist und bleibt für Aufwachsen und Unterricht wichtig, ein Reduktionismus ist nicht angesagt. Die Neurobiologie bestätigt also vieles von dem, was die Reformpädagogik bereits ahnte.

2.2.2 Intelligenzforschung

Aus der neurobiologischen Hirnforschung geht hervor, dass Intelligenz aus der Interaktion von Anlagen und Umweltreisen entsteht – und zwar in einem Verhältnis, dass kaum zu entwirren und schon gar nicht zu quantifizieren ist. Darüber hinaus verdanken wir ihr die Erkenntnis, dass die Intelligenzentwicklung nie abgeschlossen ist, sondern die »Plastizität« fast über die gesamte Lebensspanne erhalten bleibt. Diese Erkenntnis ist seit verhältnismäßig langer Zeit bekannt, allerdings auch immer wieder angezweifelt worden.

Die neuere Intelligenzforschung hat darüber hinaus eine ganz andere Wendung genommen, indem sie den Intelligenzbegriff als solchen ausdifferenzierte. Man spricht neuerdings von »multipler« (Gardner) und »emotionaler« (Goleman) Intelligenz.

Gardners 1983 erschienenes Buch *Frames of Mind* war ein Manifest, das eine enge IQ-Denkweise widerlegte: Nicht eine einzige, monolithische Art von Intelligenz sei entscheidend für den Lebenserfolg, sondern ein breites Spektrum von Intelligenzen mit sieben wesentlichen Spielarten. Gardner führt zuerst die beiden gängigen akademischen Arten an, 1. die verbale und 2. die mathematisch-logische Geschicklichkeit, nennt aber außerdem 3. räumliche Fähigkeit, die man etwa bei einem hervorragenden Maler oder Architekten antrifft, betont 4. das kinästhetische Genie, das sich in der Flüssigkeit und Anmut der körperlichen Bewegung äußert, und die 5. musikalischen Gaben z.B. eines Mozart. Gardner rundet die Aufzählungen ab mit zwei Facetten dessen, was er »die personale Intelligenz« nennt: 6. interpersonale Fähigkeit, wie sie sich bei einem großen Therapeuten oder einer Führungspersönlichkeit zeigt, und die 7. »intrapsychische« Fähigkeit, die daraus erwächst, dass man sein Leben so einrichtet, dass es mit den eigenen Empfindungen übereinstimmt.

Das Wort, auf das es in dieser Auffassung von Intelligenz ankommt, ist »multipel«: Gardners Modell geht über die gängige Vorstellung hinaus, für die der IQ eine einzige Dimension ist. Die üblichen Intelligenztests beruhen Gardners Modell zufolge auf einem eingeschränkten Begriff von Intelligenz, der wenig zu tun hat mit der Bandbreite von Kenntnissen und Fähigkeiten, auf die es im Leben ankommt.

Dass die magische Zahl sieben etwas willkürlich ist, erwähnt Gardner selbst. Sie solle lediglich die Vielfalt illustrieren. Gardner entwickelt seine Ansichten über die Mannigfaltigkeit der Intelligenz ständig weiter. Rund zehn Jahre nach der Veröffentlichung seiner Theorie gab er die folgenden Kurzcharakteristika der beiden Formen personaler Intelligenz:

> »*Interpersonale Intelligenz ist die Fähigkeit, andere Menschen zu verstehen: was sie motiviert, wie sie arbeiten, wie man kooperativ mit ihnen zusammenarbeiten kann. Wer als Verkäufer, Politiker, Lehrer, Kliniker und Religionsführer erfolgreich ist, besitzt wahrscheinlich ein hohes Maß an interpersonaler Intelligenz. Intrapersonale Intelligenz … ist die entsprechende, nach innen gerichtete Fähigkeit. Sie besteht darin, ein zutreffendes, wahrheitsgemäßes Modell von sich selbst zu bilden und mithilfe dieses Modells erfolgreich im Leben aufzutreten.*« (Gardner 1993, S. 9)

S. Kagan und M. Kagan haben eine Vielzahl von Übungen entwickelt, um das Konzept multipler Intelligenz in Unterricht umzusetzen (1998). Es gibt eine Dimension der personalen Intelligenz, auf die Gardner immer wieder verweist, die er aber selber kaum untersucht hat: die Rolle der Gefühle. Dieses haben Salovey und Mayer im Anschluss an Gardner zu studieren begonnen und dabei den Begriff »emotionale Intelligenz« (EQ) geprägt, den Goleman (1997) popularisiert hat. Salovey und Mayer bestimmen emotionale Intelligenz über fünf Dimensionen:

- *Die eigenen Emotionen kennen.* Selbstwahrnehmung – das Erkennen eines Gefühls, während es auftritt – ist die Grundlage der emotionalen Intelligenz. Die Fähigkeit, seine Gefühle laufend zu beobachten, ist entscheidend für die psychologische Einsicht und das Verstehen seiner selbst. Wer die eigenen Gefühle nicht zu erkennen vermag, ist ihnen ausgeliefert. Wer sich seiner Gefühle sicherer ist, »kommt besser durchs Leben«, erfasst klarer, was er über persönliche Entscheidungen wirklich denkt, von der Wahl des Ehepartners bis zur Berufswahl.
- *Emotionen handhaben.* Gefühle so zu handhaben, dass sie angemessen sind, ist eine Fähigkeit, die auf der Selbstwahrnehmung aufbaut. Es geht dabei um Fähigkeiten, sich selbst zu beruhigen und Angst, Schwermut oder Gereiztheit, die einen beschleichen, abzuschütteln. Wer darin schwach ist, hat ständig mit bedrückenden Gefühlen zu kämpfen, wer diesbezüglich befähigt ist, erholt sich sehr viel rascher von den Rückschlägen und Aufregungen des Lebens.
- *Emotionen in die Tat umsetzen.* Emotionen in den Dienst eines Ziels zu stellen ist wesentlich für unsere Aufmerksamkeit, für Selbstmotivation und Könnerschaft sowie für Kreativität. Emotionale Selbstbeherrschung – Gratifikationen hinausschieben und Impulsivität unterdrücken – ist die Grundlage jeder Art von Erfolg. Wer sich in »fließenden« Zustand (»Flow«) versetzen kann, ist zu herausragenden Leistungen jeglicher Art imstande.
- *Empathie.* Zu wissen, was andere fühlen – eine weitere Fähigkeit, die auf der emotionalen Selbstwahrnehmung aufbaut – ist die Grundlage der »Menschen-

kenntnis«. Wer einfühlsam ist, vernimmt eher die versteckten sozialen Signale, die einem anzeigen, was ein anderer braucht oder wünscht. Er wird in den Pflegeberufen, als Lehrer, Verkäufer oder auch als Manager erfolgreicher sein.
- *Umgang mit Beziehungen*. Die Kunst der Beziehung besteht zum großen Teil in der Fähigkeit, mit den Emotionen anderer umgehen zu können. Dies ist eine Grundlage von Beliebtheit, Führung und »interpersonaler Effektivität«. Diejenigen, die in diesen Fähigkeiten glänzen, sind erfolgreich in allem, was darauf beruht, reibungslos mit anderen zusammenzuarbeiten – sie sind »soziale Stars«. (Salovey/Mayer 1990, S. 189)

Selbstverständlich sind die Menschen nicht in jedem dieser Bereiche gleich talentiert: Jemand mag zum Beispiel ganz geschickt mit der eigenen Angst umgehen können, aber ziemlich unfähig sein, die Aufregung eines anderen zu beschwichtigen. Das Niveau unserer Fähigkeit stützt sich ohne Zweifel auf eine neurale Grundlage, doch das Gehirn ist, wie wir gesehen haben, von bemerkenswerter Plastizität und lernt ständig dazu. Goleman belegt, dass sich Mängel in den emotionalen Fähigkeiten beheben lassen: Diese Bereiche setzen sich weitgehend aus Gewohnheiten und Reaktionen zusammen, in denen man, wenn man sich Mühe gibt, Fortschritte machen kann.

2.2.3 Konstruktivismus/Metakognition

In den letzten Jahren hat sich ein neues Verständnis des Lernens herausgebildet, das unter dem Begriff des Konstruktivismus bekannt wurde. Terhart hat herausgearbeitet, dass es sich dabei um eine erkenntnistheoretisch basierte Lerntheorie handelt. Sie geht davon aus, dass menschliches Erkennen nicht als Erfassung oder Abbildung einer irgendwie außerhalb des Erkennenden liegenden objektiven Realität zu verstehen ist, sondern dass alles, was von einer Realität gewusst werden kann, auch eine Schöpfung eines Beobachters ist. Erkennen ist demnach an eine Beobachtungsperspektive gebunden. Alles, was Beobachter von einer äußeren Realität wissen können, ist letztlich eine Konstruktion der Beobachter. Zugespitzt heißt das, dass man die Wirklichkeit nicht entdecken, sondern nur »erfinden« kann. Dennoch verwahrt sich der Konstruktivismus gegen den Verdacht eines bloßen Solipsismus, einer philosophischen Richtung, die behauptet, dass nur das Subjekt existiere und eine objektive Außenwelt nur seine Erfindung sei. Der Konstruktivismus leugnet eine Beziehung zwischen Wissen und umgebendem Milieu nicht, ist sogar sehr an ihr interessiert. Er lehnt lediglich die Vorstellung einer bildhaften Übereinstimmung bzw. bloßen Abbildung ab und postuliert anstelle dessen eine Anpassung im funktionalen Sinne. An die Stelle der Suche nach Wahrheit tritt die Erprobung der Konstruktionen im Hinblick auf ihre Nützlichkeit. Die Beziehung zwischen Wissen und umgebendem Milieu wird als »strukturelle Koppelung« verstanden, die sich ändert, wenn sie nicht mehr funktioniert oder nicht mehr nützlich ist.

Vom Solipsismus unterscheidet sich der Konstruktivismus durchaus grundlegend. Denn die Konstruktionen des Konstruktivismus werden gerade nicht als individuelle, sondern als soziale Produkte verstanden, sozusagen als konsensuelle Konstruktionen oder Ko-Konstruktionen, die sich im sozialen Zusammenleben bewähren müssen: Sie müssen jeweils praxistauglich sein.

Sprache hat einen zentralen Platz im Konstruktivismus. Sprache und Konstruktion von Wirklichkeit sind zirkulär miteinander verknüpft. Sprache dient als System der Strukturkoppelung von Wissen und Wirklichkeit.

Wenn es keine objektiv außerhalb von Beobachtern existierende Realität gibt, sind direkte Eingriffe (»Interventionen«) auch nicht möglich. Alles, was ein Konstruktivist tun kann, ist, Systeme zu perturbieren, d.h. zu stören, anzuregen oder auch durcheinander zu wirbeln. Wenn es dabei Widerstände gibt, werden sie nicht als objektive Hindernisse verstanden, sondern als Lernchancen. Lernen heißt gezwungen sein, sich mit den eigenen Konstruktionen von Wirklichkeit auseinander zu setzen (vgl. v. Glasersfeld 1996).

Gegen den Konstruktivismus gibt es schwerwiegende Einwände, vor allem, dass er den bei Schulbildung so wichtigen »Anspruch der Sache« (Terhart 1999, S. 640f.) nicht ernst nimmt und dadurch schulisches Lernen entmaterialisiert und beliebig macht. Dennoch enthält er ein wichtiges Potenzial für unser Verständnis von Lernen. Er macht unmissverständlich klar:

- Lernen kann kein anderer für uns erledigen. Lernen ist ein persönlicher, aktiver und kreativer Akt der Lernenden selbst.
- Lernen bedeutet weit mehr als das Aneignen neuer Informationen, die zu bereits bestehenden Kenntnissen hinzugefügt werden. Es bezieht uns mit ein, indem wir neuen Informationen Sinn geben. Dies geschieht durch Anwendung unseres bestehenden Wissens und die Modifikation, Aktualisierung und das erneute Überdenken unserer eigenen Vorstellungen im Licht der neuen Informationen.
- Lernen ereignet sich meistens nicht zufällig. Es verlangt bewusste und manchmal beträchtliche Anstrengungen vonseiten der Lernenden. Es kann fordernd und schwierig sein.

Dementsprechend ist Lehren

> »nicht die Vermittlung ... eines extern vorgegebenen ›objektiven‹ Zielzustandes, sondern Lehren ist die Anregung des Subjekts, seine Konstruktionen von Wirklichkeit zu hinterfragen, zu überprüfen, weiterzuentwickeln, zu verwerfen, zu bestätigen etc.« (Werning 1998, S. 40).

Und schließlich verdanken wir dem Konstruktivismus eine ebenso provokante wie nützliche Denkfigur, die auch in der modernen Systemtheorie eine wichtige Rolle spielt:

> »Jede Form der Beeinflussung, ob sie nun von pädagogischen, therapeutischen, wirtschaftlichen etc. Interessen abgeleitet wird, muss sich damit auseinander setzen, dass es keine direkten instruktiven Interaktionsbeziehungen geben kann.« (Ebd., S. 40)

Metakognition ist ein weiteres Konzept, das die aktuelle Debatte über Lernen stark prägt. Dabei gibt es einen Zusammenhang zwischen Konstruktivismus und Metakognition, den Terhart bündig ausdrückt:

> »Der Konstruktionsprozess beginnt jedoch nie bei null, sondern hat als Basis immer die bereits vorhandene (Wissens-)Struktur. Dieses vorhandene Wissen, i.w.S.: Erfahrung, ist immer der Ausgangspunkt für die Interpretation von Informationen, die zu Lernen als Konstruktion von Wissen führen können. Ein solches Lernen ist wiederum nicht durch allgemeine Gesetzmäßigkeiten bestimmt, sondern hängt sehr stark von den Situationen und Kontexten ab, in denen es stattfindet. Und dies alles läuft für den Lernenden nicht unbegriffen ab – er kann sich seinen Lernprozess selbst vergegenwärtigen und insofern auf meta-kognitiver Ebene Vorstellungen darüber bilden, wie er lernt, unter welchen Bedingungen er am besten lernt, wie er sein Lernen organisieren kann etc.« (Terhart 1999, S. 635)

Metakognition meint das bewusste Nachdenken über die eigenen Denktechniken und Lernstrategien. Metakognition hat sich als ein sehr erfolgreicher Ansatz erwiesen, um Schülern ein Bewusstsein für die Dynamik von Lernprozessen zu vermitteln. Metakognition als Analyse des eigenen Lernverhaltens und der Bedingungen des eigenen Lernens umfasst die Fähigkeit zur:

- Planung, Überwachung und Regulation von Handlungen,
- Analyse des eigenen Wissens und der eigenen Fertigkeiten,
- Formulierung eigener Lernziele und Lernaktivitäten,
- Benennung eigener Qualitätskriterien für erfolgreiches Lernen,
- rückwirkenden Bewertung eigener Leistungen sowie Denk- und Handlungsstrategien anhand selbst gesetzter Qualitätskriterien (vgl. Hasselhorn 1998).

Schüler/innen, die Metakognition entwickelt haben, sind eher in der Lage, neue Informationen in ihr bereits vorhandenes Wissen einzufügen sowie ihren eigenen Denk- und Handlungsprozess zu planen, zu beobachten und zu evaluieren. Da Metakognition Schüler/innen zu einer größeren Kontrolle über ihre Informationsaufnahme und ihre Denkstrategien befähigt, ist sie eine der Voraussetzungen für die Entwicklung von nachhaltiger Lernfähigkeit.

Metakognitive Lernstrategien als zielgerichtete Bemühungen, das eigene Lernen zu beeinflussen und zu optimieren, bilden zurzeit ein intensiv untersuchtes Forschungsfeld. Über die herkömmlicherweise betrachteten Lern- und Arbeitstechniken hinaus, die eigentlich nur Maßnahmen zur Vorbereitung und Unterstützung der äußeren und inneren Lernsituation darstellen, umfassen sie auch kognitive Strategien wie Wiederholen, Organisieren und Elaborieren, mit denen der eigentliche Lernvorgang beeinflusst wird. Trotz ihrer scheinbar offenkundigen Relevanz für Lernvorgänge haben die bisher noch raren empirischen Untersuchungen überwiegend nur schwache Zusammenhänge mit der Schulleistung gefunden. Ein Grund dafür dürfte sein, dass Lernstrategien und metakognitive Kompetenzen eher das selbst gesteuerte Lernen als das im schulischen Bereich vorherrschende fremdgesteuerte, vom Lehrer strukturierte und kontrollierte Lernen betreffen. Trotzdem sind Lernstrategien ein wichtiger Ansatz, um die auch in einem stark lehrergesteuerten Unterricht erforderlichen kognitiven Aktivitäten der Schüler besser zu verstehen und gegebenenfalls auch gezielt fördern zu können. Dazu erscheint es notwendig, die Bedingungen, unter denen Lernstrategien auch im Unterricht zur Anwendung kommen, und die Möglichkeiten ihrer Substitution und Unterstützung durch geeignete Lehraktivitäten zu erforschen. Die Aufhellung des Zusammen- und Wechselspiels von Prozessen der Fremdsteuerung und der Selbststeuerung dürfte eine der zentralen Herausforderungen der Lehr-Lern-Forschung sein, um die Wirkung von Unterricht und des Unterrichtsverhaltens von Lehrern besser zu verstehen. Damit sind wir bei der vierten wichtigen Bezugswissenschaft, der Unterrichtsforschung.

2.2.4 Unterrichtsforschung

Die Forschung über den Einfluss des Unterrichts auf die Leistungsentwicklung der Schülerinnen und Schüler scheint bisher sehr wenig aussagekräftig zu sein sowohl im internationalen als auch im deutschsprachigen Raum (vgl. dazu Einsiedler 1997): Einerseits blieb unklar, wieweit die Qualität des Unterrichts überhaupt nennenswerte Wirkungseffekte zeigt gegenüber dem nachgewiesenen Einfluss der sozialen Herkunft und den kognitiven Voraussetzungen der Schüler. Zum anderen findet man in

> »der Literatur der 70er- und 80er-Jahre ... nur lockere Aufzählungen von Lehrerverhaltensweisen (z.B. Strukturierungshinweise) und von Unterrichtsmerkmalen (z.B. Sequenzierung ...). Es fehlen weitgehend systematische Dimensionierungen und lerntheoretische Fundierungen.« (Einsiedler 1997, S. 228)

Zudem wird die Inhaltsseite des Unterrichts fast völlig vernachlässigt, ebenso die fachdidaktische, und die Forschung ist auf lehrergesteuerten, direktiven Unterricht fixiert, weil es offenbar äußerst aufwändig ist, die Effekte individualisierenden, von Schülern mit gestalteten Unterrichts zu untersuchen (vgl. Einsiedler 1997, S. 210).

Ergiebiger sind die so genannten Logik- und Scholastik-Studien, die Unterrichtsqualität und Leistungsentwicklung bei Grundschülern in München und Umgebung im aufwändigen Längsschnitt untersuchten (vgl. Weinert/Helmke 1997). Auch hier betonen die Autoren, dass

> »kein Weg an der Feststellung vorbei(führt), dass die Korrelation zwischen den Merkmalen der Unterrichtsqualität und der Leistungsentwicklung im Fach Mathematik doch relativ niedrig ist« (Helmke/Weinert 1997, S. 249).

Bei den Rechtschreibleistungen sind die nachweisbaren Effekte des Unterrichts auf die Leistungsentwicklung noch geringer. Die Autoren mutmaßen:

> »Der schwache Effekt könnte jedoch auch darauf verweisen, dass angesichts veränderter Curricula, stabiler Erwartungen seitens der Eltern, Schulleitungen und Schulämter die beobachtbaren Unterschiede im Lehrstil, in der Lehrer-Schüler-Interaktion und im Klassenklima kaum noch ins Gewicht fallen.«

Um die Wirkung des Unterrichts auf die Leistungsentwicklung der Schülerinnen und Schüler etwas weiter aufzuhellen, haben Helmke und Weinert in Bezug auf Leistungsförderung erfolgreiche Schulklassen identifiziert und die Faktoren untersucht, die diese Erfolge bewirkt haben. Sie beziehen sich dabei auf:

- *Klassenführung.* Der Unterricht erfolgt kontinuierlich, die Übergänge zwischen Unterrichtsphasen sind kurz, reibungslos und verlaufen regelhaft; es gibt nur minimale Pausen zwischen verschiedenen Unterrichtsepisoden; das nötige Lernmaterial steht durchweg zur Verfügung. Hinzu kommt der Aspekt der Zeitnutzung: Die verfügbare Unterrichtszeit wird für die Behandlung des Stoffes genutzt; man kommt gleich »zur Sache«, schweift nicht vom Lerninhalt ab und vermeidet unnötige Exkurse; Nebensächliches wird kurz und knapp erledigt bzw. aus dem Unterricht ausgelagert).
- *Motivierungsqualität.* Die o.g. Form der Klassenführung ist verknüpft mit einer höheren Motivierungsqualität des Unterrichts, die sich in aktiverer Beteiligung der Schüler am Unterrichtsgeschehen und dem vergleichsweise seltenen Vorkommen passiver Formen der Unaufmerksamkeit in Form etwa von Träumen, Dösen etc. manifestiert.
- *Strukturiertheit* des Lehrvortrages. Die Ausdrucksweise ist kurz, prägnant und direkt; zugleich werden häufige aufmerksamkeitsregulierende Bemerkungen gemacht, die das Verständnis des Stoffs erleichtern sollen; Hinweise auf Zusammenhänge zwischen verschiedenen Teilen des Stoffes werden explizit gegeben.
- *Klarheit.* Erfolgreichen Lehrern passiert es selten, dass ihre Fragen, Anregungen, Hinweise »ins Leere« gehen, weil die Schüler damit nichts anfangen können, weil sie nicht verstehen, um was es geht.
- *Individuelle fachliche Unterstützung.* Die durchschnittliche Leistungsentwicklung ist umso günstiger, je aktiver sich Lehrer – insbesondere in Phasen der Stillarbeit – direkt einschalten, indem sie beispielsweise von Tisch zu Tisch gehen, um das Lernverhalten der Schüler zu überwachen, zu diagnostizieren, um Hinweise zu geben und gegebenenfalls zu intervenieren. Der Gegentyp zu diesem aktiven Lehrer ist jener, der während solcher Unterrichtsphase am Lehrerpult bleibt und z.B.

Hefte korrigiert o.Ä. oder der sich auf die allgemeine Überwachung und die Aufrechterhaltung von Ruhe und Ordnung beschränkt, ohne sich einzelnen Schülern – und zwar nicht wenigen ausgewählten, sondern möglichst vielen pro Zeiteinheit – zuzuwenden.
- *Variabilität der Unterrichtsformen.* Damit sind unterschiedliche Sozialformen und ein gewisses Methodenrepertoire gemeint.
- *Soziales Klima.* Dieses bezieht sich auf jede einzelne Klasse, ist also als Klassenklima zu verstehen.

Bei der Analyse der Profile erfolgreicher Klassen entlang der o.a. »signifikanten Prädikatoren des Leistungszuwachses« stellen Helmke und Weinert fest:

»*Das Bild ist verwirrend, denn nur zwei der sechs Klassen schneiden bei allen Indikatoren eines ›erfolgreichen‹ Unterrichts überdurchschnittlich ab. Die anderen Klassen zeigen teilweise drastische Einbrüche bei Einzelmerkmalen der Unterrichtsqualität. Wenn man anstatt des Profils die einzelnen Variablen inspiziert, dann sieht man, dass es überhaupt nur ein einziges Merkmal gibt, bei dem alle erfolgreichen Klassen einen überdurchschnittlichen Wert aufweisen, nämlich die (aus Schülersicht erhobene) Klarheit der Lehreräußerungen. Zur Not kann man noch die Klassenführung dazurechnen. Bei den anderen Merkmalen sind große Differenzen zu erkennen. (Die Ergebnisdarstellung) verdeutlicht, dass bei den unterrichtlichen Determinanten der Leistungsentwicklung im Fach Mathematik von notwendigen Bedingungen kaum die Rede sein kann. Es scheint eine ganze Reihe sehr unterschiedlicher Wege zum gleichen Ziel zu geben. Dies zeigt, wie problematisch es wäre, in präskriptiver Absicht von ›Schlüsselmerkmalen‹ oder notwendigen Bedingungen eines erfolgreichen Unterrichts zu sprechen. Der Sachverhalt des multiplen und kompensatorischen Charakters der Determinanten schulischer Leistungen bestätigt sich in eindringlicher Weise.*« (Helmke/Weinert 1997, S. 251)

Vor dem Hintergrund dieses Forschungsstandes hat Weinert abgewogene Thesen zur Gestaltung leistungsfördernden Unterrichts formuliert, die geeignet sind, einige der hartnäckigsten Kontroversen der Unterrichtswissenschaft zu schlichten:

»*Umstritten ist zwischen den Vertretern eines systematisch-kognitiven Wissenserwerbs und eines situiert-kontextbezogenen Lernens vor allem, welche Rolle abstrakte Erkenntnisse im Vergleich zum konkreten erfahrungsgesättigten Handlungswissen spielen. Eine kritische Analyse der vorliegenden Literatur ergibt, dass systematisch-kognitives Lernen vor allem den vertikalen Transfer verbessert (also die Erleichterung künftigen Lernens auf dem gleichen Inhaltsgebiet, z.B. der Mathematik), während situiertes Lernen den horizontalen Transfer begünstigt (d.h. die Anwendung und Erweiterung des Wissens in ähnlichen sozialen oder inhaltlichen Kontexten und Situationen). Da das Erreichen anspruchsvoller Lernziele in der Regel beide Transferformen erfordert, ist es in der Schule notwendig, dass sowohl kognitiv-systema-*

tisch als auch situiert-lebenspraktisch gelernt wird ... Schulisches Lernen findet häufig als Mischform zwischen individueller und kollektiver Arbeit statt. Das heißt, im konventionellen Frontalunterricht lernt der einzelne Schüler, während der Lehrer die ganze Klasse unterrichtet. Inzwischen haben sich aber kooperative Formen des Lernens (in Lernteams, Lerngruppen, kleinen Gemeinschaften von Lernenden, reziproken Lern- und Lehrformen) nicht nur in der pädagogischen Praxis bewährt, sondern auch in der psychologischen Forschung als wirksam erwiesen.« (Weinert 1997, S. 14)

Interessant ist, dass Weinert dafür plädiert, Lern- und Leistungssituationen im Unterricht strikt voneinander zu unterscheiden:

»*Wichtig ist in diesem Zusammenhang, dass in Schulen nicht Lernen und Leisten permanent miteinander vermischt werden, sondern dass es im Unterricht separat sowohl Lern- als auch Leistungssituationen gibt. In Leistungssituationen demonstriert der Schüler (wie jeder Erwachsene auch), was er kann; er vermeidet Fehler, weil er subjektiv Erfolge erleben will, aber Misserfolge oft nicht vermeiden kann. In Lernsituationen wird in entspannter Weise Neues erfahren: aus Fehlern lernt man; Mitschüler sind nicht Konkurrenten, sondern Partner; Lehrer sind nicht Beurteiler, sondern Unterstützende. Entscheidend an Lern- und Leistungssituationen ist nicht, was der Lehrer beabsichtigt, sondern wie sie der Schüler erlebt.*« (Ebd., S. 15)

Zu den Kontroversen der Unterrichtsforschung gehört last but not least die Frage nach den entscheidenden Determinanten der Schulqualität und -effektivität: Ob die Lehrer und der Unterricht entscheidend sind (»proximale Faktoren«) oder die Schulqualität nebst Schulleitung und Umfeldeinflüssen (»distale Faktoren«) – oder ein Zusammenspiel beider Seiten.

Zur Klärung dieser Kontroverse ist wenig geforscht worden. Ditton hat die vorliegenden Ergebnisse zu den Bestimmungsfaktoren zur Qualität des Unterrichts reanalysiert und kommt zur folgenden Grundeinschätzung:

»*Das Gesamtergebnis der aktuellen Diskussionen lässt sich in der These der primären Bedeutung proximaler Faktoren (Lehrer und Unterricht) zusammenfassen.*« (Ditton 1999, S. 11)

Er fügt jedoch hinzu:

»*Doch sollte dies nicht als Anlass zu einer radikalen Kehrtwende in der Qualitätsforschung genommen werden, indem nun künftig der schulische Bedingungsrahmen und Kontext zu ignorieren wäre. Vielmehr wird es wichtig sein, klar zwischen den Ebenen zu unterscheiden und die zu untersuchenden Einzelvariablen den Ebenen korrekt zuzuordnen. Als Mehrebenenmodell verstanden, ergibt sich damit überhaupt erst der Zugang zu einer auch methodisch angemessenen Forschung, die Be-*

> ziehungen zwischen den Ebenen und Bereichen herauszuarbeiten in der Lage ist. Angesichts der Ergebnisse zur häufig nicht hohen Konsistenz und Stabilität schulischer Effekte ist zu klären, wodurch dies bedingt sein kann. Konsistente und stabile Effekte wären dann zu erwarten, wenn alle Lehrer einer Schule einheitlich und über die Zeit einen guten Unterricht gewährleisten. Dazu müsste vermutlich durch die Zusammenarbeit der Lehrer ein koordinierter und abgestimmter Unterricht sichergestellt werden. Womöglich tragen auch eine auf die Sicherung der Unterrichtsqualität bezogene Schulleitung sowie eine intensive Kooperation mit den Eltern zu stabilen und konsistenten Wirkungen bei. Verständigung, Abstimmung und Kooperation dürften dann förderlich sein, wenn hinsichtlich der Ziele Klarheit herrscht und diese als Aspekt der Schulkultur von den Beteiligten verbindlich akzeptiert und gemeinsam getragen werden. Ebenso wichtig dürfte es sein, dass die Zielerreichung überprüft wird und der Grad der Zielerreichung oder -verfehlung die Basis für die weitere Entwicklung einer Schule abgibt. Das ergänzende Element zu dem in der Tradition der Schulqualitätsforschung stark betonten Element der Schulkultur dürfte die Kontrolle sein, wo eine Schule konkret steht und wie sie sich entwickelt.« (Ditton 1999, S. 11)

Ditton bezeichnet mit Kontrolle, was in der aktuellen Diskussion zumeist Evaluation genannt wird.

2.3 Wissen, Verstehen, Können – Was gelernt werden sollte

Alle hier abgehandelten Bezugswissenschaften haben eines gemeinsam: Sie thematisieren wohl, *wie* gelernt werden kann, aber nicht, *was* gelernt werden soll. Dabei spielen die Inhalte in der deutschen Schultradition eine große Rolle. Auch Weinert, der vermutlich einflussreichste deutsche Unterrichtsforscher, betont die Wichtigkeit von Inhalten, wenn er mahnend Piaget zitiert:

> »Denken lernt man nicht aus Regeln zum Denken, sondern am Stoff zum Denken.« (Nach Weinert 1997, S. 16)

Man kann das, was gelernt werden soll, in drei große Bereiche aufteilen, in Wissen, Verstehen und Können. Wissen gerät in einer Gesellschaft, die zunehmend als Wissensgesellschaft klassifiziert wird, mehr und mehr ins Zentrum der Anforderungen, die die Öffentlichkeit an Schule stellt. Verstehen gewinnt in dem Maße an Bedeutung, in dem die Gesellschaft »unübersichtlicher« (Habermas 1985) wird, Individualisierungstendenzen zu- und überhand nehmen und soziale Kohäsion nachlässt. Können wird relevanter, je mehr Praxisbezug und Kompetenzvermittlung von der Schule eingefordert werden.

Werteerziehung wird hier nicht eigens thematisiert, weil man Werte nicht lehren, wohl aber analysieren, interpretieren und beurteilen kann (v. Hentig 1999). Dafür stehen hier Wissen, Verstehen und Können, sodass Werteerziehung gewissermaßen implizit abgehandelt wird, wie Werte ja auch nur implizit vermittelt werden können durch Aufklärung über ihr Entstehen und ihre Wirkung (Wissen), durch Begreifen des dahinter stehenden Sinns und durch Beurteilung ihres Gehalts, ihrer Folgen, ihres Ranges (Verstehen) – und selbstverständlich auch durch Vorleben (Können). Schließlich muss an dieser Stelle auch daran erinnert werden, dass das Schulprogramm auch als Ausdruck des Werteverständnisses der Schule zu begreifen ist.

2.3.1 Wissensbasis schaffen

Die Verfügung über solides, auf Bedarf aktivierbares Wissen gehört zur Grundausstattung jedes Einzelnen in der heutigen und künftigen Gesellschaft. Breites Orientierungswissen, neuerdings Wissensbasis genannt, ist auch vonnöten, weil Spezialwissen immer schneller veraltet. Der Umstand, dass Wissensbestände immer leichter über Computer und Internet zugänglich sind, macht eine breite Wissensbasis nicht überflüssig, sondern setzt sie im Gegenteil voraus: Wie sonst sollte man wissen, was man sucht und wie man es finden könnte.

Die Wissensbasis muss sich auf die wichtigsten Wissensbereiche beziehen, die neuerdings gern wie im Angelsächsischen Domänen genannt werden. Der Präsident der Max-Planck-Gesellschaft hat den anregenden und überzeugenden Versuch gemacht, die für Schulbildung wichtigsten Wissensdomänen zu identifizieren:

- »*die Beherrschung der Muttersprache als ›wichtigste und anspruchsvollste Forderung‹*;
- *dazu Englisch und eine beliebig zu wählende dritte Sprache;*
- *als ›Basis für Weltoffenheit‹ Wissen von den Grundlagen der politischen, ökonomischen, technischen, rechtlichen und ideologischen Entwicklungsgeschichte der eigenen wie fremder Kulturen;*
- *ein breit gefächertes Grundverständnis der gesamten Naturwissenschaften ...*
- *Kenntnisse in Kunst, Musik, Sport, Religion (oder Philosophie), damit in den Schulen keine ›Wissensriesen mit Zwerggemütern‹ entstehen.*« (Nach FOCUS 1999, S. 76f.)

Wissensdomänen sind in erster Linie Fächer, aber auch fachübergreifende Felder wie Schlüsselprobleme, Ökologie oder Informationstechnologie.

Weinert und Helmke weisen daraufhin, dass eine bereichsspezifische Wissensbasis auch Grundvoraussetzung für den Erwerb neuen Wissens ist. Sie berufen sich auf Untersuchungen, die in verschiedenen Sachgebieten (Schach, Physik, Medizin usw.) durchgeführt wurden, bei denen die Leistungen von Könnern (Experten) und Anfängern (Novizen) im jeweiligen Sachbereich verglichen wurden. Diese haben deutlich gemacht, welche zentrale Rolle der Umfang und die Qualität des vorhandenen Wissens für die Leistungsüberlegenheit der Experten spielen. Verschiedene Studien haben gezeigt, dass Experten und Novizen sich in eklatanter Weise im Hinblick auf ihre Vorwissen unterscheiden. Vor dem Hintergrund derartiger Untersuchungen ist es daher kaum verwunderlich, dass sich das aufgaben- und bereichsspezifische Vorwissen auch bei der Vorhersage von Schulleistungen mitunter sogar noch als vorhersagestärker als die Intelligenz erwiesen hat (Weinert/Helmke 1995).

Die Qualität der Wissensbasis beschreibt Weinert mithilfe einer Unterscheidung von trägem und intelligentem Wissen. Träges Wissen bezeichnet »mit der Lernsituation verlötete, eingekapselte, nur mechanisch verwendbare Kenntnisse« (Weinert 1997, S. 15). Beim intelligenten Wissen geht es »um ein sinnvoll geordnetes, untereinander und mit vielen Anwendungssituationen vernetztes, flexibel nutzbares und situativ leicht anpassungsfähiges Wissen« (ebd., S. 15). Er weist darauf hin, dass der Erwerb dieses intelligenten Wissens in der Regel viele Jahre intensiven Lernens erfordert, und er vermutet (direkt einschlägige empirische Belege liegen nicht vor), dass sich Defizite nicht durch Trainings oder Crashkurse kompensieren lassen. »Fehlendes Wissen behindert und erschwert jedes nachfolgende Lernen, insbesondere bei lernschwachen Kindern.« (Ebd.).

2.3.2 Verstehen lernen

Verstehen lernen wird in der Lerntheorie wie in der Unterrichtspraxis vernachlässigt. Dabei kommt es gerade in einer komplexen, unübersichtlicher werdenden Welt, in der ein Auditorium gebildeter, die Welt verstehender Menschen nicht (mehr?) existiert, immer mehr auf ein Verständnis von Zusammenhängen an. »Wer nur etwas von Chemie versteht, versteht auch von Chemie nichts« hat Lichtenberg schon im 19. Jahrhundert gelästert. Das gilt erst recht in einer Zeit, in der systemisches Denken angesagt ist.

Ein erheblicher Teil des Unterrichts ist heute zu sehr wissensbezogen und zu wenig verständnisorientiert. Unterricht vermittelt vielerlei Kenntnisse, fragt aber zu selten nach den Quellen der Kenntnisse, nach Parallelen und Unterschieden zu konkurrierenden Kenntnissen, stellt zu wenig Zusammenhänge her, geht also sowohl zu wenig in die Tiefe als auch zu wenig in die Breite (Landwehr 1994). Verstehen heißt, neues Wissen in bereits vorhandenes zu integrieren und es auf andere Felder anzuwenden. Zum tieferen Verständnis gehört auch die geschichtliche Dimension, nämlich eine Vorstellung vom Entstehen und den Gründen für das Entstehen.

Verstehen hat aber nicht nur eine kognitive, sondern auch eine emotionale Dimension. Verstehen heißt auch, sich in eine Situation, einen Zusammenhang oder eine Erkenntnis einfühlen zu können. Verstehen verweist auch auf die Lebenswelt, also auch auf andere Menschen und deren Lebensweisen, Interessen, Haltungen und Beweggründe. Ohne andere Menschen zu verstehen, wird man auch keine Konflikte bearbeiten, geschweige denn regeln können.

2.3.3 Können: Kompetenzen erwerben

Im Unterricht geht es nicht nur darum, dass sich Schülerinnen und Schüler eine möglichst solide Basis intelligenten Wissens aneignen und intellektuelles wie emotionales Verstehen lernen, sondern auch Kompetenzen erwerben. Wenn zum Wissen und Verstehen nicht Können hinzukommt, bereitet die Schule weder ausreichend für das Leben im Allgemeinen noch für Berufsarbeit im Besonderen vor.

Zu den gemeinten Kompetenzen gehören zum einen die bekannten und allseits akzeptierten Kulturtechniken Lesen, Schreiben, Rechnen und neuerdings Computernutzung. Ebenso unstrittig ist der Erwerb von Fachkompetenzen, im Deutschunterricht z.B. Interpretation oder Verfassen von Texten oder im Mathematikunterricht die Beherrschung der Grundrechenarten, Geometrie oder Arithmetik.

Zunehmend bedeutsam werden schließlich die fachübergreifenden bzw. nicht-fachlichen Kompetenzen, die im Zuge der OECD-Schulleistungsstudien (PISA) unter der Bezeichnung »cross-curriculum competencies« (CCC) zu anhaltender Aktualität gelangen. Die OECD versteht darunter Kompetenzen

- zur Selbstregulierung des Lernens,
- zur Kommunikation,
- zur Anpassungsfähigkeit,
- zur Flexibilität,
- zum Problemlösen und
- zum Gebrauch der Informationstechnologien.

Die meisten dieser CCCs kann man als Schlüsselqualifikationen oder auch als Fähigkeiten zur Metakognition verstehen.

2.3.4 Eine Bildungstheorie ist nötig

Schule ist mehr als eine Addition von Fächern. Allein deswegen bliebe Unterrichtsentwicklung Stückwerk, auch wenn sie sich an den aufgezeigten Dimensionen Wissen, Verstehen und Können orientierte, wenn nicht eine Sinnzusammenhänge stiftende Leitidee hinzukäme. Dies könnte durch Erarbeitung eines gemeinsam verstandenen und akzeptierten Schulprogramms geschehen. Aber dieses benötigt selbst eine Leitidee.

Eine solche Leitidee hat in der deutschen Schultradition die Bildungstheorie bereitgestellt: Im Anschluss an die TIMS-Studie beginnt eine neue Diskussion über Bildungstheorie in Form einer Theorie der Allgemeinbildung. Sie findet ihren prägnanten Ausdruck in dem Gutachten für die Bund-Länder-Kommission für Bildungsplanung und Forschungsförderung (BLK) mit dem Titel: »Steigerung der Effizienz des mathematisch-naturwissenschaftlichen Unterrichts«. Dieses Konzept ist wissenssoziologisch und lerntheoretisch geprägt. Es geht davon aus, dass

> »Wissen an den Kontext seines Erwerbs gebunden (ist). Es ist nicht ohne weiteres auf andere Zusammenhänge und Situationen übertragbar. Insofern ist es nicht verwunderlich, dass in der Schule erarbeitetes Wissen in außerschulischen Situationen nicht prompt zur Verfügung steht: Es bleibt träge. Um anwendbar zu sein, bedarf es der Erweiterung, Modifikation und Anpassung an die jeweils spezifische Situation. Trotz der Grenzen unmittelbarer Verwendbarkeit ist schulisches Wissen nicht nutzlos. Es erleichtert anschließendes Lernen. Dies wollen wir mit Anschlussfähigkeit bezeichnen. Die Qualität schulischen Lernens erweist sich also nicht nur – und möglicherweise sogar zum geringeren Teil – in der unmittelbar praktischen Anwendung, sondern in der Förderung anschließenden Lernens innerhalb und außerhalb der Schule.« (BLK 1999, S. 11)

Die Anwendung schulischen Wissens kann und sollte allerdings im Unterricht eine Rolle spielen und so oft wie möglich geübt werden. Vor diesem Hintergrund überzeugt der Versuch, ein zeitgemäßes Konzept von Allgemeinbildung zu skizzieren:

> »Die moderne Bildungstheorie hat den legitimen Anspruch auf Allgemeinbildung im Sinne einer Grundbildung für die ganze nachwachsende Generation konsequenterweise auf die Vermittlung der Voraussetzungen gesellschaftlicher Kommunikation und Teilhabe und die Sicherung von Lernfähigkeit zurückgenommen. Danach hat Allgemein- und Grundbildung heute die Aufgabe, jene Basisqualifikationen zu vermitteln, die für eine verständige und reflektierbare Teilhabe am gesellschaftlichen und öffentlichen Leben angesichts von Normdissens und vielfältigen Traditionen und Kulturen unentbehrlich sind, und das Wissensfundament zu legen, von dem Weiterlernen mit einiger Aussicht auf Erfolg ausgehen kann.« (Ebd., S. 11)

Von der Grundbildung wird erwartet, dass sie »die sichere Beherrschung kultureller Basiswerkzeuge« vermittelt. Hinter diesem zunächst merkwürdig anmutenden Begriff verbergen sich

> »grundlegende Kenntnisse und Fertigkeiten im muttersprachlichen Bereich und hinreichende Vertrautheit im Umgang mit mathematischen Symbolen und einfachen Routinen (sowie) Grundkenntnisse in einer modernen Fremdsprache ..., wobei sich Englisch zur Lingua franca entwickelt.« (Ebd.)

Schultheoretisch und bildungspolitisch von höchster Bedeutung ist der Umstand, dass

> »hinreichende Sicherheit im Umgang mit diesen Kulturtechniken ... der größte Teil der jungen Generation außerhalb oder unabhängig von der Schule praktisch nicht erwerben (kann)« (BLK 1997, S. 12).

Zum für alle Heranwachsenden »obligatorischen Wissensfundament« einer Allgemeinbildung gehört nach diesem Konzept ferner

> »ein hinreichend breites, in sich gut organisiertes und vernetztes sowie in unterschiedlichen Anwendungssituationen erprobtes Orientierungswissen in zentralen Wissensdimensionen ... ästhetisch-expressiver, historisch-gesellschaftlicher, religiös-konstitutiver und nicht zuletzt mathematischer und naturwissenschaftlicher Art ... Eine elementare Vertrautheit mit jeder dieser Denkweisen macht Allgemeinbildung aus.« (Ebd., S. 12)

Zudem werden als Teil einer »zukunftsfähigen Allgemeinbildung« metakognitive Fähigkeiten genannt wie »Fähigkeiten der Selbstorganisation und Selbstregulation des Lernens einschließlich der Fähigkeit, Durststrecken im Lernprozess zu überstehen« (ebd., S. 12). Schließlich wird betont, dass sich

> »Wissensergänzung und Weiterlernen ... zunehmend in sozialen Situationen vollziehen, in denen Menschen zusammenarbeiten und aufeinander angewiesen sind. Unter den so genannten Schlüsselqualifikationen nehmen deshalb auch sozial-kognitive und soziale Kompetenzen einen besonderen Rang ein. Der gemeinsame Unterricht in der Schule bietet ... günstige Voraussetzungen, um soziale Kompetenzen wie Perspektivenwechsel, Mitempfinden, Hilfsbereitschaft, Kooperationsfähigkeit, Verantwortungsbereitschaft und moralische Urteilsfähigkeit zu entwickeln« (BLK 1997, S. 13f.)

Diese wissenssoziologisch-lerntheoretische (oder auch kognitivistische) Bildungskonzeption bedarf allerdings einiger Ergänzungen, vor allem sozialisationstheoretischer Art. So schreiben die Autoren des BLK-Gutachtens:

> »Eine derartige bildungstheoretische Orientierung hat curriculare und didaktische Konsequenzen. Sie akzeptiert die Schule als Lernstätte eigenen Rechts und entlastet

> *sie von dem wenig Erfolg versprechenden Versuch, gegenwärtige Lebenssituationen von Kindern und Jugendlichen in der Schule abbilden oder zukünftige Anwendungssituationen vorwegnehmen zu wollen.«* (BLK 1997, S. 11)

Dies mag für die gymnasiale Oberstufe wohl zutreffen, aber nicht für andere Schulformen, die wie die Grundschule sehr wohl gegenwärtige Lebenssituationen von Kindern abbilden, oder die berufsbildende Schule, die fraglos zukünftige Anwendungssituationen vorwegnehmen muss. Angesichts des vielfach beschriebenen Wandels der Kindheit und der veränderten Zusammensetzung der Schülerschaft jeder Schulform kommt Unterricht gar nicht mehr umhin, sich um die gegenwärtige Lebenssituation der Schülerinnen und Schüler zu kümmern, also um den sozialisatorischen Kontext, wie er etwa bei Hurrelmann/Ulich (1980) dargelegt wird. Moderne Bildungstheorie muss also um Sozialisationstheorie ergänzt werden, zumal wenn sie – wie bei Hurrelmann – von einem Menschenbild ausgeht, das anspruchsvolle Bildungstheorie zu unterfüttern vermag. Hurrelmann hat das Modell des »produktiv realitätsverarbeitenden Subjekts« in der Sozialisationsforschung populär gemacht, wonach sich die Identität einer Persönlichkeit in der wechselseitigen Abhängigkeit von der gesellschaftlich vermittelten ideellen und materiellen Umwelt mit je eigener, subjektiv ganz unterschiedlicher Anstrengung entwickelt. Identitätsbildung gehört unverzichtbar zum Programm einer Bildungskonzeption.

Das Verhältnis von gegenwärtigen Lebenssituationen und zukünftiger Anwendung war schon Thema der klassischen Bildungsphilosophie, die Lernen nicht auf Askese oder Verkopfung reduzieren wollte. Es ging ihr vielmehr darum, um eine Formulierung von Rousseau aufzunehmen, »die Zukunft ohne Opferung des Glücks der Gegenwart zu gewinnen«. Rousseau sieht dafür besonders das Spiel geeignet, das für den Augenblick Spaß macht, den Kindern aber gleichzeitig Fähigkeiten vermittelt, die auf das Erwachsenenleben vorbereiten. Allgemeiner geht es darum, in erfüllter Gegenwart für die Zukunft zu lernen.

Diese Tradition nimmt die Bildungskommission NRW (1995) mit ihrem Leitbild von der Schule als »Haus des Lernens« auf, das die Schule sowohl als Lern- wie auch als Lebensraum versteht (S. 77ff.) und von einem anspruchsvollen Bildungsbegriff ausgeht, der philosophisch begründet wird. Danach soll

> »Bildung als Lern- und Entwicklungsprozess verstanden werden, in dessen Verlauf die Befähigung erworben wird,
> – den Anspruch auf Selbstbestimmung und die Entwicklung eigener Lebens-Sinnbestimmungen zu verwirklichen,
> – diesen Anspruch auch für alle Mitmenschen anerkennen,
> – Mitverantwortung für das Gestalten der ökonomischen, gesellschaftlichen, politischen und kulturellen Verhältnisse zu übernehmen und
> – die eigenen Ansprüche, die Ansprüche der Mitmenschen und die Anforderungen der Gesellschaft in eine vertretbare Relation zu bringen.«
>
> (Bildungskommission 1995, S. XII)

2.4 Eigenaktiv, lehrergeführt und reflexiv – wie gelernt werden kann

Beides ist wichtig: Wie man lernt und was man lernt. Die weiter oben dargelegten Ergebnisse der Bezugswissenschaften, aber auch das Erbe der Reformpädagogik geben zahlreiche Hinweise dafür, wie in der Schule gelernt werden kann. Wir unterscheiden dabei erstens eigenaktives Lernen der Schüler/innen, zweitens durch Lehrpersonen angeleitetes Lernen und halten drittens eine fortlaufende Reflexion der Lernstände (Evaluation) für eine wichtige Voraussetzung gelingender Lernprozesse. Deshalb haben wir das folgende Kapitel nach diesen drei Gesichtspunkten in Unterabschnitte gegliedert. Neue Medien, vor allem wenn sie interaktiv und mit den Internet verknüpft sind, spielen in Zukunft eine wichtige Rolle bei der Gestaltung von Lernprozessen. Wir werden darauf in den Unterabschnitten zurückkommen.

2.4.1 Selbstständig und kooperativ lernen

Lernen ist kein linearer, direkt zu steuernder Prozess, der einseitig von der Lehrperson ausgeht und bei dem die Schüler/innen kontinuierliche Fortschritte machen. Die Neurobiologie, die Intelligenzforschung sowie der Konstruktivismus machen übereinstimmend klar, dass Lernen ein sehr komplexer Prozess ist, der nur gelingt, wenn die Lernenden dabei aktiv mitwirken. Vor diesem Hintergrund ist der Begriff von den *Schülerinnen und Schülern als den Ko-Produzenten des Lernens* geprägt worden. Dies begründet die Bedeutsamkeit aktiven, selbstständigen Lernens, das durch Kooperation ergänzt und verstärkt werden kann. Weinert vermutet darüber hinaus, dass metakognitive Kompetenzen am besten beim selbstständigen Lernen und in der Gruppenarbeit erworben werden können (Weinert 1999, S. 34).

Das bereits erwähnte BLK-Gutachten bündelt die wichtigsten Aussagen zum selbstständigen Lernen wie folgt:

> »*Die leitenden Zielvorstellungen reformpädagogischer Maßnahmen, die Selbstregulation des Lernens von früh auf zu stärken, verständnisvolles und erfahrungsgesättigtes Lernen in lebensnahen, Sinn stiftenden Kontexten zu organisieren und nicht nur individuelles, sondern auch kooperatives Lernen und sozial verantwortliches Lernen zu schulen, werden ungeteilte Zustimmung finden. Befunde der Motivationspsychologie unterstützen die Annahme, dass interessiertes und motiviertes Lernen sich in Situationen vollzieht, in denen sich der Lerner die Aufgabe zu Eigen machen kann, Autonomie in der Bearbeitung empfindet und sich gleichzeitig emotional eingebunden erlebt.*« (BLK 1997, S. 23)

Sinnvolle, möglichst selbstständige Arbeit der Lernenden ist also die Substanz der Didaktik. Schüler/innen untersuchen, erkunden, spielen, konstruieren und experimentieren in offenen Lernsituationen. Die Lernumgebung regt an, ermöglicht die Darstellung von Arbeitsergebnissen und spiegelt die Biografie und Entwicklung der

Lerngruppen. Die Gutachter machen allerdings darauf aufmerksam, dass selbstständiges Lernen wohl offene Lernsituation voraussetzt, aber eher das Gegenteil einer Laisser-faire-Pädagogik darstellt. Sie verweisen auf empirische Befunde, die unterschiedliche

> »Effekte der Maßnahmen (belegen) in Abhängigkeit vom Vorwissen und Persönlichkeitsmerkmalen der Lernenden und den jeweiligen Zielsetzungen des Programms. Akademische Lernerfolge in offenen oder geöffneten Lernumgebungen hängen maßgeblich von der Qualität der Vorstrukturierung und den verfügbaren Hilfestellungen ab. Offene Lernumgebungen verlangen von den Lehrkräften größere Strukturierungsleistungen als der herkömmliche Klassenunterricht.« (Ebd., S. 23)

Ebenso differenziert äußern sich die Gutachter zum kooperativen Lernen:

> »Es gibt eine hinreichende Zahl von Untersuchungen zum kooperativen Lernen in komplexen Situationen, welche die Wirksamkeit dieser Unterrichtsform gut belegen. Tutoring, partnerschaftliches Lernen mit reziproker Rollenverteilung oder die Bildung von Lerngemeinschaften sind Beispiele. Kennzeichnende Merkmale dieser Lernformen sind die Vorgabe problemorientierter Lernaufgaben und die Übertragung verstärkter Verantwortung für den Lernprozess an die Lernenden selbst ... Das kooperative Lernen anhand einer komplexen und weniger gut strukturierten Aufgabe ist im Sinne eines tieferen Verstehens von Konzepten und Verfahren allerdings nur dann Erfolg versprechend, wenn während des Arbeitsprozesses Anleitungen und Hilfen verfügbar sind, sodass der Blick auf die wesentlichen Merkmale der Aufgabe nicht verloren geht.« (BLK 1997, S. 24)

Wenn man eigenverantwortliches Leben und Lernen zudem als eine wichtige Fähigkeit junger Menschen begreift, müssen Schüler/innen an der Planung und Organisation ihres Lernens ebenso teilhaben wie an der Lernzieldiskussion und der Leistungsbewertung.

Schüler/innen sind häufig von sich aus motiviert, die neuen Lernressourcen des Internets zu nutzen. Aktive Forschung und spielhafte Entdeckung stimulieren diese Lernbereitschaft noch weiter. Neue Medien bieten Schüler/innen die Möglichkeit, ihre *selbst gesteuerten Lernaktivitäten* zur Erreichung gemeinsamer Ziele einzusetzen. Lehrer haben dann die Aufgabe, selbst gesteuertes Lernen intensiv zu begleiten, indem sie Schülern bestimmte Aufgaben stellen, die mithilfe des Internets gelöst werden sollen.

2.4.2 Anleitend und anregend lehren

Ziel des Unterrichtens ist, eine solide Wissensbasis zu vermitteln, Verstehen zu ermöglichen und Kompetenzen zu vermitteln. Das ist auf dem Wege selbstständigen Lernens allein nicht möglich. Schüler/innen müssen zum Einüben von Kompetenzen angehalten, zum vertieften Verstehen gebracht und zum Erwerb einer von der Wissensgesellschaft verlangten Wissensbasis geführt werden. Dazu bedarf es Lehrpersonen, die nicht nur moderieren, sondern auch anleiten und gestalten.

Vor allem der Erwerb einer Wissensbasis verlangt nach einer Systematisierung, die sich häufig in Form von klar strukturierten Lehrgängen oder Kursen ausdrückt. Derart kursförmig organisierter Unterricht kann übrigens am ehesten von multimedialen Lernpaketen übernommen werden. Die BLK-Gutachter verweisen auf Unterrichtsstudien, die

> »die Lernwirksamkeit und häufig die Überlegenheit eines anspruchsvollen lehrergesteuerten, störungspräventiven, aufgabenorientierten und klar strukturierten Unterrichts (belegen), in dem die verfügbare Zeit intensiv für akademische Aufgaben genutzt wird, das Interaktionstempo aber gemäßigt bleibt, sodass Schüler Zeit zum Nachdenken und Spielraum für die Entwicklung eines eigenen Gedankenganges finden. Die Forschungsergebnisse zu den positiven Wirkungen eines Frontalunterrichts, der diese Merkmale der direkten Instruktion realisiert, sind außerordentlich robust.« (BLK 1997, S. 24)

Diese Forschungsergebnisse gelten eher für Schulen, die akademisches Wissen vermitteln, also weniger für Grundschulen. Sie machen deutlich, dass Frontalunterricht sehr lernfördernd wirkt, wenn er im beschriebenen Sinne interaktiv ist und sich nicht in kurzschrittigen, durch enge Fragen dominierten Lehrervorträgen erschöpft. Weinert und Helmke machen anhand empirischer Untersuchungen zudem darauf aufmerksam, dass ängstliche und leistungsschwache Schüler/innen eher von derart interaktivem Frontalunterricht profitieren und selbstsichere mit soliden Vorkenntnissen eher von einem offenen und explorierenden Unterricht (Weinert/Helmke 1997, S. 459ff.).

Die BLK-Gutachter weisen auf die »funktionale Äquivalenz« von Unterrichtsmethoden hin. Dennoch hat nach ihren Erkenntnissen

> »unter dem Gesichtspunkt des kontinuierlichen Weiterlernens und der Anpassung des Wissens an neue Anwendungssituationen die Selbstregulationsfähigkeit große Bedeutung. Es besteht wenig Zweifel unter Fachkundigen, dass Arbeitsformen innerhalb und außerhalb des Unterrichts, die dem Schüler erhöhte Verantwortung zuweisen und stärkere Selbstorganisation abverlangen, im Alltag unserer Schule – und zwar insbesondere im mathematisch-naturwissenschaftlichen Unterricht – zu kurz kommen. Die Grundlagen selbstständigen Lernens können bereits in der Grundschule gelegt werden. Mit zunehmendem Alter der Schüler sollte auch der Anspruch an die Selbstregulation des Lernens zunehmen.« (Ebd., S. 460)

Insgesamt ergibt sich, dass Unterricht von Lehrer/innen angeleitet werden muss, diese darüber hinaus aber auch dafür sorgen müssen, dass eine anregende Lernumgebung entsteht, die Raum lässt für eigenaktives Lernen der Schüler/innen. Bei direkter Instruktion gelingt es häufig nicht, Schüler mit unterschiedlichen Begabungen aktiv in einen Lernprozess einzubeziehen. Um Lernen für Schüler unterschiedlicher Begabungs- und Motivationsstrukturen zu ermöglichen, müssen die Lehrpersonen *anregende Lernumgebungen* schaffen, die neben intellektuellen auch andere, wie z.B. räumliche, kinästhetische, musikalische oder interpersonale Aktivitäten fördern und auf diese Weise intensive Lernerfahrungen ermöglichen.

2.4.3 Die Lernstände regelmäßig überprüfen

Nur wer fortlaufend überprüft, wo er steht, was er oder sie erreicht hat und was nicht, kann sein Lernen selber steuern, bleibt auf Dauer überhaupt lernfähig. Deshalb müssen die Lernstände regelmäßig überprüft werden.

Unsere eigene Praxis zu reflektieren ist nicht leicht. Es setzt den Willen voraus, offen und ehrlich zu sein, sowie eine Bereitschaft zur Selbstkritik.

Der Zweck dieser Fragen ist von entscheidender Bedeutung; ebenso wichtig ist, wer in die Fragestellungen mit einbezogen wird. Die Betonung sollte dabei eher auf Verbesserung als auf Kritik liegen.

Die Reflexion sollte nicht auf die technische Ebene beschränkt bleiben – darauf, was funktioniert und was nicht. Diese Fragen sind wichtig, machen aber nicht alles aus. Sie sollte auch nach dem Was fragen, nach den Inhalten und wie sie interpretiert werden.

Die Lehrkräfte können ihre eigene Praxis oft nur anhand persönlicher Eindrücke im geschäftigen Klassenzimmer einschätzen. Zur Reflexion der Arbeit sind indes aussagekräftigere Daten nötig. Dazu sollte man sorgfältig ein Feedback der Schüler/innen einholen und dieses auswerten. Man kann aber auch andere Perspektiven einbeziehen, z.B. durch kollegiale Fallberatung oder gegenseitige Hospitation.

Reflexion fällt deshalb nicht leicht, weil sie Fähigkeiten und Einstellungen verlangt, die normalerweise von Lehrkräften nicht gefordert werden. Unterrichten verlangt eher nach schneller Handlung, nach Extrovertiertheit: Man muss Selbstvertrauen haben und sich seiner Sache sicher sein. Reflexion verlangt demgegenüber, introvertiert zu sein, sich selbst infrage zu stellen und Unsicherheit zuzugeben. Deshalb müssen ein geschützter Raum und eine Art Ethik der Evaluation geschaffen werden. Dies ist Schulleitungsaufgabe. Wir kommen am Schluss darauf zurück.

Evaluation muss sich vor allem auf die Lernstände der Schüler/innen beziehen. Sie ist desto leichter durchzuführen, je mehr die Lehrkräfte bereit sind, sich selber zu evaluieren bzw. evaluieren zu lassen.

Für die Evaluation der Lernfortschritte der Schüler/innen stehen etliche Instrumente bereit, die zum Großteil bereits bekannt sind: Klassenarbeiten sind das klassische Mittel. Klassenarbeiten sind umso besser zur Feststellung der Lernstände geeignet, desto mehr sie sich an Standards orientieren, die klassenübergreifend sind. Denn aus der Schulforschung ist bekannt, dass Lehrpersonen sehr wohl in der Lage sind, innerhalb einer Klasse eine gültige Rangordnung der Schülerleistungen herzustellen; zwischen den Klassen gibt es jedoch häufig eklatante Unterschiede derart, dass die Bestbenoteten in einer Klasse zu den Schlechtesten in einer anderen gehören würden. Deshalb sind präzise Orientierungen an den Lehrplanvorgaben vonnöten, Abgleiche mit typischen Beispielaufgaben, Parallelarbeiten oder für den Jahrgang geeignete Tests.

Für eine langfristige Sicherung der Lernfortschritte ist es vermutlich am wirksamsten, wenn die Schüler/innen selber in der Lage sind, ihre Lernstände zu kontrollieren. Dies müssen sie allerdings erst lernen – unter Anleitung durch die Lehrpersonen. Aus kanadischen Schulen kennen wir ein Konzept, die Schüler in die Feststellung der Lernfortschritte einzubeziehen, welches wir im Kasten auf S. 46 wiedergeben (vgl. dazu Kempfert/Rolff 1999, S. 34ff.).

Die Einbeziehung der Schüler/innen in die Feststellung der Lernfortschritte erhöht die Selbststeuerungskompetenz der Lernenden, ist also selber so etwas wie ein Lernziel – und zwar ein metakognitives.

2.5 Lernen durch Unterricht: Fünf Leitlinien

Vor dem Hintergrund der Informationen über den neueren Stand der Bezugswissenschaften und den grundsätzlichen Klärungen der Fragen nach dem Was und Wie des Lernens kann ein Zwischenfazit gezogen werden, das die Qualität des Unterrichts zum Fokus hat. Dabei geht es noch nicht um konkrete Konzepte der UE, sondern vielmehr um deren Prinzipien.

2.5.1 Vielfalt ist nötig: Grundformen des Unterrichts

Das Verhältnis von Qualität des Unterrichts zur didaktischen Gestaltung des Unterrichts ist nicht starr determiniert. Es gibt keine »Königsform« des Unterrichts. Alle referierten Forschungsergebnisse zeigen, dass direkte Unterrichtung der indirekten nicht durchweg überlegen ist und auch die indirekte der direkten nicht. Die Pädagogik ist voller falscher Alternativen, währenddessen Denken und Handeln in Zusammenhängen systemischer Art angesagt ist. Die Qualität des Unterrichts ist kontingent, aber nicht zufällig. Vielfalt ist nötig, wenn Zusammenhänge berücksichtigt werden, vor allem zwischen dem Was und dem Wie des Unterrichtens, den Ausgangsvoraussetzungen vor allem aufseiten der Schülerschaft und den Kompetenzen der Lehrpersonen. H. Meyer (1999, S. 85, 89) unterscheidet drei »Grundformen« des Unterrichts:
- lehrgangsförmiger Unterricht,
- individualisierender Unterricht und
- Projektunterricht.

Hierzu kommt
- Gruppenunterricht.

Modell zur Beteiligung von Lernenden an der Feststellung von Lernfortschritten

Hinweise für Lehrpersonen

Die Lehrperson wählt einen Themenbereich, der sich auf das Lernergebnis bezieht. Hier wird das Beispiel des muttersprachlichen Unterrichts gewählt.

1. Schritt: Die Lehrperson beteiligt die Lernenden bei der Festlegung von Kriterien/Indikatoren

Die Lehrperson legt mit ihren Schüler/innen sechs bis zehn Kriterien/Indikatoren für die Beurteilung von Lernergebnissen fest, die dann von den Schüler/innen in eine Rangfolge gebracht werden. Dadurch sollen diese lernen zu argumentieren, abzuwägen und sich selbst ein Urteil zu bilden (ähnliche Denkvorgänge sind auch bei der Anwendung der Einschätzungsskalen auf die Lernergebnisse notwendig).
Die Lehrperson ordnet dann jedem Kriterium eine Einschätzungsskala zu. Sie beginnt dabei mit dem von den Schüler/innen als wichtigstem erachteten Kriterium. Die Lehrperson listet im nächsten Schritt *Wörter zum Beschreiben von schlechten, mittelmäßigen oder guten Leistungen* auf. Daran kann entweder die ganze Klasse beteiligt werden oder die Schüler/innen vervollständigen diese Einteilungen für einen Indikator in Kleingruppen.

2. Schritt: Die Lehrperson übt mit den Lernenden die Anwendung der Indikatoren ein

Die Schüler/innen sollen die Indikatoren und Einschätzungsskalen anwenden auf ausgewählte Materialien (Auszüge aus Romanen, Gedichten, Zeitungen, Zeitschriften, Lyrik usw.).
Die Schüler/innen erfüllen dann einen Arbeitsauftrag und erzielen so ein Lernergebnis.
Die Schüler/innen sollen schließlich ihre eigenen Leistungen (wie z.B. eigene [Text-]Entwürfe, Reden, mündliche und schriftliche Erklärungen, Protokolle, Portfolios, Musikaufführungen, Laborexperimente, Erörterungen, Mindmaps, Berechnungen, sportliche Fähigkeiten usw.) anhand der entwickelten Einschätzungsskalen evaluieren.

3. Schritt: Die Lehrperson gibt den Lernenden Rückmeldungen zu ihren Selbstevaluationen

Zusätzlich zu den Schüler/innen können auch die Lehrer/innen dieselben Kriterien zur Bewertung deren Leistungen benutzen. Die Ergebnisse können dann miteinander verglichen werden und bieten darüber hinaus die Möglichkeit, über Ähnlichkeiten und Differenzen zu diskutieren.

4. Schritt: Die Lehrperson gibt den Schüler/innen Hilfen für die Entwicklung eines Aktionsplans

Anhand der ermittelten Ergebnisse bestimmen die Schüler/innen ihre Stärken und Schwächen und legen daraufhin ein Ziel fest. Die Lehrperson leitet die Schüler/innen bei der Entwicklung von Aktivitäten an, mithilfe derer sie ihr Ziel erreichen können.

(Quelle: Rolheiser 1996)

- *Lehrgangsförmig* ist vor allem der Klassen- und Fachunterricht, der überwiegend in frontalen Lehr-Lern-Situationen stattfindet. Dazu zählt Meyer auch Lektionen, fächerübergreifenden Unterricht sowie Epochenunterricht.
- *Individualisierender Unterricht* baut stärker auf Selbstorganisation der Schülerinnen und Schüler. Meyer nennt in diesem Zusammenhang vor allem Freiarbeit, die zumeist allein, aber auch mit einem Partner stattfindet. Dazu gehören aber auch Wochenplanarbeit, Werkstatt- und Stationenlernen, Facharbeit sowie die Hausarbeit. Lernen mit Multimedia wird in Zukunft die Möglichkeiten individualisierten Lernens erheblich vergrößern.
- *Projektunterricht* kommt vor allem vor in den Varianten projektorientierter Fachunterricht, Projekttag und Projektwoche. Auch die zumeist als »außerunterrichtlich« deklarierten Formen der Theater-, Musik- und Sportarbeit zählt Meyer dazu. Kooperatives Lernen findet ebenfalls häufig projektförmig statt. Dennoch ist zu bedenken, *kooperatives Lernen* oder Gruppenunterricht als vierte Grundform des Unterrichts zu begreifen.

Entscheidend ist, dass in jeder Schule und besser: in jeder Klasse alle drei Grundformen des Unterrichts vorkommen. Dies muss nicht unbedingt von einer einzelnen Lehrperson realisiert werden, aber von der Gruppe von Lehrern (die sich vielleicht zum Team entwickeln), die eine Klasse unterrichten. Das Zahlenverhältnis zwischen den drei Grundformen kann nicht präzis angegeben werden, weil darüber keine Forschungsergebnisse vorliegen. Im Übrigen dürfte das Zahlenverhältnis von Schulform zu Schulform und Altersgruppe zu Altersgruppe variieren.

Entscheidend ist, dass es sich um ein ausgewogenes Verhältnis handelt, das die »Grundformen« je nach Anlass, Inhalt und Klassensituation auszubalancieren versucht. Aus der Forschung kennen wir keine Ergebnisse, die uns veranlassen könnten, vor einem Zuviel an individualisierendem oder projektförmigem Unterricht zu warnen.

2.5.2 Fachunterricht um fachübergreifenden ergänzen

Fachunterricht dominiert nicht ohne Grund die deutsche Schulgeschichte. Die Welt zerfällt zwar nicht in Fächer, aber man kann sie nicht als Ganze zum Gegenstand von Unterricht machen. Der Zugang zur Welt muss ein spezifischer und ganzheitlicher zugleich sein, was nicht zur selben Zeit realisiert werden kann. Der fachliche Zugang ist ein *Zugang* und gewiss einer der produktivsten. Zudem ist das Fach ein probates Medium der Organisation des Curriculums und auch der Lehrerausbildung.

Die bereits mehrfach zitierten BLK-Gutachter betonen ebenfalls die zentrale Stellung des Fachs in unserem Schulwesen:

»Das Schulfach ist der Rahmen, in dem außerschulische Stoffe und Probleme überhaupt erst zu Themen schulischen Lernens werden. Das Schulfach definiert eine

> *sachliche und zeitliche Systematik ... Das Schulfach besitzt seine eigene pädagogisch-didaktische Logik. Es erlaubt die Sequenzierung von Stoffen und Themen, ohne einem linearen Ablauf verpflichtet zu sein, den kumulativen Wissensaufbau, individuelle Erfahrung von Kompetenzzuwachs und die begründete Bewertung von Leistungsfortschritten.«* (BLK 1997, S. 18)

Die BLK-Gutachter sehen aber auch die Grenzen eines ausschließlichen Fachbezugs, der in den Universitäten längst überwunden ist durch die Einrichtung von fachübergreifenden Studienrichtungen und Forschungsgebieten wie Biochemie oder soziale Gerontologie. Sie schreiben:

> *»Das Fach weist, wenn es reflexiv unterrichtet wird, immer schon über sich selbst hinaus. Denn in der Selbstbezüglichkeit werden Besonderheit und Begrenzungen der jeweiligen Erkenntnisperspektive thematisch. Dies ist keine Eigenschaft, die der Unterricht erst auf der Oberstufe annehmen kann.«* (BLK 1977, S. 19)

In der Tat ist die Grundschule weniger fachorientiert und mehr nach Lernbereichen strukturiert: Sprache und Sachunterricht sind beispielsweise solche Lernbereiche, die jeweils aus mehreren Fächern bestehen. Die BLK-Gutachter betonen:

> *»Der fächerverbindende und fachübergreifende Unterricht ist nicht nur eine notwendige Ergänzung des Fachunterrichts, sondern Teil dessen Vollendung. Es liegt der Expertengruppe sehr daran, auf die didaktische Bedeutung jener fächerverbindenden und fachübergreifenden Fragestellungen und Themen hinzuweisen, die aus dem Fach selbst entwickelt werden und die Grenzen des Fachs thematisieren. Denn sie sind letztlich die Grundlage der Reflexivität des Fachunterrichts und damit eine der Voraussetzungen für ein wirkliches Verständnis fachlicher Anliegen im Rahmen einer modernen Allgemeinbildung. Fächerverbindender oder fachübergreifender Unterricht, der aus den Fächern selbst entwickelt wird, ist möglicherweise didaktisch anspruchsvoller als die Kooperation verschiedener Fächer in der Bearbeitung eines Alltagsproblems, bei der ein Kategorienwechsel zwischen Fächern veranschaulicht wird. Dennoch ist auch diese Mehrperspektivität, für die das Projekt, an dem mehrere Fächer beteiligt sind, exemplarisch steht, eine wichtige Korrektur des Fachunterrichts, da ein vergleichender Blick gleichsam von außen auf das Fach gerichtet wird.*
> *Man kann über das rechte Auslavieren von fachlichem und fächerverbindendem bzw. fachübergreifendem Unterricht streiten. Je nach Fach, Alter und Vorwissen der Schüler und situativen Bedingungen in der einzelnen Schule sind unterschiedliche Lösungen denkbar. Kaum strittig ist jedoch, dass die überfachliche Perspektive in unseren Schulen im Allgemeinen zu kurz kommt. Dies gilt insbesondere für den mathematisch-naturwissenschaftlichen Unterricht.«* (BLK 1997, S. 19)

Hinzuzufügen bleibt, dass es die unterschiedlichsten Formen von Unterricht gibt, die die Fachgrenzen nicht nur überschreiten, sondern von vornherein fachextern konzipiert werden, wenn es z.B. um die Bearbeitung so genannter Schlüsselprobleme geht wie Krieg und Frieden, Umwelt, Arbeit, Berufswahl, Geschlechterverhältnis u.v.a.m. (vgl. dazu Bildungskommission NRW 1995, S. 112f.). Es ergibt sich also ein Kontinuum, das sich vom Fachunterricht über den fachübergreifenden Unterricht erstreckt bis zum fächerverbindenden, fächerverknüpfenden, fächerkoordinierenden und schließlich fächerintegrierenden Unterricht.

2.5.3 Sachkompetent und situationsangemessen unterrichten

Qualifizierte und motivierte Lehrpersonen sind der Schlüssel für lernfördernden Unterricht. Ein hohes methodisch-didaktisches Niveau des Unterrichts ist nur möglich durch die Sicherung der fachlichen und sozialen Kompetenzen der Personen, die unterrichten. Schüler/innen können in der Schule schlechterdings nur das lernen, was gelehrt wird. Qualitätsentwicklung ist also unmittelbar abhängig von der Kompetenz der Lehrerschaft, die eine sachliche und eine pädagogische Dimension hat. Lehrpersonen müssen die Sache souverän beherrschen, die sie unterrichten, sei sie nun fachlich oder überfachlich strukturiert. Wenn sie dafür eine gewisse Begeisterung zeigen, wächst zudem die Chance, dass der »Funke überspringt«. Auch Forschungen belegen die Ansicht, dass Lehrkräfte besser fähig sind, die Kenntnisse der Lernenden zu bewerten und sie zu unterstützen, wenn sie über ihr Fachgebiet gut Bescheid wissen. Der schottische »Consultative Council on the Curriculum« (vgl. dazu PI 1999) hat überzeugend dargelegt, dass es keinen »besten« Unterrichtsstil geben kann, sondern effektives Unterrichten in vielerlei Weise möglich und durch ganz unterschiedliche Lehrerpersönlichkeiten realisierbar ist:

> »Die Handlungsweisen, die Lehrkräfte sich zu Eigen machen, und die Art, in der sie arbeiten, hängen sowohl von ihrer Persönlichkeit als auch ihren Überzeugungen vom Lernen und vom menschlichen Verhalten ab. Lehrer/innen sollten ermutigt werden, beim Lehren von ihren persönlichen Stärken Gebrauch zu machen.
> Erfolgreiches Unterrichten bedeutet ganz klar, eine Reihe von Rollen zu übernehmen, die von den Umständen abhängen. Beispielsweise kann ein Lehrvortrag, ein ›Auftritt‹ der Lehrkraft, manchmal der effektivste Weg sein, das Interesse der Schüler/innen einzufangen oder wieder zu wecken. Bei anderen Gelegenheiten kann die Notwendigkeit bestehen, sorgfältig zuzuhören und einfühlsam die Bedürfnisse des Einzelnen zu erkennen.« (Zitiert nach PI 1999, S. 21)

In jedem Kollegium muss es also Platz geben für verschiedene Persönlichkeiten und unterschiedliche Überzeugungen. Wenn Lehrkräfte effektiv zusammenarbeiten sollen, müssen sie einander respektieren und wertschätzen und sowohl Stärken als auch Schwächen in der Sichtweise ihrer Kollege/innen erkennen.

Im Bereich der zwischenmenschlichen Beziehungen legen junge Menschen gewöhnlich Wert auf das Interesse an und den Respekt vor dem Einzelnen. Umgekehrt haben sie hohe Erwartungen hinsichtlich der Sachanforderungen. Sie bewundern auch Lehrpersonen, die um der Lernenden willen streng sind, deren Strenge also einen einleuchtenden Grund hat. Sie sind Lehrkräften gegenüber kritisch, die uneinsichtig streng sind, streng um der Strenge willen.

Junge Menschen erkennen auch, dass Lehrpersonen nicht perfekt sein können und sogar gute Lehrkräfte sein können, wenn sie unter Stress stehen, enttäuschen oder eigene Regeln brechen. Sie werden jedoch dann kritisch, wenn es eine ständige Diskrepanz gibt zwischen den an sie gestellten Erwartungen und dem Verhalten der Lehrkräfte ihnen gegenüber. Dies unterstreicht auch der schottische »Council«, wenn er ausführt:

> »Ein wesentlicher Aspekt der Rolle der Lehrperson ist es, die Art von Lernfähigkeiten, von Verhaltensweisen, Einstellungen und Grundsätzen vorzuleben, die junge Menschen sich zu Eigen machen sollen.
> Ein zentrales Prinzip ist, dass junge Menschen das Lernen schätzen, gerne lernen und gut im Lernen sind. Es ist daher entscheidend, dass Lehrkräfte selbst das Lernen schätzen, gerne lernen und gut darin sind; dies sollten sie den Lernenden gegenüber auch zeigen.
> Die persönliche und die berufliche Entwicklung der Lehrkräfte gehen Hand in Hand. Unsere bisherigen Erkenntnisse lassen darauf schließen, dass es nicht ausreicht, ein Bündel von Fähigkeiten zu entwickeln, um ein erfolgreicher Lehrer oder eine erfolgreiche Lehrerin zu sein, obwohl dies natürlich ein wichtiger Aspekt ist. Es hängt zum großen Teil auch von der Art der Persönlichkeit ab und woran man glaubt. Daraus folgt, dass die berufliche Entwicklung nicht einfach von oben auferlegt werden kann; Lehrkräfte müssen selbst die Initiative ergreifen und sollten dabei unterstützt werden.
> Andererseits kann und sollte Entwicklung nicht von dem getrennt werden, was im Klassenzimmer und in der Schule geschieht. Menschen brauchen einen unterstützenden Zusammenhang, um sich zu entwickeln und zu wachsen. Nur dadurch, dass sie sich an der Entwicklung von Lehrplänen und der Schulentwicklung beteiligen, können Lehrkräfte wirklich jungen Menschen zeigen, was lernen bedeutet.« (PI 1999, S. 29)

2.5.4 Den Erziehungsauftrag nicht übersehen

Die Debatte über die TIMSS-Ergebnisse und die Defizite, die dabei im Fachleistungsbereich deutscher Schüler/innen erkenntlich wurden, hat die öffentliche Schuldiskussion in einem Maße auf den Unterricht gelenkt, dass für eine Erziehungsdiskussion kaum noch Raum bleibt. Dabei hat Herbart schon Anfang des 19. Jahrhunderts gewusst, dass jeder Unterricht auch erzieht, und zeigen die neueren

Schulqualitätsuntersuchungen (vgl. dazu die Zusammenfassungen bei Tillmann 1989), dass ein gutes Erziehungsklima eine der Grundvoraussetzungen guten Unterrichts ist.

Es ist also an der Zeit, schon gar angesichts des vielfach untersuchten Wandels der Kindheit (Rolff/Zimmermann 1997), verstärkt an die Erziehungsfunktion der Schule zu erinnern, damit es keinen Rückfall in die Zeit der alten, viel kritisierten Paukschule gibt.

Die gesamte Persönlichkeit zu bilden ist letztlich das Ziel allen Unterrichts. Schulen müssen ihren Teil dazu beitragen, jungen Menschen zu helfen, ihr Leben zu gestalten.

Forschungsergebnisse vieler Disziplinen, vor allem der Gehirnforschung, legen nahe, dass unser körperliches und emotionales Wohlbefinden eng mit unseren Fähigkeiten zu denken und effektiv zu lernen verbunden ist. Wir müssen deshalb sicherstellen, dass die Lernenden die Möglichkeit erhalten, alle ihre Fähigkeiten zu nutzen und zu entwickeln, sodass sie ihre Stärken ausspielen können und in jenen Bereichen weiterkommen, in denen sie weniger stark sind. Schüler/innen müssen bei aller Erziehung zur Leistungsbereitschaft angeleitet werden, in ihren Klassenkameraden »nicht nur Leistungskonkurrenten, sondern auch Lernpartner zu sehen« (Weinert). Solidarität bleibt ein Erziehungsziel.

Ebenso wichtig ist es, für ein sich gegenseitig respektierendes Verhältnis der Geschlechter zu sorgen. »Reflexible Koedukation« (Bildungskommission NRW 1995, S. 126ff.) ist längst nicht erreicht; sie bleibt ein Erziehungsziel jeder Unterrichtsstunde.

Für die Qualität des Erziehungsklimas ist eine gegenseitige Wertschätzung von Lehrern und Schülern konstitutiv. Das setzt bei den Lehrpersonen ein Bedürfnis und auch Freude daran voraus, mit Heranwachsenden umzugehen. Lehrpersonen sollten Heranwachsende »mögen«. Das kann nicht immer und auch nicht bei jedem Einzelnen in gleicher Weise der Fall sein, aber doch im Prinzip. Das heißt – weniger emphatisch ausgedrückt: Lehrpersonen müssen Schüler/innen verstehen in dem Sinne, dass sie sich in deren Situation »hineinfühlen« können, was ein Ziel für sich ist. Gleichzeitig sind Lehrpersonen nur so in der Lage, den Unterricht situationsangemessen zu gestalten. Dies ist der Doppelsinn der allgemein akzeptierten Forderung nach Schülerorientierung.

Die Schüler/innen selbst fordern ein stärkeres Ernstnehmen des Erziehungsauftrages des Unterrichts, wie repräsentative Umfragen des Dortmunder »Instituts für Schulentwicklungsforschung« zeigen. Danach erwarten die Schüler/innen von ihren Lehrern an erster Stelle, dass sie sich darum kümmern, wie es den Schüler/innen geht, an zweiter, gerecht behandelt zu werden, und erst an dritter, dass sie schwirige Sachverhalte gut erklären können (Kanders u.a. 1997, S. 93ff.).

Für das Gelingen erziehenden Unterrichts hängt vieles vom Klima der Schule als Ganzer ab sowie der Atmosphäre, die Lehrkräfte im Klassenzimmer herstellen können, und von der Art der Aktivitäten, in die Lernende einbezogen werden. Im Klassenzimmer bestimmt das Verhalten der Lehrkräfte stark das Verhalten der Lernenden. Wie Lehrpersonen ihre Autorität herstellen, der Ton ihrer Stimme, die kleinen

Dinge, die sie immer wieder sagen und tun, entscheiden über das Klima im Klassenzimmer. Jede Lehrkraft setzt die Maßnahmen ein, mit denen sie ihre Vorstellungen von Disziplin am besten erreicht. Diese hängen in gewissem Umfang davon ab, was der jeweilige Lehrende unter einem wohl geordneten Klassenzimmer versteht.

Es ist deshalb nötig, sich auf Verhaltensstandards zu einigen, die in der gesamten Schule bekannt sind und auch eingehalten werden. Ebenso notwendig ist es, dass die Lehrkräfte überzeugt sind, dass man sie einhalten kann (vgl. PI 1999).

Die Verteilung der Gewichte zwischen störungsfreier Ordnung und erfolgreichem Lernklima muss sorgsam ausgelotet werden. Es kann z.B. notwendig sein, eine geordnete und entspannte Atmosphäre zu schaffen, in der sich die Lernenden sicher, doch nicht überbehütet fühlen. Ebenso sehr kann es notwendig sein, Beständigkeit herzustellen, damit die Lernenden einschätzen können, was sie tun und was man von ihnen erwartet. Gleichzeitig kann es aber auch ein Bedürfnis nach Spontaneität geben, damit sie den Mut haben, Risiken einzugehen, Neues zu erforschen und kreativ zu denken.

»Ein Unterricht, in dem standardisierte Leistungsanforderungen, formale Belohnungssysteme und gegenseitige Konkurrenz überbetont wird, kann Lernen ebenfalls behindern. Unter solchen Umständen werden viele Lernende nur das Minimum erreichen, um gerade noch ›durchzuschlüpfen‹ oder um zu vermeiden, als Versager abgestempelt zu werden. Einige werden überhaupt nicht arbeiten können.« (PI 1999, S. 25)

Wo ein Gleichgewicht gefunden und ein erfolgswirksames Klima aufgebaut wurde, wird der Schwerpunkt auf Lernförderung liegen und es wird wenig tote Zeit geben, die auf Herstellung und Aufrechterhaltung der Ordnung verwendet werden muss.

2.5.5 *Effektiver Unterricht setzt sinnhaftes Lernen voraus*

Alle angeführten Untersuchungen und Argumente belegen, dass Unterrichtsentwicklung von höchster Bedeutung für die Qualitätsentwicklung und -sicherung von Schule ist. Unterricht basiert auf Lernen, ist die institutionalisierte Seite des Lernens. Deshalb läuft UE letztlich auf eine Intensivierung des Lernens hinaus. Man kann sich der Effizienz des Unterrichts nur gewiss sein, wenn er kontinuierlich evaluiert wird. Das wird in Teil II, Kap. 8., ausgeführt. Er ist aber in einem umfassenden Sinne nur effizient (dann besser effektiv genannt), wenn er in einem sinnvollen Zusammenhang steht. Das muss am Schluss dieses Kapitels noch unterstrichen werden: Erfolgreiches Lernen ist mehr, als Gegenstände oder Themen zu präsentieren. Es bedeutet, sich bewusst zu sein, wie sie in einen Gesamtzusammenhang passen und was sie zu bieten haben.

Das bedeutet auch, den Zusammenhang zwischen dem Gegenstand oder dem Thema mit den anderen Bereichen des Curriculums im Auge zu behalten. Gegenstand und Thema wiederum dürfen sich nicht verselbstständigen, auch nicht aus fachinternen Gründen; sie müssen einen nachvollziehbaren Bezug zu authentischen Problemen haben. Authentische Probleme können die bereits genannten Schlüsselprobleme sein, es kann sich dabei ebenso um fachtheoretische Probleme handeln und nicht zuletzt um Probleme der Lebenswelt.

Gelernt wird in diesem Sinne durch Auseinandersetzung mit authentischen Problemen und bedeutsamen Inhalten. Dies ist keinesfalls als Abwertung des Fachunterrichts misszuverstehen, sondern als Plädoyer für sinnhaftes Lernen. Sinnhaftes Lernen ist doppelt begründet, lerntheoretisch und bildungstheoretisch. Aus der Lernpsychologie wissen wir, dass Lernen nie kontextlos ist und Lernen zumindest aus Schülersicht ohne Lebensweltbezug fremd und hohl bleibt. Der Kontext selber wirkt motivierend – oder eben nicht. Auch Wissen wird immer kontextuiert erworben.

Die Bildungstheorie erinnert uns daran, dass anspruchsvoller Unterricht – wie man früher sagte – von Geist beseelt ist. Weniger prosaisch ausgedrückt, erkennt man Unterrichtsqualität nicht nur an der Effizienz, sondern vor allem daran, ob er gehaltvolle Inhalte transportiert, an authentischen Problemen arbeitet, den Zusammenhang von Wissen, Verstehen und Können herstellt, kurz: an einem sinnhaften Konzept orientiert ist. Das ist in Zeiten der neuen Medien noch belangvoller als zuvor: Wie sonst sollte es gelingen, mit der Informations- (=Wissens-)Flut des Fernsehens und des Internets geistvoll umgehen zu können.

Für den geistvoll-selektiven Umgang mit den neuen Medien beginnt sich das aus der Seefahrt entlehnte Wort des Navigierens einzubürgern, sodass die drei grundlegenden Kulturtechniken des Lesens, Schreibens und Rechnens um die vierte des Navigierens zu ergänzen wäre. Übrigens lässt sich gerade an dieser Kulturtechnik erneut verdeutlichen, dass Fach- und Lebensweltbezug zusammengehören. Navigieren kann man an der Lebenswelt der Wolken, Winde, Himmels- und Landmarken erlernen, aber ebenso an physikalisch-geografischen Navigationshilfen wie Seekarten und GPS.

Wahrscheinlich besteht Übereinstimmung darüber, dass das erwünschte Ergebnis erfolgreichen Lernens gebildete und berufsfähige Menschen sind, weshalb die Vorbereitung auf die Lebenswelt der Berufe zu den unverzichtbaren Inhalten aller Bildungsgänge gehört.

In einer Zeit rasanter Umbrüche und unvorhersehbarer Wissenszuwächse heißt das letztlich: Effektiver und sinnhafter Unterricht ist in Gefahr, wenn das Nachdenken über ihn aufhört.

3. Unterrichtsentwicklung und Schulentwicklung

Kein Ansatz hat das aktuelle Verständnis von Schulentwicklung so früh und so grundlegend beeinflusst wie der der Organisationsentwicklung (OE). OE wurde in den USA bereits in den 60er-Jahren von Schulentwicklern aufgegriffen und in deutschen Bundesländern Ende der 70er-Jahre der Schulleitungsfortbildung zugrunde gelegt. Ein »Durchbruch« geschah allerdings erst zu Beginn der 90er-Jahre, als die Schulpolitik fast aller Länder die Entwicklung von Einzelschulen propagierte und nach einem orientierenden und handlungsanleitenden Konzept gesucht wurde.

Das Konzept der Schulentwicklung als pädagogische Organisationsentwicklung erwies sich als dafür besonders geeignet; es ist zwischenzeitlich außerordentlich ausdifferenziert und praktisch vielfach erprobt worden. Charakteristisch für OE-Konzepte ist, dass sie sich auf das Ganze der Schule beziehen und nicht nur auf Teilaspekte. Gleichzeitig wird aber betont, dass nur eine schrittweise Entwicklung möglich ist, die an Projektvorhaben der Schule anknüpfen kann, aber auch am Kooperationsklima, an der Schulleitung, am Schulprogramm, an einer Abteilung oder an einer Fachkonferenz. Es wird in aller Regel nach der Devise verfahren »keine Maßnahme ohne vorherige Diagnose« und es wird eine Unterstützungsstruktur zum »Management des Wandels« aufgebaut vor allem in Form einer Steuer- oder Entwicklungsgruppe.

3.1 Unterrichtsentwicklung im Systemzusammenhang

Unterricht steht traditionell im Zentrum von Schule. OE bezieht sich indes auf die ganze Schule und nicht nur und manchmal auch nicht primär auf Unterricht. Das mag ein Grund dafür sein, dass Unterrichtsentwicklung (UE) der Organisationsentwicklung (OE) gelegentlich überspitzt kontrastierend gegenübergestellt wird. Hier ist vor allem Heinz Klippert zu nennen, der ausführt:

> »OE ist grundsätzlich langfristig angelegt und hat einen relativ komplexen Zuschnitt. Innoviert und verbessert werden soll die Organisation als Ganze ... Entsprechend vielschichtig und langwierig sind die betreffenden Klärungs-, Abstimmungs- und Innovationsprozesse. Da werden Probleme gesucht und natürlich auch in großer Vielzahl gefunden. Da werden Befragungen durchgeführt und umfangreiche Daten gesammelt, Daten ausgewertet und Datenfeedbacks organisiert, Entscheidungen angebahnt und Prioritäten gesetzt, Kontroversen geführt und Konflikte ausgetragen,

Ziele geklärt und Ziele vereinbart, Aktionen geplant und Arbeitsgruppen gebildet, Steuergruppen installiert und konkrete Vorhaben implementiert, Strukturen diskutiert und Projekte evaluiert etc. Kurzum, die Konferenz- und Arbeitsbelastung während dieser OE-Prozesse erreicht rasch ein Ausmaß, von dem viele gutwillige Lehrkräfte abgeschreckt werden, weil sie sich durch die vielschichtige Sisyphusarbeit überfordert fühlen.« (Klippert 1997, S. 13)

Aus diesen Gründen folgt Klippert:

»*1. Die Reduzierung des Innovationsfeldes auf einen überschaubaren Kernbereich der Lehrertätigkeit, den Unterricht;*
2. die Straffung der meist langwierigen Such-, Reflexions- und Entscheidungsprozesse im Vorfeld der eigentlichen Innovationsarbeit, sowie
3. die Offerierung gezielter Qualifizierungsangebote für die betreffenden Lehrkräfte/Kollegien, damit diese – unterstützt durch erfahrene Innovatoren – möglichst rasch das nötige Know-how erwerben, um die intendierte Innovationsarbeit zügig und erfolgreich zu realisieren.« (Ebd.)

Klippert hält OE für unwirksam (»Sisyphusarbeit«) und setzt ein Konzept dagegen, das er »Innovationsmanagement« und »Methodentraining« nennt. Er weckt damit die Erwartung, die Verbreitung von Kenntnissen über neuere Unterrichtsmethoden stelle bereits den Königsweg zur inneren Schulreform dar. In gleichem Sinne beteuert Korte (1998, S. 15): »dass ich den einzelnen Lehrer im Blick habe, der in und mit seiner Klasse die Weichen neu stellen will«. Die Botschaft soll heißen: Langwierige Verhandlungs- und Klärungsprozesse, die das gesamte Kollegium einbeziehen, verschleißen nur die Kräfte der Lehrpersonen. Jeder Einzelne kann sich auf den Weg machen, sofort hier und jetzt. Hierzu bieten ihm unterschiedlichste »Methodenmanuale« kopierfähige Vorlagen an – Unterrichtsentwicklung light!

An jeder Schule gibt es gewiss Lehrpersonen, die im Alleingang versuchen, ihre Didaktik und Methodik zu verbessern. Die Erfahrung lehrt jedoch, dass sie es sehr schwer haben und häufig bald aufgeben. Dass die Aufgabe von Schul- und Unterrichtsentwicklung und damit der Qualitätssicherung und -entwicklung nicht einfach der Initiative einzelner Lehrpersonen überlassen bleiben kann, gleichwohl ohne deren Initiative keine Entwicklung in Gang kommen wird, belegen auch Ergebnisse empirischer Schulforschung: *Gute Schulen* sind vor allem gekennzeichnet durch

- »einen starken Konsens bezüglich didaktisch-methodischer Fragen,
- eine ständige Abstimmung des Unterrichts, besonders der curricularen Fragen,
- Teamarbeit und Lehrerkooperation,
- eine ständige gemeinsame Erörterung und Festlegung von übergreifenden Verhaltensregeln« (Haenisch 1986; Tillmann 1989).

Hinter diese empirisch abgesicherten Einsichten fallen alle Ansätze zurück, die im Sinne eines überholten Verständnisses von Lehrerrolle und Schule den Blick wieder verengen wollen auf die Perspektive »Ich und meine Klasse«, statt ihn zu ergänzen um »Wir und unsere Schule«.

Zudem impliziert eine Konzentration auf Methodentraining eine inhaltliche Reduktion, insofern die fachdidaktische und vor allem die bildungstheoretische Dimension dabei ebenso ausgespart wird wie die Beziehungsebene und eine allzu starke Fixierung auf Methoden reflexionshemmend wirkt, also bildungstheoretische und allgemeindidaktische Erwägungen ausblendet.

Die Schule ist eine personalbezogene Organisation. Unterricht spielt sich in der Interaktion von Lehrern und Schülern ab; ohne überzeugende Lehrpersonen kann es keinen überzeugenden Unterricht geben. Der pädagogische Prozess ist im Kern ein zwischenmenschlicher, er beruht mehr als andere Interaktionszusammenhänge auf persönlicher Begegnung. Insofern ist es keine Phrase, wenn Pädagogen immer wieder betonen, dass im Mittelpunkt der Schule lebendige Menschen stehen, in erster Linie die Schüler/innen sowie die Lehrpersonen. Deshalb ist es plausibel, Personalentwicklung (PE) als dritten Hauptweg zur Schulentwicklung anzusehen:

- Personalentwicklung meint ein Gesamtkonzept, das Personalfortbildung, Personalführung und Personalförderung umfasst.
- Schulische Personalentwicklung impliziert wegen der überragenden Bedeutung von Personen im pädagogischen Prozess auch Persönlichkeitsentwicklung.

H. Klippert und auch H. Meyer betonen zu Recht, dass Unterricht die Kernaktivität von Lehrpersonen ist. Sie proklamieren darüber hinaus, dass SE deshalb immer bei UE ansetzen müsse (Meyer 1997, S. 159). Dagegen ist zum einen einzuwenden, dass es etliche Schulen gibt, die erfolgreiche Schulentwicklungsprozesse auf ganz andere Weise in Gang setzen, wie z.B. anlässlich der Entwicklung eines Schulprogramms, der Einführung von Budgetautonomie oder der Erweiterung der Schulleitung zum Leitungsteam, also von Maßnahmen, die man der OE zurechnen kann. Einem zeitlichen Primat der UE ist zum anderen entgegenzuhalten, dass es dem Verständnis von Schulpolitik widerspräche, nach dem die Einzelschule der Motor der Entwicklung ist. Nach diesem neuen Paradigma muss die Einzelschule und nicht der Lehrerfortbildner entscheiden können, ob sie bei der Organisationsentwicklung ansetzt oder bei der Unterrichtsentwicklung oder bei der Personalentwicklung.

Das Proklamieren von Vorzugswegen und Prioritäten steht auch im Gegensatz zu einem Denken in Systemzusammenhängen. Denkt man in Systemzusammenhängen oder handelt man konsequent, was nicht nur in diesem Fall auf dasselbe hinausläuft, dann führt jeder Weg der SE notwendig zu den anderen. Eine Schule kann z.B. mit UE beginnen, wobei es sich normalerweise nicht um einen Neubeginn, sondern um eine Fortsetzung bzw. Akzentuierung längst vorhandener oder doch angebahnter Entwicklungen handelt. Ob es dabei um überfachliches Lernen oder um erweiterte Unterrichtsformen oder um Methodentraining geht, jeder dieser Ansätze überschreitet die konventionelle Orientierung an einem Fach oder einem Lehrer und führt mit Konsequenz zu organisatorischen Veränderungen, die institutionell abgestützt werden müssen – also zu OE. Wer den Unterricht verändern will, muss mehr als den Unterricht verändern. Das kann auf mehr Kooperation hinauslaufen oder auf mehr Teamarbeit. Unterrichtsveränderung mag auch Kern des Schulprogramms werden. Auswirkungen auf das Lehrerhandeln sind unvermeidlich, weshalb vermutlich immer ein Bedarf an PE entsteht – sei es in Form von Lehrerberatung, Kommunikationstraining oder Hospitation.

Analog und gleichwertig ist die Entscheidung einer Schule, mit systematischer und konsequenter OE zu starten, z.B. Teamentwicklung zu betreiben oder ein Schulprogramm zu erstellen. Wenn es sich um Teamarbeit in der Schulleitung handelt, ist PE vonnöten. Wenn sich die Teamarbeit auf Fach- oder Jahrgangsgruppen bezieht, folgt daraus UE. Ein Schulprogramm wiederum würde seinen Zweck verfehlen, wenn es nicht auch UE bewirkte.

Schließlich könnte eine Schule auch bei der PE ansetzen, z.B. Supervisionsgruppen einrichten oder Erfahrungen sammeln mit Lehrerbeurteilung durch Schülerinnen und Schüler auf freiwilliger Basis. Letzteres wäre nur dann sinnvoll, wenn die Ergebnisse ausgewertet und Hinweise für einen veränderten Unterricht gewonnen würden und/oder die beteiligten Lehrkräfte sich zu Qualitätszirkeln bzw. Selbstlernteams zusammenschlössen. Supervision im Sinne von Schulentwicklung müsste arbeitsbezogen sein, was wiederum auf Unterricht und sonstige Schularbeit (im Bereich von Schulkultur, Schulmanagement oder Erziehungsklima) im Sinne von OE verweist.

Man könnte diesen Systemzusammenhang auch bündiger formulieren: Keine UE ohne OE und PE, keine OE ohne PE, keine PE ohne OE und UE. Das Neue und Besondere in diesem Systemzusammenhang stellt allerdings OE dar: Ohne OE würde UE ebenso wenig wie PE auf das Ganze der Schule zielen und bliebe es bei modernisierter Lehrerfortbildung und renovierter Schulpsychologie.

Der bisher behandelte Systemzusammenhang ist allerdings ein innerschulischer, er muss durch einen außerschulischen ergänzt werden. Zum Umfeld (bzw. zur Umwelt) der Schule gehören Eltern, »Abnehmer« (Betriebe, Universitäten), die Presse, der Stadtteil, der Schulträger und die Schulaufsicht. Das System Schule ist dabei geschlossen (im operativen Bereich des Unterrichts und der Erziehung) und offen zugleich, wie besonders deutlich an der Schulaufsicht wird, die sich in den operativen Bereich einmischt und in diesem Sinne auch als Bestandteil der Schule angesehen werden kann.

3.2 Unterrichtsentwicklung als organisationales sowie individuell-biografisches Lernen

Nach diesen eher grundlegenden Klärungen können wir darlegen, wie wir UE begreifen:

- Unter Unterrichtsentwicklung wollen wir die Gesamtheit der systematischen Anstrengungen verstehen, die darauf gerichtet sind, die Unterrichtspraxis im Sinne des in Teil II entworfenen Bildes von Unterricht zu optimieren. Unterrichtsentwicklung ist ein Konzept zur inneren Schulreform; sie ist daher mehr als bloßes Methodentraining, schließt dieses aber ein. Das grundlegende Ziel der Unterrichtsentwicklung ist die Effektivierung des Lernens der Schüler/innen in allen Dimensionen.
- Unterrichtsentwicklung ist eine Aufgabe nicht nur individuellen sondern auch organisationalen Lernens. Die Lehrkräfte einer Schule müssen sich über ihre Vorstellungen von Unterricht verständigen, die für ihre Realisierung notwendigen Schritte vereinbaren und die Kriterien definieren, anhand derer sie den Erfolg ihrer gemeinsamen Anstrengungen messen wollen. Organisationales Lernen im Hinblick auf Unterricht hat dann erfolgreich stattgefunden, wenn es innerhalb eines Kollegiums kollektiv geteilte Vorstellungen darüber gibt, wie Unterricht sein soll, wenn die von den Lehrkräften praktizierten Formen des Unterrichts möglichst weitgehend mit den gemeinsamen Vorstellungen übereinstimmen und wenn es überdies Regularien dafür gibt, Abweichungen von den gemeinsamen Leitvorstellungen produktiv zu bearbeiten.
- Unterrichtsentwicklung als organisationales Lernen kann gleichwohl auf individuelles Lernen von Lehrerinnen und Lehrern nicht verzichten. Allerdings greifen solche Konzepte zu kurz, die davon ausgehen, allein schon durch die Verbreitung von Kenntnissen über neue oder andere Unterrichtsmethoden die unterrichtliche Praxis in den Schulen nachhaltig zu verändern. Dass der angereicherte Kenntnisstand noch nicht unbedingt zu einer veränderten Praxis führt, kann durch einfache Beobachtungen z.B. in der Lehrerausbildung belegt werden. In einer Gruppe von Lehramtsanwärtern, der man eine Anzahl unterschiedlicher Unterrichtsmethoden vorstellt, werden keineswegs alle Personen alle vorgestellten Unterrichtsmethoden gleichermaßen in ihr persönliches Handlungsrepertoire übernehmen, sondern aus diesen eine individuelle Auswahl treffen. Ihre Auswahl wird bestimmt durch die jeweilige Lernbiografie. Man kann davon ausgehen, dass jede Person über ein individuelles Bild von Unterricht verfügt, für das bereits in der eigenen Schulzeit der Grund gelegt worden ist. Dieses Bild von Unterricht besitzt implizit normativen Charakter und steuert die Auswahl von Methoden und die Anlage von Lernarrangements in dem Sinne, dass diejenigen Methoden und Lernarrangements bevorzugt werden, die sich in das Bild einfügen.

Das Rahmenkonzept »Qualitätsentwicklung und Qualitätssicherung schulischer Arbeit« des Landes NRW fordert Unterrichtsentwicklung ein als Verbindung von individuellem und organisationalem Lernen im Sinne der

> *»Entwicklung einer Kultur der Zusammenarbeit:*
> *Die individuelle Entwicklung und Verbesserung der eigenen Lehrtätigkeit muss sich verbinden mit der Entwicklung von Teamarbeit und innerschulischer Kooperation. Diese konkretisiert sich in der gemeinsamen Entwicklung veränderter Unterrichtskonzepte, gegenseitigen Hospitationen, regelmäßigen wechselseitigen Rückmeldungen, gemeinsamer Unterrichtsvorbereitung und Unterrichtsreflexion, der Arbeit von Klassen- und Jahrgangsstufenteams, von Fach- und Bildungsgangkonferenzen sowie von Abteilungs- und Lehrerkonferenzen.«* (Ministerium für Schule und Weiterbildung, Wissenschaft und Forschung [MSWWF], S. 19f.)

In den folgenden Abschnitten werden Wege zur Realisierung einer solchen Kultur der Zusammenarbeit im Bereich der Unterrichtsentwicklung an möglichst konkreten Beispielen aufgezeigt.

3.3 Zentrale Vorgaben und innerschulische Entwicklung

Zunehmend häufig klagen Schulleitungen und Lehrkräfte über die Vielzahl von zusätzlichen Aufgaben, die der Schule von der Behörde aufgetragen werden. In diesem Zusammenhang werden nahezu regelmäßig die Themen »Arbeit am Schulprogramm« sowie »Qualitätssicherung und Qualitätsentwicklung« genannt. Man hat den Eindruck, schon den nächsten Auftrag zu erhalten, bevor der erste richtig abgeschlossen ist. Nicht zuletzt hier stellt sich die Frage nach dem Verhältnis von Schulprogrammarbeit und Unterrichtsentwicklung. Zur Klärung kann Abbildung 1 beitragen. Sie zeigt die Schule als pädagogische und soziale Organisation.

Die Grafik »Schule als pädagogische und soziale Organisation« erhebt nicht den Anspruch, ein umfassendes Bild von der Schule zu zeichnen, sondern sie stellt die für organisations- und unterrichtsbezogene Entwicklungsvorhaben relevanten Größen in ihrer gegenseitigen Einwirkung dar. Im Sinne dieses Modells wird Schule als eine pädagogische und soziale Organisation gedeutet, in der sich eine wechselseitige Entwicklung und Anpassung in sechs Dimensionen vollzieht: Umfeld, Ziele/Werte, Struktur, (zwischenmenschliche) Beziehungen, Strategien/Methoden und Unterricht. Dabei kann man zwischen einer schulischen Makro- und einer Mikroebene unterscheiden. Die Dimensionen »Umfeld«, »Ziele/Werte«, »Struktur«, »(zwischenmenschliche) Beziehungen«, »Strategien/Methoden«, die die Schule im Zusammenwirken mit der zentralen Dimension »Unterricht« insgesamt auf der Makroebene charakterisieren, finden sich auf der Mikroebene innerhalb der Dimension »Unterricht« in jeder einzelnen Unterrichtsstunde wieder, ohne notwendig auf beiden Ebenen identisch zu sein.

So kann man feststellen, dass z.B. Ziele und Werte innerhalb einer Schule auf unterschiedlichen Ebenen und in mannigfaltigen Zusammenhängen eine Rolle spielen. Der einzelnen Schule als Repräsentantin einer bestimmten Schulform sind spezifische Ziele vorgegebenen. Die verschiedenen Schulen dieser Schulform realisieren ihre Zielvorgaben in unterschiedlicher Weise und Akzentsetzung, abhängig z.B. vom jeweiligen Umfeld und den individuellen Zielvorstellungen der in der Schule tätigen Personen.

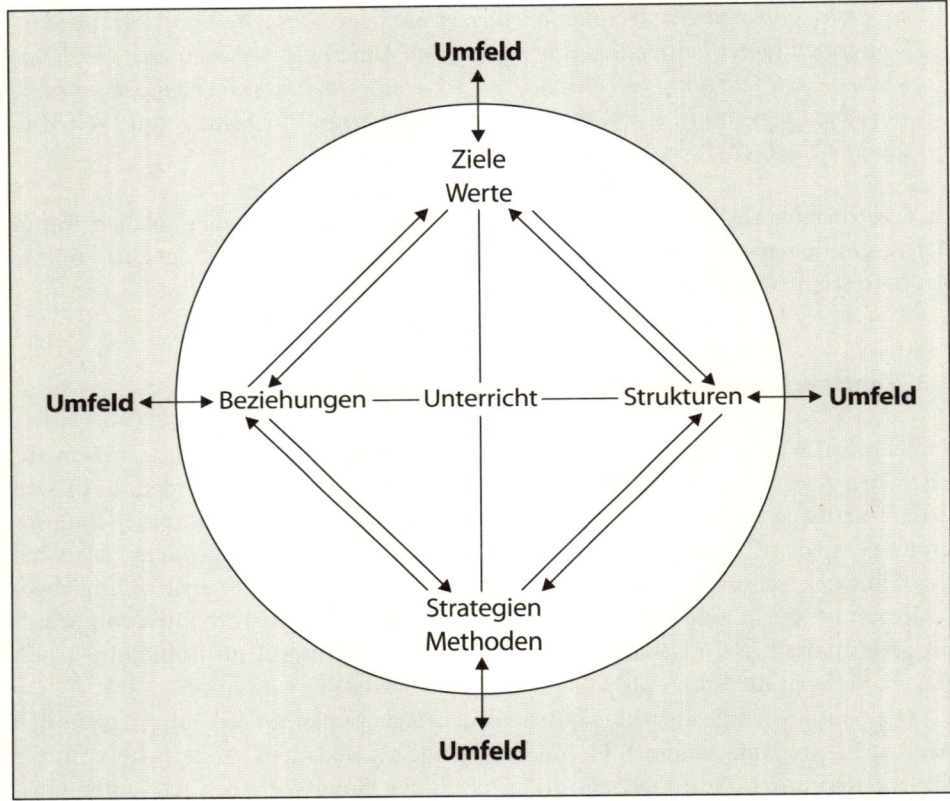

Abb. 1: *Dimensionen der Schule als pädagogische und soziale Organisation (Quelle: Dalin/Rolff/Buchen 1995, S. 32)*

Der in der Schule erteilte Unterricht wiederum ist auf Ziele ausgerichtet, die beeinflusst werden von den jeweiligen fachlichen Vorgaben, den individuellen Zielvorstellungen der Lehrer/innen, den Zielsetzungen der einzelnen Schule und der Schulform, dem Umfeld der Schule u.a. mehr. In diesem Geflecht gegenseitiger Beeinflussung kann Schulentwicklung von verschiedenen Ebenen her starten.

Eine Schulgemeinde kann auf der Makroebene beginnen und im Sinne der Arbeit am Schulprogramm über die Zielvorstellungen der Lehrer/innen nachdenken, um sich innerhalb des Kollegiums über gemeinsame pädagogische Leitvorstellungen zu verständigen. Ein solches Arbeitsvorhaben ist aber letztlich nur dann sinnvoll, wenn überlegt wird, wie sich die gemeinsamen Leitvorstellungen in der täglichen Gestaltung des Unterrichts überprüfbar realisieren lassen. Insofern werden Fragen der Unterrichtsentwicklung im Rahmen der Arbeit am Schulprogramm unabweisbar auf der Tagesordnung stehen.

Umgekehrt kann eine Fachschaft damit beginnen, sich über eine inhaltliche und methodische Neugestaltung des Unterrichts zu verständigen, weil sich die Anforderungen des schulischen Umfeldes an den Unterricht verändert haben. Derartige Veränderungen bleiben jedoch nicht ohne Auswirkungen auf andere innerschulische Dimensionen. Soll etwa das Fach Mathematik im Sinne des hier vorgestellten »mosima«-Konzeptes (siehe Teil II, Kapitel 7.1, S. 147) verändert werden, wird man wegen der traditionellen Zuliefererfunktion des Mathematikunterrichtes an die naturwissenschaftlichen Fächer mit diesen in einen Verständigungsprozess eintreten müssen, weil möglicherweise deren Erwartungen an den Mathematikunterricht tangiert werden. Als Folge wird es vielleicht zu einer Neuorientierung im mathematisch-naturwissenschaftlichen Bereich der Schule kommen, von dem auch die bisherigen innerschulischen Strukturen betroffen sein könnten. Auf jeden Fall aber wird sich das Erscheinungsbild der Schule in ihrem Umfeld verändern, wobei zu Beginn nicht unbedingt mit einer positiven Aufnahme gerechnet werden muss. Insofern wird jede Schule gut beraten sein, Unterrichtsentwicklung, die zu belangvollen Veränderungen führt, in die Arbeit am Schulprogramm einzubetten, um für hinreichend stabile Rahmenbedingungen zu sorgen, die der Innovation Bestand verleihen können.

So wird deutlich, dass sich Unterrichtsentwicklung und Arbeit am Schulprogramm als mögliche Zugänge zur Schulentwicklung gegenseitig bedingen, ohne dass eine zwingende Reihenfolge einzuhalten wäre. Dass in der Schulöffentlichkeit der Eindruck zweier getrennter und unterschiedlich wichtiger Aufgaben entstehen kann, hat wahrscheinlich mit der Art ihrer administrativen Umsetzung zu tun.

Wenn man Schul- und Unterrichtsentwicklung in der hier skizzierten Weise versteht, setzt dies ein Verständnis von Führung und Leitung voraus, das sich von der Vorstellung verabschiedet, man könne schulinterne Entwicklung im Detail und punktgenau von außen steuern.

Abbildung 2 macht deutlich, dass es bei der Entwicklung von Schule und Unterricht darum geht, zentrale Vorgaben der ministeriellen Ebene und lokale schulinterne Entwicklungen so zu synchronisieren, dass in einem kontinuierlichen Entwicklungsprozess ein zunehmender Grad der Realisierung zentraler Vorgaben unter den konkreten Bedingungen vor Ort erreicht wird. Dies setzt individuell zu füllende Spielräume in den zentralen Vorgaben voraus sowie in der einzelnen Schule das Bewusstsein, diese Spielräume als eigene Handlungsmöglichkeiten nutzen zu wollen und nicht als eine von der Behörde zu füllende Lücke anzumahnen.

Die Abbildung macht auch deutlich, welche Rolle in diesem Zusammenhang der Schulaufsicht (auf der Ebene von Schulämtern und Bezirksregierungen) zukommt. Es geht weniger darum, in auf den Einzelfall bezogenen Interventionen die Umsetzung von Richtlinien, Lehrplänen und Rahmenkonzepten durchzusetzen, sondern darum, den kontinuierlichen und zirkulär gedachten Austauschprozess zwischen zentralen Vorgaben und schulinternen Entwicklungen zu beobachten und zu kontrollieren. In Bezug auf die einzelne Schule kann sich die Schulaufsicht dabei von folgenden Fragen leiten lassen:

- Kommt der Entwicklungsprozess in Gang?
- Bleibt der einmal begonnene Entwicklungsprozess stabil?
- Welche Faktoren wirken störend/behindernd auf den Prozess ein?
- Welche Hilfestellungen sind möglich, um Störungen und Hindernisse zu beseitigen?

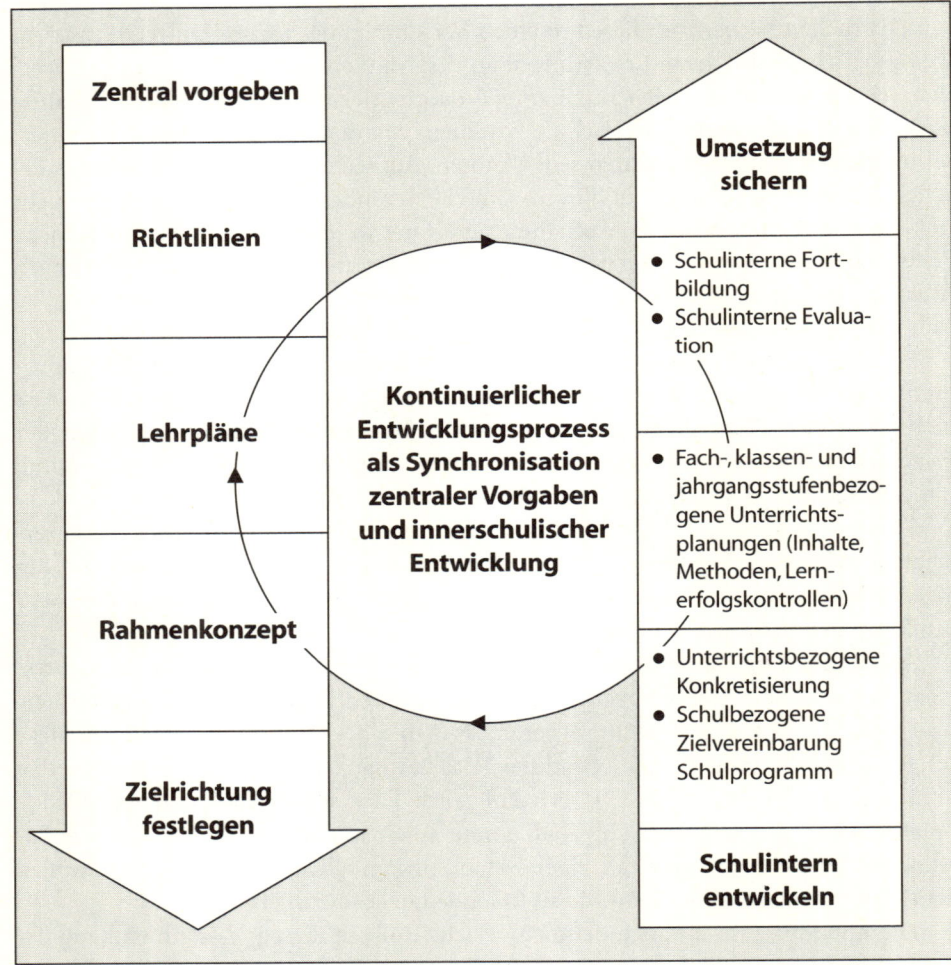

Abb. 2: Zusammenhang von zentralen Vorgaben und innerschulischer Entwicklung

Für einen Quervergleich der innerschulischen Entwicklungsvorhaben einer Region kann die Schulaufsicht Schulleiter-Dienstbesprechungen oder Bezirksdirektoren-Konferenzen nutzen. Auf diesem Forum kann ein kollegialer Austausch unter den Leitungspersonen organisiert werden, der die Vergleichbarkeit der individuellen Entwicklungsvorhaben und deren Angemessenheit im Hinblick auf die zentralen Vorgaben zum Thema hat. Dabei können Fragen bearbeitet werden, wie z.B.:

- Welche Entwicklungsvorhaben haben unsere Schulen vereinbart?
- Welche Arbeitsstationen haben wir jeweils durchlaufen?
- Wo stehen unsere Schulen jetzt?
- Welche Schwierigkeiten sind (wo) aufgetreten?
- Wie verhalten sich die verschiedenen schulinternen Entwicklungsvorhaben zu den zentralen Vorgaben?
- Wie kann es weitergehen?

Der Vorzug einer solchen Vorgehensweise besteht darin, dass der Abgleich der verschiedenen Schulentwicklungsvorhaben mit den zentralen Vorgaben als ein Verständigungsprozess unter den Beteiligten angelegt wird, wobei die Schulaufsicht die Aufgabe der Moderation übernimmt und die Stabilität des Austauschprozesses gewährleistet.

Teil II: Praxis

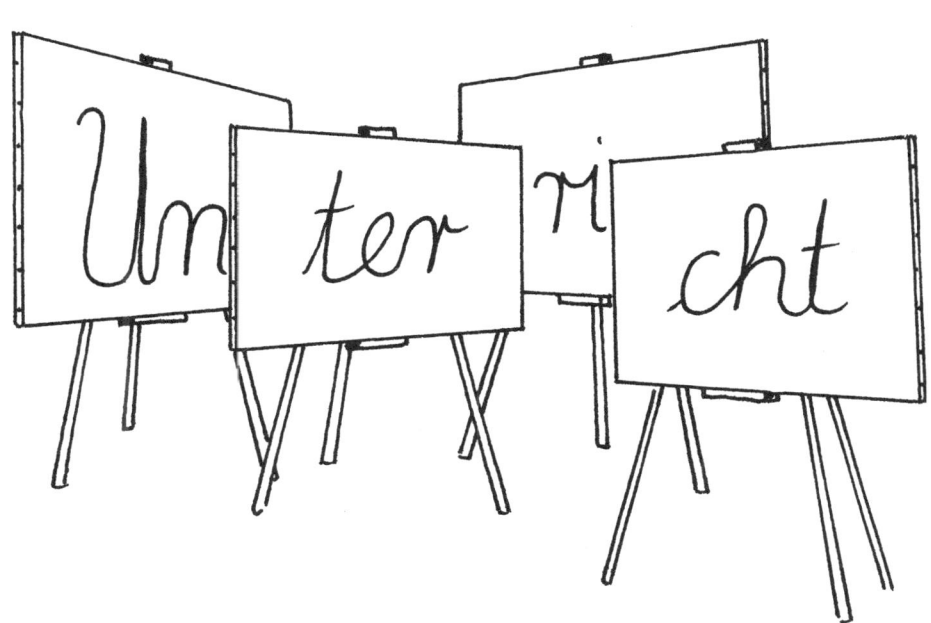

1. Fünf Basisprozesse in der Unterrichtsentwicklung

Die Frage, wie und in welchen Schritten Unterrichtsentwicklung praktisch realisiert werden kann, ist leitend für die Organisation der Arbeit in der einzelnen Schule vor Ort, wenn es darum geht, die relativ globalen Vorgaben von Lehrplan, Richtlinien und Rahmenkonzepten zu konkretisieren. Wir unterscheiden fünf Basisprozesse in der Unterrichtsentwicklung. Sie gelten für Vorhaben der Schulentwicklung ebenso wie für die Unterrichtsentwicklung.

Dabei handelt es sich generell um
- das Sammeln von Daten,
- das Klären und Vereinbaren von Zielen,
- die Überprüfung und Anpassung der zur Verfügung stehenden Mittel,
- die Planung und Umsetzung des Entwicklungsvorhabens sowie
- die Evaluation des Entwicklungsprozesses und seiner Ergebnisse.

Konkretisiert man diese Basisprozesse im Hinblick auf Unterrichtsentwicklung, so geht es darum,
- im Basisprozess »Sammeln von Daten« die mentalen Modelle des Kollegiums zu erheben, um sich einen Eindruck davon verschaffen zu können, welche unterschiedlichen Bilder von Unterricht im Kollegium existieren und in der alltäglichen Praxis die pädagogische Arbeit steuern,
- im Basisprozess »Klären und Vereinbaren von Zielen« aus den unterschiedlichen Bildern von Unterricht ein gemeinsames Bild zu entwickeln und die Indikatoren zu verabreden, an denen man die Realisierung dieses Bildes ablesen kann,
- im Basisprozess »Überprüfen und Anpassen der zur Verfügung stehenden Mittel« das im Kollegium etablierte Methodenrepertoire zu sichten und im Hinblick auf das vereinbarte Bild von Unterricht zu erweitern sowie die Aufbereitung der fachlichen Inhalte auf ihre Passung zum vereinbarten Bild von Unterricht zu überprüfen,
- im Basisprozess »Planung und Umsetzung des Entwicklungsvorhabens« gemeinsam Unterrichtsvorhaben zu planen und durchzuführen, die dem im Kollegium verabredeten Bild von Unterricht entsprechen und sich an den hierfür besonders tauglichen Inhalten und Methoden orientieren,
- im Basisprozess »Evaluation des Entwicklungsprozesses und seiner Ergebnisse« die gemeinsame Arbeit an neuen Unterrichtsvorhaben und deren Ergebnisse mit dem Blick auf weitere Revisionserfordernisse zu überprüfen.

Der zuletzt genannte Aspekt lässt erkennen, dass Unterrichtsentwicklung sich nicht in einem linearen Ablauf mit einem definierten Anfang- und Endpunkt realisiert, sondern in einem spiralenähnlichen Prozess, der die schulische Praxis kontinuierlich begleitet. Das Schema in Abbildung 3 soll diesen Sachverhalt verdeutlichen.

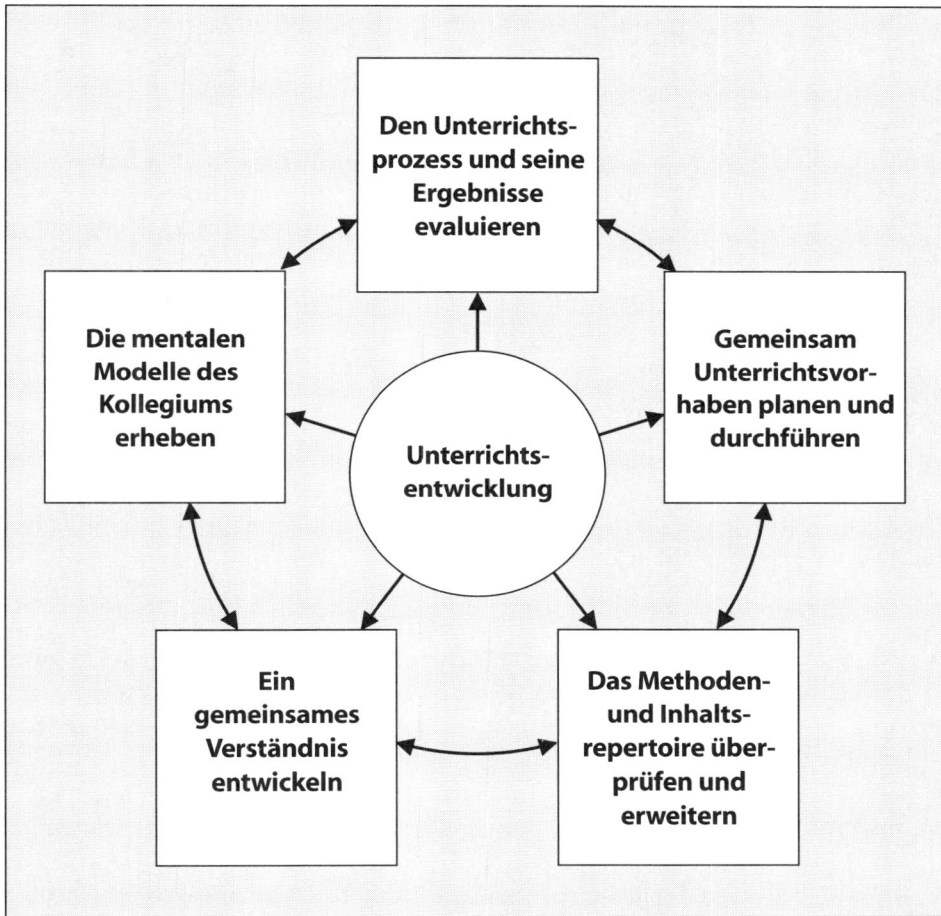

Abb. 3: Basisprozesse der Unterrichtsentwicklung

In der Folge soll die Arbeit an den fünf Basisprozessen möglichst praxisorientiert und mit konkreten Beispielen erläutert werden. Aus systematischen Gründen beginnen wir mit dem Basisprozess »Die mentalen Modelle des Kollegiums erheben« und setzen fort mit »Ein gemeinsames Verständnis entwickeln« über »Das Methoden- und Inhaltsrepertoire überprüfen und erweitern«, »Gemeinsam Unterrichtsvorhaben planen und durchführen« bis zu »Den Unterrichtsprozess und seine Ergebnisse evaluieren«.

Diese Reihenfolge ist jedoch keineswegs zwingend für den Prozess der Unterrichtsentwicklung. Prinzipiell kann mit jedem der fünf Basisprozesse begonnen werden.

So kann etwa ein Kollegium starten, indem es zunächst mit der im Rahmen der Qualitätssicherung und Qualitätsentwicklung geforderten Formulierung von Vergleichsaufgaben beginnt, um einen Quervergleich fachlicher Leistungen in einer Jahrgangsstufe zu ermöglichen. In diesem Fall bildete der Basisprozess »Den Unterrichtsprozess und seine Ergebnisse evaluieren« den Ausgangspunkt.

Vielleicht hat aber auch ein Kollegium beschlossen, sich mit neuen Unterrichtsmethoden vertraut zu machen. Dies könnte den Einstieg bilden in den Basisprozess »Das Methoden- und Inhaltsrepertoire überprüfen und erweitern«.

Gleich an welcher Stelle jedoch der Prozess der Unterrichtsentwicklung seinen Anfang nimmt, wird sich bei den beteiligten Lehrpersonen mit der Zeit das Bestreben einstellen, auch die anderen Basisprozesse zu durchlaufen, um eine wirksame und nachhaltige Änderung pädagogischer Praxis etablieren zu können.

Zu Beginn aber sollte sich ein Kollegium mit seinen Ansprüchen an Unterrichtsentwicklung nicht überfordern. Es sollte sich unter realistischen Bedingungen erreichbare Ziele setzen und mit relativ kleinen Schritten starten. Ein Misserfolgserlebnis zu Beginn eines Entwicklungsprozesses könnte von weiteren Bemühungen abschrecken. Die im Zusammenhang mit den fünf Basisprozessen vorgestellten Schritte und Inhalte sind so angelegt, dass sie auf verschiedenen Ebenen und in unterschiedlichen Reichweiten genutzt werden können.

So ist es denkbar, dass
- sich einzelne Lehrpersonen von den Methodenbeispielen (siehe Kapitel 5) anregen lassen, um individuell ihren Unterricht variantenreicher zu gestalten,
- einzelne Lehrpersonen die hier vorgestellten Materialien (siehe Kapitel 8) nutzen, um ihren Unterricht zu evaluieren,
- zwei bis drei Lehrpersonen sich zu einem Hospitationszirkel (siehe Kapitel 8.2) zusammenschließen, um sich gegenseitig Feedback über ihren Unterricht zu geben,
- die Mitglieder der Stufenkonferenz der Klassen S Vereinbarungen treffen über die Vermittlung von Lernstrategien in den unterschiedlichen Fächern dieser Jahrgangsstufe (siehe Kapitel 4.3),
- die Mitglieder einer Fachkonferenz sich über Inhalte ihres Faches im Sinne »offener und authentischer Probleme« verständigen (siehe Kapitel 7.1) oder den inhaltlichen Modernisierungsbedarf ihres schulinternen Curriculums überprüfen,
- die Mitglieder einer Bildungsgangkonferenz gemeinsam eine Unterrichtsplanung im Sinne eines fächerverbindenden Projektes vornehmen (siehe Kapitel 4.2),

um dann auf dieser Erfahrungsgrundlage zu entscheiden, ob und wie sie im Prozess der Unterrichtsentwicklung weiterarbeiten wollen.

2. Ein gemeinsames Bild von Unterricht entwickeln

Die meisten Lehrpersonen haben ein bestimmtes Bild von Unterricht, auch wenn sie sich dessen nicht unbedingt bewusst sind. Für das unterrichtliche Handeln spielen diese individuellen Bilder eine wichtige Rolle, weil sich an ihnen die Aufbereitung des Unterrichtsgegenstandes, die Wahl der Methoden, die Art der Kommunikation mit den Schülern, die Organisation der Arbeitsabläufe, kurzum die spezifische Form der Inszenierung von Unterricht orientiert. Hilbert Meyer (1988, S. 81f.) weist auf solche unterschiedlichen *Inszenierungsmuster* für Unterricht hin:

- Der Unterricht kann nach dem Muster einer »Museumsbesichtigung« inszeniert werden. Museale Welten des Wissens und Könnens, der wissenschaftlichen, technischen und ästhetischen Kultur werden den neugierig zuschauenden oder schon lange übermüdeten und übersättigten Schüler/innen vor Augen geführt. Der Unterricht dient der Kultivierung der Sinne und der Einübung in die Vita contemplativa.
- Der Unterricht kann wie in einer »Lernwerkstatt« erarbeitet werden. Lehrer/innen und Schüler/innen produzieren, experimentieren, vergleichen, organisieren; sie bauen Modelle, Theorien und Hypothesen; sie hantieren in Sprach-, Bilder- und Symbolwerkstätten. Der *Homo faber* wird zum Ideal.
- Unterrichtsinhalte können in Analogie zur *industriellen Massenproduktion* hergestellt werden. Auf stromlinienförmig zubereiteten Lernfließbändern wird den Schülern dann eine – vermeintlich durch die Zerstückelung leichter zu verdauende – Häppchenkost verabreicht. Alles ist geregelt, genormt und überprüft.
- Die Erarbeitung der Unterrichtsinhalte kann nach dem Muster einer »Expedition ins Ungewisse« erfolgen: Lehrer/innen und Schüler/innen lassen sich auf das Risiko des Lernens ein. Das unbekannte, das Ungebärdige, das Sperrige ist besonders interessant. Versuch und Irrtum, Verfremdung von Liebgewordenem, Spurensicherung und Selbsttätigkeit der Schüler/innen sind unverzichtbar. Lernirrwege werden begrüßt – *Lernumwege führen zum Erfolg!*
- Unterricht als Drama: Lehrer/innen und Schüler/innen inszenieren ihre Gefühle, Einstellungen und Haltungen zum Thema im Unterrichtsprozess. Identitätsbildung der Schüler und des Lehrers steht im Vordergrund des Interesses. Die Themen des Unterrichts werden zu diesem Zwecke funktionalisiert; sie sind Material oder Ballast. Unterricht wird zur existenziellen Besinnung – vielleicht aber auch zum Seelen-*Striptease*.

Bilder von Unterricht, die das jeweilige Inszenierungsmuster beeinflussen, sind u.a. in der Lernbiographie von Lehrer/innen begründet, aber auch die meisten anderen Menschen besitzen ein derartiges Bild, das oftmals aus der eigenen Schulzeit herrührt und die Erwartungen an Unterricht prägt. Dabei können sich Bilder als Bestätigung selbst erfahrenen Unterrichts oder auch als Gegenbilder hierzu konstituieren. In beiden Fällen besitzen sie große normative Kraft. Unterrichtsentwicklung, die ja immer auf Veränderung bestehender Unterrichtspraxis angelegt ist, muss die individuellen Bilder von Unterricht in ihr Kalkül einbeziehen, da sie das Regulativ dafür darstellen, was die handelnden Personen an Veränderung und Entwicklung zulassen wollen und können. So werden die meisten Lehrpersonen z.B. ihr Methodenrepertoire nur um solche Elemente erweitern, die sich in ihr individuelles Bild von Unterricht einfügen lassen. Dies ist eine der Ursachen dafür, dass z.B. die Kenntnis neuer Methoden noch nicht selbstverständlich zu ihrer Anwendung führt. Die Wirkung der Unterrichtsbilder als Regulativ ist besonders stark, wenn deren Existenz nicht ausdrücklich bewusst ist und daher auch nicht planvoll verändert werden kann.

Als Folge für die Unterrichtsentwicklung stellt sich daher die Aufgabe, die in einem Kollegium existierenden impliziten Bilder von Unterricht explizit zu machen, um sie dadurch einer Bearbeitung und gegebenenfalls auch einer Veränderung zugänglich zu machen. Dies ist auch deswegen notwendig, weil die Bilder einer größeren Zahl von Lehrpersonen nicht naturwüchsig miteinander übereinstimmen. Wenn sich aber die Qualität unterrichtlicher Arbeit in einer Schule auch an einem hohen Grad von Übereinstimmung in pädagogischer Hinsicht bemisst, müssen auch die Unterrichtsbilder verhandelbar gemacht werden. Ein hierfür geeignetes Verfahren ist die Metaphernübung »Unterricht sollte sein wie ...«.

Intentionen der Metaphernübung:
- die eigenen alltagstheoretischen Vorstellungen von Unterricht explizit machen,
- auf die Verschiedenheit der Vorstellungen von Unterricht aufmerksam werden,
- die Implikationen der Bilder von Unterricht im Hinblick auf die Unterrichtsgestaltung erkennen,
- auf die Revisionsbedürftigkeit der eigenen Bilder von Unterricht aufmerksam werden, die eigenen Bilder von Unterricht mit einem »offiziellen« Bild von Unterricht abgleichen.

Die Arbeit erfolgt in vier Schritten:
- Metaphern formulieren: Unterricht sollte sein wie ...
- Metaphern analysieren: Konsequenzen der Bilder vom Unterricht.
- Metaphern vergleichen: die individuellen Bilder von Unterricht und ein »offizielles Bild«.
- Sich auf ein gemeinsames Bild von Unterricht verständigen.

Metaphern formulieren: Unterricht sollte sein wie …

Suchen Sie bitte 3 Metaphern oder Vergleiche, in denen sich nach Ihrer Meinung am besten ausdrücken lässt, wie Unterricht sein sollte:

z.B. wie ein Ausflug in unbekannte Regionen,
z.B. wie …

Notieren Sie bitte jede der Metaphern auf einer Karte

(Einzelarbeit)

Tauschen Sie sich mit einer Partnerin/einem Partner über Ihre Metaphern und Vergleiche aus:

- Was entdecke ich in den Metaphern/Vergleichen der/des anderen über den Unterricht?
- Was ist mir an meinen Metaphern/Vergleichen über den Unterricht wichtig gewesen?
- Liegen Ihre Metaphern/Vergleiche nahe beieinander oder betonen sie eher unterschiedliche Aspekte?

(Partnerarbeit)

Veröffentlichen Sie Ihre Metaphern/Vergleiche durch Aushängen der Karten im Plenum, sortieren Sie die Karten nach Ähnlichkeit der Vorstellungen von Unterricht.

(Plenum)

Metaphern analysieren: Konsequenzen der Bilder vom Unterricht

Untersuchen Sie die Bilder/einzelne der Bilder im Hinblick auf ihre Konsequenzen für:

- die Rolle der Schülerinnen/der Schüler,
- die Rolle der Lehrerin/des Lehrers,
- das Verständnis von Lernen,
- den Umgang mit Fehlern,
- die Art der Kommunikation,
- den Umgang mit Konflikten.

(Partnerarbeit/Plenum)

Metaphernübung: Erläuterung

Eine Gruppe von fünfzehn Lehrerinnen und Lehrern hat die in Abbildung 4 abgedruckten Metaphern formuliert. Nicht jedes Mitglied der Gruppe hat sich an die Vorgabe gehalten, genau drei Metaphern oder Vergleiche aufzuschreiben.

Abb. 4: Metaphernübung – Beispiel : Metaphern unsortiert

Das ist aber auch nicht erforderlich. Jeder soll mehrere Metaphern ins Spiel bringen können, weil möglicherweise seine Vorstellung vom Unterricht, wie er sein sollte, sich nicht allein in *einer* Metapher zum Ausdruck bringen lässt. Vor diesem Hintergrund ist es natürlich akzeptabel, wenn jemand weniger Metaphern oder Vergleiche einbringt.

Sind die Metaphern in der vorgestellten Form veröffentlicht worden, kann nachgefragt werden, ob die Bedeutung der Metaphern allen teilnehmenden Personen verständlich ist. So könnte man z.B. um Erläuterung bitten, was mit der Metapher gemeint sei, Unterricht sollte sein wie eine *Spirale*.

Im Falle dieser Gruppe hat die Verfasserin erklärt: »Ich stelle mir vor, dass Unterricht ein *Kontinuum* sein sollte, dass er *systematisch auf dem Vorangegangenen* aufbaut, dass er zunehmend anspruchsvoller wird, dass er sich an *immer wiederkehrenden Prinzipien* orientiert.«

Derjenige, der Unterricht mit einem großen Puzzle verglichen hat, erläutert: »Unterricht besteht aus *vielen kleinen Bausteinen*. Wenn man sie richtig zusammenfügt, ergeben sie gemeinsam ein *sinnvolles Bild*.«

In dieser Weise kann man fortfahren, bis es in der Gruppe keinen weiteren Bedarf nach inhaltlicher Klärung mehr gibt.

Im nächsten Schritt werden die Metaphern von den Mitgliedern der Gruppe thematisch geordnet, wie dies in Abbildung 5, S. 74, vorgestellt wird.

Die thematischen Zuordnungen in Abbildung 5 lassen unterschiedliche Akzente und Aspekte innerhalb der Gruppe erkennen: In manchen Metaphern wird die Vielfalt betont (z.B. in »Kaleidoskop« oder »Jahrmarkt«), in manchen der Charakter von Vorführung und Geschicklichkeit (z.B. in »Zirkus«, »Bühne« oder »Jonglieren«), in anderen die Regelhaftigkeit und das Zusammenwirken (z.B. im »Spiel, bei dem sich alle an die Regeln halten«), in anderen das Unvorhersehbare und Unerwartete (z.B. im Vergleich »einen Schatz finden«), in anderen wiederum gerade das planvolle und verantwortungsbewusste Handeln (z.B. in »einen Garten pflegen«), andere betonen die Verzweigtheit und Verbundenheit (z.B. in »ein sich langsam bildendes Netzwerk«), anderen dagegen ist die Linearität wichtig (z.B. in »eine Autobahn«).

Der Sortiervorgang führt nahezu naturwüchsig zu der Frage, ob in der Gruppe alle Personen die gleiche Vorstellung von Unterricht besitzen oder ob Unterschiede existieren. Zur Beantwortung dieser Frage kann man jeweils zwei Metaphern aus *unterschiedlichen Zuordnungen* vergleichen, ebenso kann man sich aber auch auf die Metaphern *innerhalb eines* thematischen Feldes konzentrieren.

Beginnen wir mit der letztgenannten Möglichkeit und betrachten die Formulierungen »ein großes Puzzle« und »wie ein Baukasten, aus dem sich viele sinnvolle Dinge bauen lassen«. Beiden Bildern ist die Vorstellung zahlreicher Einzelelemente gemeinsam.

Während sich aber beim Puzzle aus den vorgegebenen Elementen jeweils nur ein sinnvolles Bild zusammensetzen lässt, ermöglicht der Baukasten eben viele unterschiedliche Lösungen. Die Ursache liegt offensichtlich im Grad der Vorgeformtheit der verwendeten Elemente.

Abb. 5: Metaphernübung – Beispiel: Metaphern thematisch sortiert

Auch der Vergleich aus unterschiedlichen thematischen Zuordnungen führt zu interessanten Einsichten. Betrachtet man Unterricht als eine Bühne, dann gibt es agierende Personen und Zuschauer, die im Spiel der Darsteller etwas entdecken können, an dem sie jedoch nicht selbst und unmittelbar beteiligt sind; ist der Unterricht dagegen eine gemeinsame Entdeckungsreise, gibt es keine Trennung von agierenden und betrachtenden Personen, alle sind gleichermaßen aktiv.

Man kann gegen diesen Umgang mit den Metaphern und Vergleichen vielleicht einwenden, dass hierdurch Bedeutungsfacetten in die Bilder hineininterpretiert werden, an die diejenigen, die diese Metaphern formuliert haben, nie gedacht haben. Der Einwand ist durchaus berechtigt und genau darin liegt die Begründung für die Arbeit mit Metaphern und Vergleichen. Die sprachlichen Bilder haben einen einigermaßen unscharf abgegrenzten Bedeutungshof. Der Benutzer dieser Bilder will einen bestimmten Aspekt hervorheben, der für ihn wichtig ist. Eine andere Person, die dieses Bild gleichsam »von außen« betrachtet, wird dabei auf möglicherweise problematische Anteile aufmerksam, die dem Benutzer nicht bewusst sind. Wegen der mangelnden Eindeutigkeit der Bilder kann der Benutzer sich von diesen problematischen Anteilen ohne Gesichtsverlust verabschieden und so eine unauffällige Korrektur seiner Vorstellung von Unterricht vornehmen.

Wer Unterricht mit einer Autobahn vergleicht, wird sich vielleicht an der Vorstellung von Zielgerichtetheit und hoher Lerngeschwindigkeit orientiert haben.

Das Bild von der Autobahn gibt aber auch noch andere Elemente her, die in ihm, vielleicht verdeckt für den Benutzer, enthalten sind:

- Autobahnen verlangen von ihren Benutzern, dass sie eine bestimmte Mindestgeschwindigkeit nicht unterschreiten;
- Autobahnen sind jeweils nur in einer Richtung befahrbar;
- eine Autobahn kann nur an vorgegebenen Stellen verlassen werden;
- Ruhepausen sind nur an den dafür vorgesehenen Stellen möglich;
- Kontaktaufnahme mit anderen Autobahnbenutzern ist während der Fahrt nur eingeschränkt möglich;
- oftmals ist bei Autobahnen die Sicht in das umliegende Gelände abgeschirmt;
- Autobahnen werden von Instanzen errichtet und gewartet, die die Benutzer allenfalls als statistische Größen berücksichtigen.

Überträgt man alle diese Elemente auf den Unterricht, entsteht das Bild eines extrem lehrerzentrierten und fremdbestimmten Unterrichts, in dem die Bedürfnisse der Schülerinnen und Schüler als lernende Subjekte kaum ihren Ort haben. »So habe ich das nicht gemeint«, kann der Benutzer des Autobahnbildes entgegnen und sich von diesen problematischen Anteilen verabschieden, ohne sich im Detail rechtfertigen zu müssen.

In diesem Sinne kann man verschiedene Metaphern und Vergleiche auf ihre problematischen Elemente überprüfen.

Im folgenden Arbeitsschritt können die Vergleiche und Metaphern im Hinblick auf ihre *Konsequenzen für verschiedene unterrichtliche Dimensionen* analysiert werden.

So kann man beispielsweise fragen:
- Was bedeutet es für die Rolle der Schülerinnen und der Schüler bzw. die Rolle der Lehrerin oder des Lehrers, wenn Unterricht als eine Schifffahrt mit Kapitän und Matrosen betrachtet wird oder als eine gut eingespielte Rudermannschaft?
- Was bedeutet es für das Verständnis von Lernen, wenn Unterricht als Zauberei erscheint?
- Was bedeutet es für den Stellenwert von Fehlern, wenn Unterricht mit einem Abenteuerurlaub oder mit Jonglieren mit verschiedenen Gegenständen verglichen wird?
- Was bedeutet es für die Art der Kommunikation, Unterricht als eine Jazzband zu betrachten?
- Was bedeutet es für den Umgang mit Konflikten, wenn Unterricht als ein Orchester
- oder als ein Spiel mit veränderbaren Regeln, an die sich alle halten, gedeutet wird?

Metaphern vergleichen: die individuellen Bilder von Unterricht mit einem »offiziellen Bild« konfrontieren

»Zu einem schülerorientierten Lernprozess gehört es, die Schülerinnen und Schüler in die Lage zu versetzen, zunehmend an der Planung des Unterrichts mitzuwirken und Schulleben mitzugestalten. Unterricht ist kein linearer, vom Lehrenden zum Lernenden verlaufender Prozess; er stellt vielmehr ein komplexes, interdependentes Geschehen dar. Urteilsfähigkeit, Selbstständigkeit und Selbstverantwortlichkeit können nur erreicht werden, wenn die Schülerinnen und Schüler die hierzu erforderlichen Einstellungen und Haltungen als Partnerinnen und Partner im schulischen Leben erfahren.« (Richtlinien SI, Gy 1993)

Vergleichen Sie, welche Elemente Ihrer Bilder von Unterricht mit diesem »offiziellen« Bild übereinstimmen.
Gibt es Elemente in ihren Bildern, die sich mit dem »offiziellen« Bild nicht vereinbaren lassen?

Die Konfrontation der individuellen Bilder mit einem »offiziellen Bild« von Unterricht macht darauf aufmerksam, dass die Vorstellung von Unterricht nicht einfach dem privatem Gutdünken einzelner Lehrkräfte überlassen sein kann. Die berufsbiographisch gewonnenen Unterrichtsbilder von Lehrerinnen und Lehrern müssen sich in ihrer Tauglichkeit gegenüber »offiziellen Bildern« ausweisen und gegebenenfalls korrigieren lassen. Dies hat damit zu tun, dass Schule keine private Veranstaltung darstellt, sondern sich als staatliche Einrichtung an öffentlichen Maßstäben messen lassen muss.

Im Arbeitsschritt »Metaphern vergleichen: die individuellen Bilder von Unterricht mit einem ›offiziellen Bild‹ konfrontieren« sind als ein mögliches offizielles Bild Aussagen der Richtlinien SI Gy abgedruckt worden; selbstverständlich können an dieser Stelle auch Auszüge aus Richtlinien aller anderen Schulformen genutzt werden, je nachdem aus welcher Schulform/Schulstufe die Lehrpersonen stammen, die ihr Verständnis von Unterricht miteinander abgleichen wollen.

Neben den Richtlinien für die verschiedenen Schulformen/Schulstufen sind als weitere »offizielle Bilder« der aktuelle Stand der fach- bzw. allgemeindidaktischen Diskussion, der aktuelle Stand der Fachwissenschaft bzw. -disziplin oder die spezifischen Forderungen und Zielsetzungen der jeweiligen Schulform von Bedeutung. Die Relevanz des letztgenannten Aspektes für die Unterrichtsgestaltung wird sofort deutlich, wenn man beispielsweise die Forderung nach Berufsbezug (Berufskolleg) der nach Wissenschaftspropädeutik (Gymnasium) gegenüberstellt.

Nachdem auf diese Weise die individuellen Bilder der Lehrpersonen erläutert, diskutiert und mit »offiziellen Bildern« konfrontiert worden sind, kann man sich nun in einem weiteren Arbeitsschritt daran machen, sich auf ein gemeinsames Bild zu verständigen.

Sich auf ein gemeinsames Bild von Unterricht verständigen

- Können wir uns auf der Grundlage der von uns vorgestellten Bilder von Unterricht auf ein gemeinsames Verständnis von Unterricht einigen?
- Welche der in den Bildern vorhandenen Elemente von Unterricht sollten in diesem gemeinsamen Verständnis auf jeden Fall enthalten sein?
- Gibt es Elemente, die nach unserer gemeinsamen Auffassung eher keine Berücksichtigung finden sollten?
- Gibt es Aspekte, über die wir uns in der Gruppe nicht einigen können?

(Plenum)

3. Kriterien und Indikatoren vereinbaren

Eine Kollegiumsgruppe (z.B. Klassenteam, Jahrgangsstufen-, Fachkonferenz) hat sich auf der Grundlage der Metaphernübung über eine *gemeinsame Vorstellung von Unterricht* verständigt, für die sie die folgenden *Kriterien* als konstitutiv ansieht.

Unterricht sollte
- Transparenz im Hinblick auf Ziele und Methoden aufweisen,
- einen Bezug zur Erfahrungswelt der Schüler/innen besitzen,
- die Leistungsbereitschaft der Schüler/innen wecken,
- die Eigentätigkeit der Schüler/innen fördern,
- offen sein für individuelle Einsichten und Zugänge,
- Fehler als Lerngelegenheiten nutzen,
- Interaktionen innerhalb der Lerngruppe fördern.

Damit diese Vereinbarung nicht nur den Charakter einer unverbindlichen Absichtserklärung besitzt, kommt es darauf an, den einzelnen Kriterien *Indikatoren* zuzuordnen, an denen sich konkret ablesen lässt, ob und wie weit das einzelne Kriterium im Unterricht realisiert worden ist, um hieraus Konsequenzen für die weitere Unterrichtsentwicklung ableiten zu können.

> **Beispiel: Indikatoren für das Kriterium »Fehler als Lerngelegenheiten nutzen«**
>
> - Zu einer Aufgabenstellung werden im Unterricht unterschiedliche Lösungsvorschläge der Schüler/innen vorgestellt,
> - die Lehrperson hält sich mit eigenen Kommentaren zurück,
> - die Schüler/innen haben genügend Zeit, unterschiedliche Lösungen zu diskutieren und zu überprüfen,
> - ein falsches Ergebnis wird von den Mitgliedern der Lerngruppe nicht personenbezogen kommentiert,
> - Lernwege werden ebenso ausführlich behandelt wie Lernergebnisse,
> - die Schüler/innen werden ermutigt, unterschiedliche Lösungswege zu finden.

Die hier genannten Indikatoren beziehen sich auf den *Lernprozess* der Schüler/innen.

Geht es um die Vereinbarung *fachbezogener Kriterien* z.B. für den Deutschunterricht in der Erprobungsstufe, so könnten hierauf bezogene Indikatoren folgendermaßen lauten:

> **Beispiel: Indikatoren für das Kriterium »Informationen entnehmen und zusammenfassen«**
>
> - Die Schüler/innen gliedern einen Text in Sinnabschnitte,
> - sie kennzeichnen in den Sinnabschnitten leitende Begriffe durch Unterstreichen,
> - sie klären unbekannte Begriffe durch Nachschlagen oder erschließen sie aus dem Kontext,
> - sie geben die Aussage eines jeden Sinnabschnittes in einem Satz wieder,
> - sie formulieren auf dieser Grundlage einen zusammenhängenden Text.

Bei der Benennung von Indikatoren, gleich ob sie sich auf den Lernprozess oder auf fachliche Inhalte beziehen, geht es nicht um den Anspruch, *vollständige* Listen zusammenzustellen, sondern sich über diejenigen »Anzeiger« zu verständigen, die die Mitglieder der Gruppe im Hinblick auf das jeweilige Kriterium für belangvoll und aussagekräftig halten. Buhren/Rolff (1995, S. 12) fordern von den Indikatoren, dass sie, bezogen auf das jeweilige Kriterium, »durch Befragung, Beobachtung oder Beschreibung validiert, also bewertet werden können«. Dabei ist es durchaus denkbar, dass es zu Überschneidungen bei einzelnen Kriterien kommt, sodass man einzelne Indikatoren auch mehreren Kriterien zuordnen kann.

4. Gemeinsam Unterrichtsvorhaben planen

Im Unterkapitel »Entwicklung einer Kultur der Zusammenarbeit« benennt das Rahmenkonzept »Qualitätsentwicklung und Qualitätssicherung schulischer Arbeit« »die gemeinsame Planung von Unterricht und seine kollegiale Analyse und Auswertung (als) ein wesentliches Mittel zur Verbesserung des Unterrichts«.

4.1 Fachunterricht weiterentwickeln

Die tägliche Unterrichtsplanung gehört im Bewusstsein der meisten Lehrerinnen und Lehrer zu den häuslich und d.h. nicht kooperativ zu leistenden Aufgaben. Diese Haltung wird strukturell unterstützt durch die Lehrerarbeitszeit. In der Regel konzentriert sich die schulische Arbeitszeit auf das Unterrichten. Gemeinsame Arbeitszeit für kooperativ zu lösende Aufgaben steht, wenn man von Springstunden vor allem in Schulen mit Ganztagsbetrieb absieht, kaum zur Verfügung. Zusammenarbeit mit Kolleginnen und Kollegen des gleichen Faches stellt sich in der Regel als Sonderfall dar. Allenfalls werden neue Richtlinien oder andere ministerielle Vorgaben zum Anlass genommen, sich zu genau umgrenzten Aufgabenstellungen und Zeiten zusammenzufinden. Dabei werden Formen arbeitsteiligen Vorgehens bevorzugt. So kann es z.B. im Zusammenhang mit neuen Richtlinien zu Absprachen kommen, innerhalb einer Fachkonferenz Unterrichtsreihen zu verschiedenen Themen arbeitsteilig auszuarbeiten. Das Motiv für diese Form der Zusammenarbeit ist in der Zeitersparnis zu sehen, die sich die beteiligten Lehrkräfte hiervon versprechen. Überdies kann diese Form der Kooperation zum größten Teil in häuslicher Einzelarbeit geleistet werden, lediglich für die Absprachen zum Start der Arbeit sowie zum Abgleich der Ergebnisse ist gemeinsame Arbeitszeit in der Schule erforderlich.

Will man vor diesem Hintergrund gemeinsame Planung und Analyse im Fachunterricht verstärken, wird es darauf ankommen, vorhandene Kooperationsanlässe auf eine behutsame Weise zu nutzen. Als ein »Kooperationskern« könnte sich z.B. der selbstständige Unterricht von Lehramtsanwärtern im Rahmen der OVP vom 12.12.1997 erweisen. Um ihnen den Einstieg in die unterrichtliche Arbeit zu erleichtern, könnten erfahrene Lehrkräfte, die in parallelen Lerngruppen unterrichten, die jungen Lehrerinnen und Lehrer an ihrer planerischen Arbeit teilhaben lassen und so auch von deren Ideen profitieren.

Wahrscheinlich werden aber – vor allem für an Innovationen interessierte Lehrerinnen und Lehrer – Kooperationsimpulse eher vom Konzept des fächerverbindenden Unterrichts ausgehen. Der Anreiz des von der alltäglichen Arbeit Abweichenden könnte hier neue Motivation schaffen, die dann vielleicht auch auf das Alltagsgeschäft rückwirken kann.

Für das Gelingen von Kooperation wird aber in jedem Fall die Organisation der Arbeit und ein behutsamer Umgang mit der Arbeitszeit der Lehrkräfte eine wichtige Rolle spielen. In diesem Zusammenhang sollten zwei Aspekte besonders berücksichtigt werden. Zum einen sollte sich die Kooperation in der Unterrichtsplanung auf einige exemplarische Themen konzentrieren, zum anderen sollten Kooperationszeiten so kalkuliert werden, dass sie im Rahmen einer Fachkonferenz, vielleicht eines Fachtages, zu Ergebnissen führen, die die unterrichtliche Arbeit für längere Zeit beeinflussen können. Kooperation in diesem Sinne bedeutet, dass sich durch die gemeinsame Planung exemplarischer Themen mit der Zeit ein Vorrat auch an gemeinsamen Vorstellungen herausbilden kann.

4.2 Fächerverbindender Unterricht – Stand und kooperative Planung eines Projektes

Die Ermöglichung von fächerübergreifendem Lernen gehört zum obligatorischen Auftrag der Schule in Nordrhein-Westfalen. Unterrichtlich realisiert sich fachübergreifendes Lernen in den Formen von fachübergreifender, fächerverbindender oder projektorientierter Lern- und Arbeitsorganisation.

Im Hinblick auf die Begriffe »fächerübergreifend« und »fächerverbindend« ist in der Literatur ein uneinheitlicher, z.T. widersprüchlicher Sprachgebrauch auszumachen, der für die folgenden Überlegungen eine Klärung erforderlich macht. Frommer/Körsgen etwa verwenden die Begriffe »fächerübergreifend« und »fächerverbindend« in folgender Weise:

> »*Charakteristisch für den fächerübergreifenden Unterricht ist, dass ein Thema ohne Rücksicht auf die Abgrenzungen der klassischen Wissenschaftsdisziplinen allseitig beleuchtet und ganzheitlich abgehandelt wird.*« Dazu »*… bedarf es zwischen den beteiligten Lehrern formaler und inhaltlich-lernzielbezogener Absprachen. Formal beziehen sie sich vor allem auf die Stoffverteilungspläne der beteiligten Fächer, die gleichzeitig die Behandlung des fächerübergreifenden Themas vorsehen und den stundenmäßigen Gesamtumfang festlegen müssen. Darüber hinaus werden in den Vorgesprächen die Lernziele abgeklärt, die Gewichtung der Inhalte vorgenommen, die methodischen Fragen diskutiert und der Gesamtablauf abgesprochen. Möglichkeiten des Team-teaching sind dabei genauso ins Auge zu fassen wie das Heranziehen von außerschulischen Sachverständigen oder die Verbindung mit einem Erkundungsgang. (…) Ein organisatorisch etwas leichter zu verwirklichender, aber denselben Zielen dienender didaktischer Ansatz ist der fächerverbindende Unterricht. In ihm wird vom Fachlehrer selbst die Verbindung zu anderen Fächern aufgezeigt, die Schüler werden gebeten, auftauchende fachfremde Probleme in Form von Fragen in den Unterricht in anderen Fächern hineinzutragen.*« (Frommer/Körsgen 1989, S. 3)

Kooperative Planung organisieren

Die Notwendigkeit, die Qualität von Schule und Unterricht kooperativ zu gewährleisten, verlangt eine Arbeitsorganisation, die einerseits ökonomisch mit der Zeit der Lehrkräfte umgeht, andererseits aber auch sicherstellt, dass Kooperation nicht vom guten Willen einzelner Personen und zufälligen Zeitbudgets abhängig bleibt. Zur Lösung dieser Aufgabe soll die beigefügte Skizze eine Anregung geben. Sie geht davon aus, dass in den Schulen im Jahr durchschnittlich zwei sog. »Studientage« für schulinterne Entwicklungsvorhaben beansprucht werden, die in diesem Fall als »Fachtag« genutzt und einmal pro Schulhalbjahr durchgeführt werden. An einem Fachtag können die Lehrkräfte eines Faches, die in einer Jahrgangsstufe parallel Unterricht erteilen, gemeinsam eine Unterrichtsreihe und die zugehörigen Lernerfolgskontrollen planen (Abb. 6), die sie jeweils in ihren Klassen realisieren. Je nach Größe der Fachkonferenz werden auf diese Weise mehrere Unterrichtsvorhaben für verschiedene Jahrgangsstufen gleichzeitig geplant. Dabei kommt es aber nicht darauf an, dass die Schule innerhalb eines Faches in einen »pädagogischen Gleichschritt« verfällt, sondern dass die unterrichtlichen Leitvorstellungen der Lehrkräfte und die darauf gegründete Praxis mit der Zeit ein größeres Maß an Vergleichbarkeit erlangen.

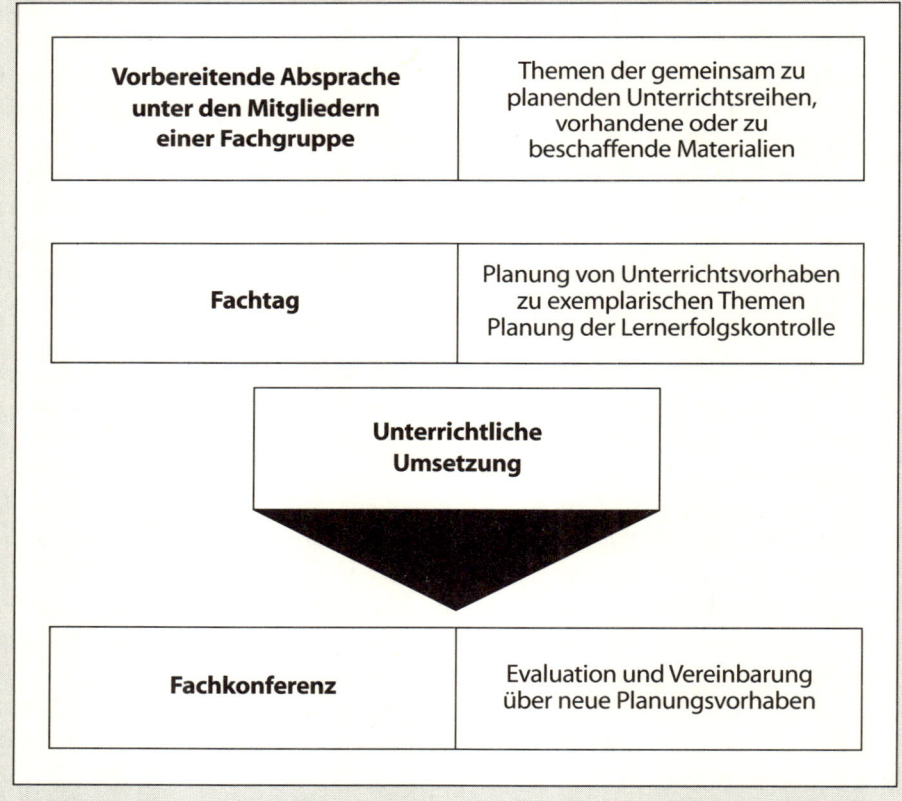

Abb. 6: Ablaufschema kooperativer Planung von Unterricht

Dagegen definieren die neuen Richtlinien für die S II:

»*Fachübergreifender Unterricht findet zunächst im Fach selbst statt; er besteht aus dem ›Blick über den Tellerrand‹ in Gestalt von Exkursen oder der Reflexion der fachlichen Fragestellung und ihrer Plausibilität und Grenzen. Fächerverbindender Unterricht besteht in der themen- oder problembezogenen Kooperation zweier oder mehrerer Fächer, wenn es gilt, ›quer liegende‹ Themenstellungen unter verschiedenen Fachperspektiven und -kategorien zu betrachten und dabei mehr als nur die Summe von Teilen zu erkennen. Fächerverbindender Unterricht ist organisatorisch und planerisch aufwändig. Projektorientierter Unterricht ist anwendungsbezogen, kurzphasig, kompakt, produktorientiert. Er muss in der Themenstellung ›besonders‹ und machbar sein. Er kann im Fach selbst oder fächerverbindend stattfinden.*« (I.SW 1998, S. 44)

Fächerübergreifender und fächerverbindender Unterricht wird in den Richtlinien und Lehrplänen nahezu aller Schulformen und Schulstufen gefordert. Die hier vorgestellte Fächerauswahl »Sachunterricht«, »Biologie«, »Naturwissenschaften/Biologie«, »Bürokaufmann/Bürokauffrau« lässt jedoch erkennen, dass in den verschiedenen Richtlinien und Lehrplänen die Abstimmung zwischen mehreren Fächern unterschiedlich weit vorangetrieben ist. Aus nahe liegenden Gründen am weitesten gediehen ist wohl die Integration mehrerer Fächer im Sachunterricht der Grundschule. Die Richtlinien und Lehrpläne für die Hauptschule geben den Lehrkräften Skizzen für exemplarische Projekte an die Hand, Vergleichbares gilt für die Schulformen des beruflichen Schulwesens. Weitere Unterstützung für fächerübergreifendes und fächerverbindendes Arbeiten finden Lehrkräfte in entsprechend konzipierten Handreichungen verschiedener Verlage. In vielen Fällen bleiben aber die Lehrerinnen und Lehrer aufgefordert, die für einen fächerübergreifenden oder fächerverbindenden Unterricht erforderlichen Abstimmungen und Planungen selbst vorzunehmen.

Für unsere weiteren Überlegungen soll das Begriffsverständnis der Richtlinien zugrunde gelegt werden, wonach *fächerverbindender Unterricht den höheren Abstimmungsgrad und die weitergehende Kooperation* im Vergleich zum fächerübergreifenden Unterricht aufweist.

Ein so verstandener fächerverbindender Unterricht erfordert Kompetenzen der Lehrpersonen, die in einem vorwiegend fachlich sozialisierten Kollegium (vor allem der Schulformen der S II mit vergleichsweise elaborierten Fachstrukturen) nicht selbstverständlich vorauszusetzen sind. Um diese Erfordernisse genauer erfassen zu können, die sich bei einem Zusammentreffen von Vertretern verschiedener Fächer mit unterschiedlichen Fachkulturen, d.h. mit unterschiedlichen inhaltlichen Interessen, Fachsprachen, Fachmethoden, Handlungsroutinen, Wertvorstellungen und Traditionen ergeben, ist ein Blick auf schulpraktische Erfahrungen hilfreich.

In einem Kollegium hatte sich eine Arbeitsgruppe aus Vertretern verschiedener Fächer (Deutsch, Englisch, Französisch, Biologie, Sport und Kunst) zusammengefunden, die sich die Aufgabe gestellt hatte, ein fächerverbindendes Projekt zum Thema »Werbung für die eigene Schule« zu planen. Der erste Ideenaustausch ließ erkennen, dass sich die Vorstellungen der anwesenden Personen deutlich voneinander unterschieden. Jeder dachte das Thema von den spezifischen Möglichkeiten seines Faches her. Im Verlauf der Diskussion ergaben sich wechselnde Allianzen zwischen einzelnen Fächern, die aber zugleich auch dazu führten, dass die Vertreter der darin nicht eingeschlossenen Fächer skeptisch reagierten und zu erkennen gaben, dass sie nur wenig Interesse hätten, an einer so vorgenommenen Deutung des Themas mitzuarbeiten. Die ursprüngliche Euphorie wich zusehends einer Lähmung. Diese konnte auch nicht durch die in der Gruppe teilnehmenden Leitungspersonen aufgelöst werden, da auch diese immer als Repräsentanten einer fachspezifischen Perspektive wahrgenommen wurden, die von den Vertretern anderer Fächer nicht selbstverständlich zu übernehmen war. Es zeichnete sich ein Dilemma ab: Um den Knoten lösen zu können, wäre es notwendig gewesen, wenigstens in Umrissen schon eine Vorstellung davon zu haben, wie das Ergebnis des gemeinsamen Projektes aussehen könnte. Diese Vorstellung war aber zu Beginn der Arbeit naturgemäß noch nicht vorhanden, auch war keine »Autorität« auszumachen, die diese Vorstellung hätte vorgeben können.

Die Mitglieder der Arbeitsgruppe erfuhren nun leibhaftig, dass die Planung eines fächerverbindenden Projektes Kompetenzen fordert, die keine der beteiligten Personen *für sich alleine* besitzt und die auch nicht durch das Eingreifen einer nächsthöheren Hierarchiestufe ersetzt werden können, sondern die sich allenfalls als ein *Ergebnis gemeinsamer Arbeit* einstellen.

Da aber die Kommunikationsfähigkeit der Gruppenmitglieder in Bezug auf Unterrichtsplanung vor allem fachspezifisch ausgebildet und auch an fachspezifischen Interessen orientiert war, plante zunächst jedes Fach aus seiner eigenen Perspektive. Das Resultat war ein Nebeneinander unterschiedlichster Ideen, die nur eines gemeinsam hatten, nämlich *irgendwie* einen Beitrag zu leisten zum Thema »Werbung für die eigene Schule«. Allen Beteiligten war klar, dass ein solches Verständnis von fächerübergreifendem Unterricht bei Schüler/innen bald zu Überdruss führen würde.

Die Überwindung dieser Schwierigkeit scheiterte aber zu diesem Zeitpunkt daran, dass die Mitglieder der Gruppe über kein Verfahren verfügten, das ihnen einen Prozess gemeinsamer Planung auf der Grundlage unterschiedlicher fachlicher Hintergründe ermöglicht hätte.

Im Rahmen einer solchen *Planung* wäre es notwendig gewesen,
- sich auf eine *gemeinsame Zielvorstellung* zu einigen,
- die zur Realisierung dieser Zielvorstellung erforderlichen *Mittel* zu diskutieren,
- sich auf die spezifischen *Beiträge der verschiedenen Fächer* zu einigen
- und alles das in einen *zeitlichen Ablauf* zu bringen, der ein sinnvolles Zusammenwirken der beteiligten Fächer ermöglichte,
- wobei die *curricularen Vorgaben* z.T. sehr unterschiedlicher Fächer zu berücksichtigen waren.

Betrachtet man diese Erfordernisse, so wird deutlich, dass die Planung fächerverbindenden Unterrichts unter Beteiligung von Vertretern unterschiedlicher Fächer strukturell große Ähnlichkeit mit einem Prozess der Organisationsentwicklung hat, der von der gleichberechtigten Existenz unterschiedlicher Ziele, Perspektiven und Interessen ausgeht und der das gemeinsame Handeln innerhalb einer Organisation auf unter den Personen auszuhandelnde Grundlagen stellt. Somit war es nahe liegend, auch in diesem Fall Verfahren der Organisationsentwicklung für Aufgaben der Unterrichtsentwicklung zu nutzen, um einen solchen Aushandlungsprozess auf der Basis gleichberechtigter Interessen zu ermöglichen.

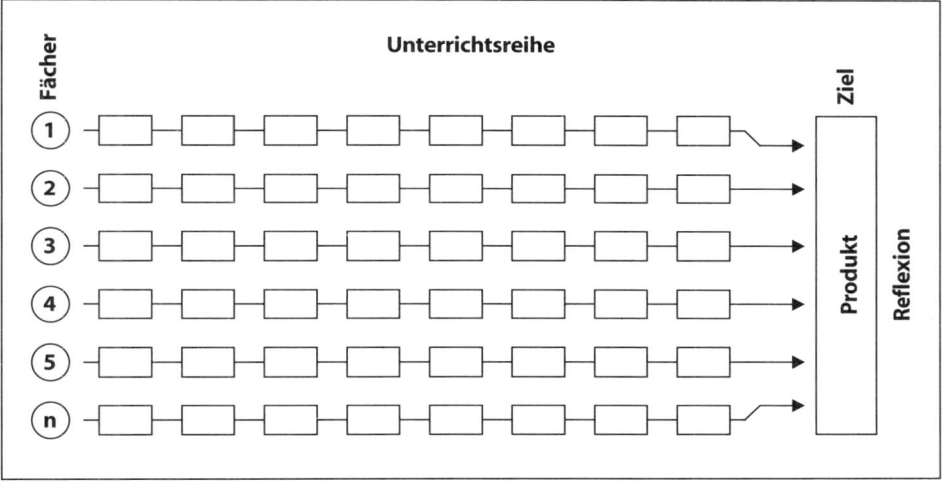

Abb. 7: Planungsinstrument für fächerübergreifenden Unterricht – allgemeine Form

Das bei dem geschilderten Stand der Arbeit eingesetzte *Planungsinstrument* (Abb. 7) besteht in der schematischen Darstellung des Ablaufes eines fächerverbindenden Projektes in seiner denkbar allgemeinsten Form, die auf ein hinreichend großes Plakat gezeichnet wird: Die Projektplanung orientiert sich an einem gemeinsam herzustellenden *Produkt*, das das *Ziel* der Arbeit in den beteiligten *Fächern* darstellt. Zu diesem Produkt leisten die verschiedenen Fächer (1-n) einen fachspezifischen Beitrag, der innerhalb eines bestimmten Zeitraumes im Rahmen der von der Stundentafel bereitgestellten Unterrichtsstunden zu leisten ist. Im Anschluss an die Fertigstellung des gemeinsamen Produktes soll der Arbeitsprozess in einer *Reflexionsphase* analysiert werden, um über das konkrete Produkt hinaus die Methodenkompetenz der beteiligten Personen zu erweitern. Das Nachdenken über das konkrete Projekt soll die in diesem Zusammenhang erprobten Planungsverfahren generalisierbar machen.

Die Arbeit mit dem Planungsinstrument

Verständigung über das Produkt

In einem ersten Arbeitsgang einigen sich die Vertreter der verschiedenen Fächer auf ein gemeinsam zu erstellendes Produkt, es steht im Fall der Arbeitsgruppe, deren Erfahrungen hier zugrunde gelegt werden, unter dem Thema »Werbung für die eigene Schule, ein fächerverbindendes Projekt in einer Klasse der Jahrgangsstufe 9«. Zu diesem Zeitpunkt ist noch unklar, ob dieses Thema in einem einzigen Produkt realisiert werden soll oder ob es mehrere Produkte zu diesem Thema geben kann, z.B. Plakat, Werbespot als Videoclip, Spielszenen mit werbendem Charakter usw. (Diese Frage bleibt zunächst unentschieden; es zeigt sich später, dass sie sich mit zunehmender Konkretheit der Planungen nahezu von selbst klärt.) Die Mitglieder der Arbeitsgruppe planen für den weiteren Fortgang der gemeinsamen Arbeit, ihre jeweiligen fachspezifischen Richtlinien daraufhin durchzusehen, welchen Beitrag ihre Fächer zum Thema »Werbung für die eigene Schule« leisten können und diese in Unterrichtsschritten darzustellen, die eine oder mehrere Unterrichtsstunden umfassen können. Jeder denkbare Unterrichtsschritt soll auf einer Karte notiert werden.

Die »fachegoistische« Phase

Im zweiten Arbeitsgang werden die einzelnen Unterrichtsschritte der beteiligten Fächer als beschriftete Karten in das Schema eingefügt (Abb. 8). In dieser Phase ist die Arbeit durchaus noch dem »Egoismus« der beteiligten Fächer verpflichtet. Dieser Punkt ist wichtig, weil ein zu früher Zwang zur Einigung leicht zur Rangelei unter den Fächern führt, wodurch der weitere Arbeitsprozess blockiert werden könnte. Gegenüber den ersten Planungen hat das Projekt nun eine wesentlich deutlichere Gestalt angenommen. Sofort werden aber auch einige *Probleme* klar:

- Zwischen den verschiedenen Fächern kommt es zu inhaltlichen Doppelungen.
- Die einzelnen Fächer sind mit einer unterschiedlichen Wochenstundenzahl in der Stundentafel vertreten.
- Die möglichen Beiträge der verschiedenen Fächer zu dem geplanten Produkt sind von unterschiedlichem zeitlichen Umfang.

Für die weitere Planung ergeben sich daraus folgende Aufgaben:
- Unnötige inhaltliche Doppelungen müssen vermieden werden. Es ist zu verabreden, welche thematischen Aspekte welchen Fächern am günstigsten zuzuweisen sind.
- Die Arbeitsschritte der verschiedenen Fächer müssen zeitlich koordiniert werden.
- Es muss geklärt werden, wie groß der zeitliche Umfang des Beitrages sein soll, den die verschiedenen Fächer leisten.

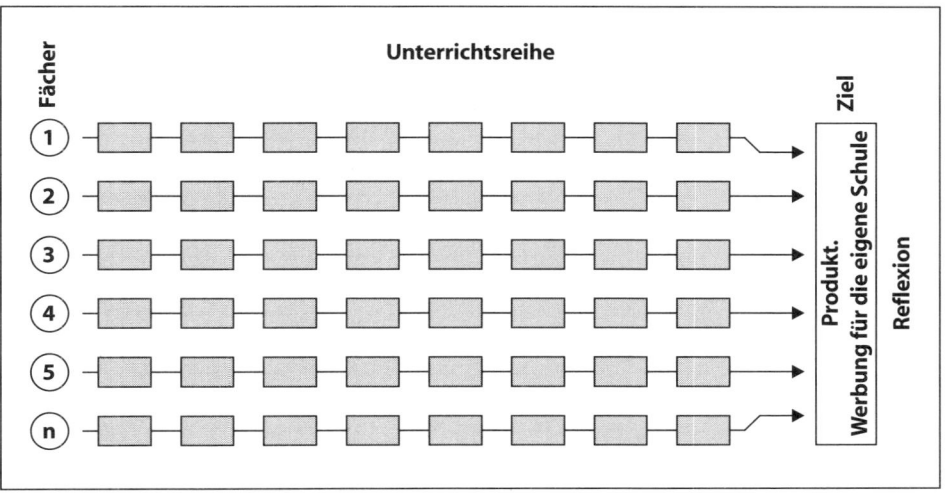

Abb. 8: Planungsinstrument für fächerverbindenden Unterricht – Planungszustand 1
»Fachegoismus«

Es wird deutlich, dass es sinnvoll ist, alle diese Überlegungen *nicht von einem gemeinsamen Startpunkt des Projektes* her zu denken, sondern *von seinem Ende her, dem angestrebten Produkt*. Dabei wird auch entschieden, in Wocheneinheiten zu planen. Um einen ersten Bezugsrahmen für die Planung zu haben, wird einigermaßen willkürlich für das Projekt ein Zeitbudget von zunächst vier Wochen gesetzt.

Das Zeitbudget vereinbaren

In einem dritten Arbeitsgang wird auf der Grundlage dieser Entscheidung das Planungsschema in vier Wocheneinheiten eingeteilt (Abb. 9, S. 88). Während bislang die Planungsüberlegungen vornehmlich in horizontaler Orientierung, also fachbezogen, durchgeführt worden sind, wird nun die Vertikale bestimmt:

- Wie passt das, was in den verschiedenen Fächern während einer Woche behandelt wird, inhaltlich zusammen?
- Was muss in dem einen Fach geleistet worden sein, damit das andere Fach darauf aufbauen kann?
- Wie viel zeitlicher Vorlauf muss einem Fach gegenüber den anderen unter Berücksichtigung der unterschiedlichen Wochenstunden eingeräumt werden?
- Tragen alle Fächer während der gesamten Projektdauer zum gemeinsamen Produkt bei oder ist es denkbar, dass sich ein Fach nach einer Anzahl von Stunden aus dem Projekt verabschiedet?

88 Teil II: Praxis

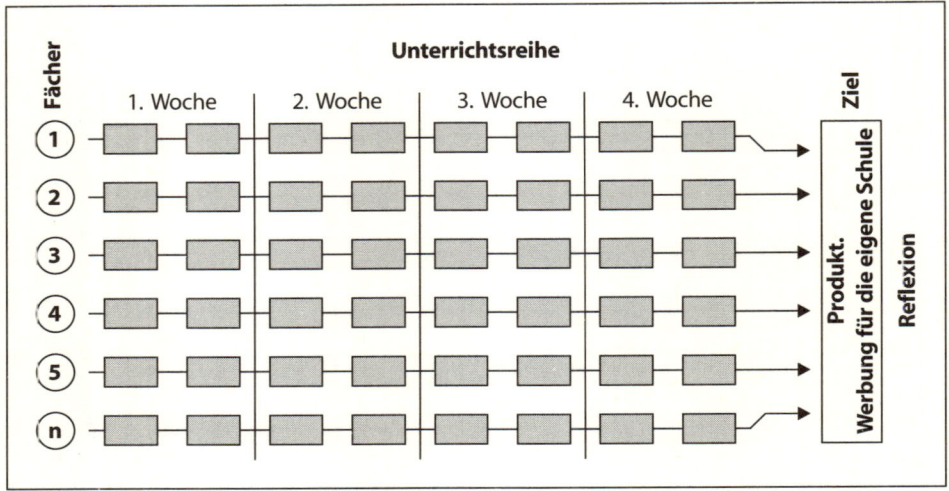

Abb. 9: Planungsinstrument für fächerverbindenden Unterricht – Planungszustand 2 »Zeitbudget«

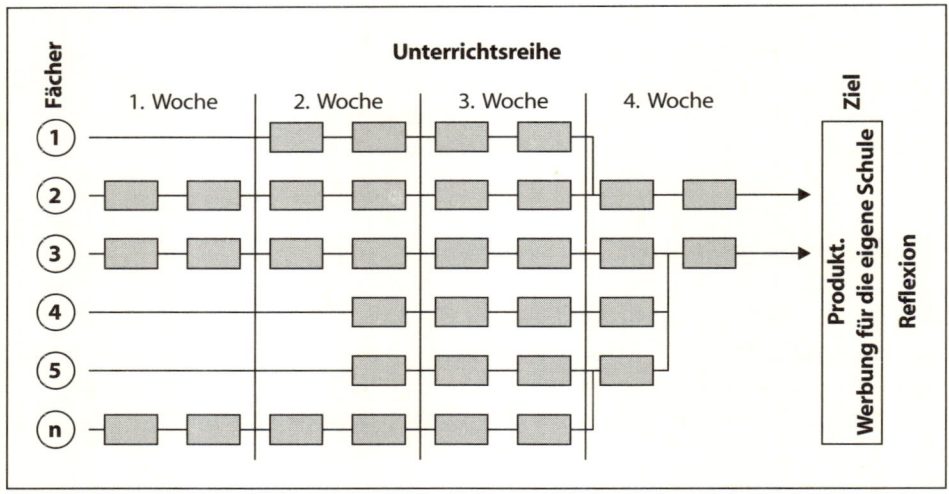

Abb. 10: Planungsinstrument für fächerverbindenden Unterricht – Planungszustand 3 »Arbeitsteilung der Fächer«

Arbeitsteilung verabreden

Das Ergebnis dieser Überlegungen lässt sich als Resultat des *4. Arbeitsganges* durch das Schema (Abb. 10) veranschaulichen. Die zunächst parallelen und weithin unabhängigen Planungen sechs verschiedener Fächer haben sich nun in ein arbeitsteiliges Projekt verwandelt, in dem sich die beteiligten Fächer im Hinblick auf das gemeinsam angestrebte Produkt gegenseitig zuarbeiten; dabei beschränkt sich jedes Fach auf den von einem ökonomischen Arbeitsablauf gebotenen Umfang.

Feinabstimmungen

Auf dieser Grundlage können nun die noch erforderlichen Feinabstimmungen vorgenommen werden. Diese orientieren sich an folgenden Fragen:

- Wie ist die Verteilung von Theorie- und Praxisanteilen zwischen den verschiedenen Fächern vorzunehmen? Zeigt die bisherige Planung in dieser Hinsicht Einseitigkeiten?
- Wie verteilen sich die Schüleraktivitäten im zeitlichen Längsschnitt? Gibt es einen didaktisch sinnvollen und motivierenden Wechsel von rezeptiven und produktiven Phasen oder überwiegen analysierende und rezipierende Phasen?
- Kann das gesamte Projekt als ein lernpsychologisch plausibel strukturierter Arbeitsprozess gedeutet werden, der sich – ähnlich wie eine Unterrichtsstunde – nach einem schlüssigen Artikulationsschema organisiert?

Zum Abschluss werden die einzelnen Unterrichtsschritte in der notwendigen Konkretheit ausformuliert und ihnen die erforderlichen Arbeitsmaterialien zugeordnet.

Um sich in das schwierige Geschäft fächerverbindender Unterrichtsplanung (s. Abb. 11) einzuüben, empfiehlt es sich, mit Projekten zu beginnen, in denen nicht mehr als drei Fächer zusammenarbeiten.

Die hier geschilderten fünf Arbeitsschritte sind, wie die Abbildung 11 zeigt, als zirkulärer Prozess zu denken, der von einer ersten Verständigung über das angestrebte Produkt zu einer zunehmenden Klärung der Ziele führt.

4.3 Vereinbarungen treffen zur Förderung der Methodenkompetenz von Schüler/innen

Zum Beispiel: Das Lernen lernen

In vielen Schulen werden etwa im Rahmen der Schulprogrammentwicklung spezielle Unterrichtsangebote geschaffen, in denen Schülerinnen und Schüler »das Lernen lernen« sollen.

Abb. 11: Planungsprozess zu einem fächerverbindenden Projekt

Diese Trainings erfolgen in unterschiedlichen Organisationsmustern: als spezielle Kursangebote oder Vorträge, als eigens angesetzte Lerntage, als Zuweisung an bestimmte Fächer oder als Beauftragung von Klassenlehrern.

Beispielsweise führen Klassenlehrerinnen und Klassenlehrer der Erprobungsstufe Kurse zum Thema »das Lernen lernen« durch in der Erwartung, dass ihre Schülerinnen und Schüler den Transfer in die verschiedenen Unterrichtsfächer selbstständig leisten. Hierzu Jürgen Baumert:

> »Grundsätzlich lassen sich generelle Konzepte, Strategien, Heuristiken, Lösungsalgorithmen, Lernregeln in begrenztem Umfang direkt vermitteln. Für diese generellen Werkzeuge gilt jedoch ein Bandbreiten-Genauigkeitsdilemma: je allgemeiner diese Werkzeuge sind, desto geringer ist ihr Nutzen bei der Lösung spezifischer, anspruchsvoller Probleme. Erfolg versprechender ist der Weg, Methoden des Problemlösens, persönliche Arbeitshaltungen und soziale Kompetenzen systematisch bei der Erarbeitung inhaltsspezifischen Wissens zu vermitteln. Der Erfolg dieser induktiven Strategie hängt davon ab, dass es sich bei dieser Vermittlung nicht um sporadische, son-

dern um systematische Bemühungen handelt. Besondere Bedeutung haben metakognitive Fähigkeiten, den eigenen Lernprozess zu überwachen.« (Ansprüche an den Unterricht in heutiger Zeit, These 5. »Fächerübergreifendes Arbeiten«, Landesweite Fachtagung, 15.–16. Mai 1997, LSW)

Sinnhaftigkeit des Lernens fordert:

Zusammenhang	– sie betrifft die Sache;
Vollständigkeit	– sie betrifft den Lernprozess;
Ganzheitlichkeit	– sie betrifft die Person.

Folgt man diesen Kriterien auch für das »Lernen des Lernens«, dann ist zu fordern, die Vermittlung von Lernstrategien in *fachliche* Zusammenhänge einzubinden und sie im Sinne des Aufbaus metakognitiver Fähigkeiten *überfachlich* bewusst zu machen. Dies kann in einer planmäßigen Schrittfolge realisiert werden.

Instanzen der Unterrichtsentwicklung zum Thema »das Lernen lernen«

Im Sinne dieser Schrittfolge haben bei der Entwicklung und Implementierung eines schulinternen Konzeptes zum Thema »das Lernen lernen« verschiedene Instanzen besondere Aufgaben:

- die Schulleitungsperson,
- die Fachkonferenz-Vorsitzenden sowie
- die Stufenleiter bzw. Klassenleiter.

Die Vorsitzenden der Fachkonferenzen veranlassen in ihrem jeweiligen Bereich eine *fachbezogene* Bestandsaufnahme im Hinblick auf Lernstrategien in unterschiedlichen inhaltlichen Zusammenhängen (siehe 1. Schritt; Abb. 12).

Stufenleiter bzw. Klassenleiter geben in Jahrgangsstufen- oder Klassenkonferenzen den Anstoß für eine *Veränderung der Blickrichtung*, sodass die zuvor fachspezifisch identifizierten Lernstrategien nun fächerübergreifend in die Arbeitsvorhaben verschiedener Fächer einer Jahrgangsstufe oder einer Klasse integriert werden (siehe 2. Schritt; Abb. 12).

Hierdurch werden die Voraussetzungen dafür geschaffen, dass von den Schülerinnen und Schülern gleiche oder ähnliche Lernstrategien in unterschiedlichen fachlichen Zusammenhängen systematisch angewendet und so eher habitualisiert werden.

Schritte der Unterrichtsentwicklung zum Thema »Das Lernen lernen«

Fachkonferenzen

1. Schritt

- Welche Lernstrategien spielen in unserem Fach eine besondere Rolle?
- Für welche inhaltlichen Zusammenhänge sind dies Strategien relevant
- Welche dieser Lernstrategien könnten auch in anderen fachlichen Zusammenhängen von Belang sein?
- Gibt es Lernstrategien, die sinnvoll nur in unserem Fach vermittelt und eingesetzt werden können?

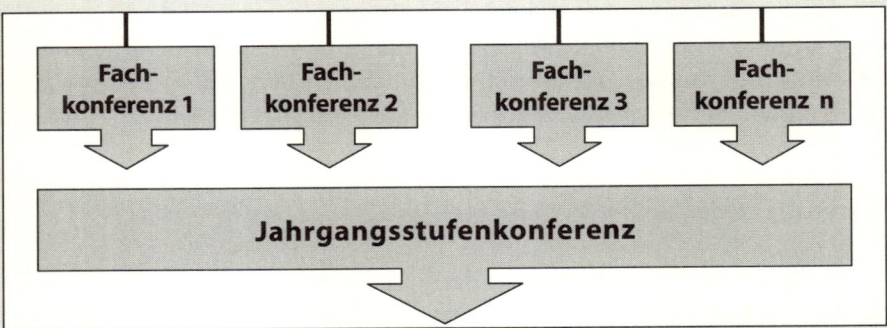

Jahrgangsstufenkonferenz

2. Schritt

- Gibt es Lernstrategien, die in mehreren Fächern von Bedeutung sind?
- Für welche inhaltlichen Zusammenhänge der in dieser Jahrgangsstufe unterrichteten Fächer sind diese Strategien relevant?
- Können diese Lernstrategien systematisch und explizit zum Bestandteil von Aufgabenstellungen in verschiedenen Fächern gemacht werden?
- Kann der Einsatz von Lernstrategien in den verschiedenen Fächern dieser Jahrgangsstufe in eine verbindliche Vereinbarung gebracht werden?
- Wann und wie sollen die Erfahrungen mit dem Einsatz von Lernstrategien in den verschiedenen Fächern dokumentiert und unter den in der Jahrgangsstufe unterrichtenden Kollegiumsmitgliedern ausgetauscht werden?

Abb. 12: Zusammenwirken von Fach- und Jahrgangsstufenkonferenz

Sache der Schulleitung ist es, den *Prozess der Entwicklung und Implementierung insgesamt zu steuern:* Arbeitsergebnisse und Vereinbarungen zu sichern, ihre Umsetzung zu unterstützen sowie deren Wirksamkeit im Fachunterricht der verschiedenen Jahrgangsstufen zu evaluieren.

Hierin realisiert sich ein Stück weit das, was im Kontext von Führungsstilkonzepten als Dialogischer Führungsstil bezeichnet wird. Das Nachdenken darüber, wie das Lernen des Lernens zum Unterrichtsgegenstand gemacht werden kann, vollzieht sich in der Organisation eines offenen, interaktiven und kollektiven Lernprozesses, der auch die Schulleitung einschließt.

Als *Ausgangspunkt für einen solchen Lernprozess* kann ein pädagogischer Tag genutzt werden, an dem das Kollegium zunächst in Fachkonferenzen die Bestandsaufnahme im Hinblick auf unterschiedliche Lernstrategien vollzieht, um anschließend in Jahrgangsstufen- oder Klassenkonferenzen deren unterrichtliche Umsetzung in den verschiedenen Fächern zu verabreden. Hierbei sollte ein möglichst kontinuierlicher Einsatz von Lernstrategien in den Fächern angestrebt werden.

Bestandteil dieser Verabredung sollte auch die Frage sein, wann und in welcher Form die Wirksamkeit und Zweckmäßigkeit der getroffenen Entscheidungen überprüft und die Ergebnisse dieser Untersuchung in eine neuerliche Planung münden sollten.

4.4 Das Lernen lernen:
Weitere Beispiele für Arbeitstechniken und Lernstrategien

Zum Beispiel: aus Texten Informationen entnehmen

Die Lernstrategie »aus Texten Informationen entnehmen« könnte z.B. von der Fachkonferenz Deutsch als eine für das Fach typische Strategie in folgender Weise erarbeitet worden sein:

Aus Texten Informationen entnehmen: Arbeitsschritte

- Den Text in Sinnabschnitte gliedern
- In den Sinnabschnitten Leitbegriffe und Kernaussagen identifizieren
- Unbekannte Begriffe aus dem Kontext oder durch Nachschlagen klären
- Die Kernaussagen inhaltlich und sprachlich zusammenfassen
- Die Zusammenfassung anhand eines Stichwortzettels vortragen

---

In der Klassenkonferenz für die Jahrgangsstufe 5 könnten nun die Vertreter der verschiedenen Fächer überlegen, ob diese Lernstrategie in ihrem Fach sinnvoll eingesetzt werden kann.

Vermutlich werden sich Anwendungsmöglichkeiten in den Fächern Geschichte, Erdkunde, Biologie und Religion ergeben. Die Mitglieder der Klassenkonferenz könnten verabreden, die Lernstrategie »aus Texten Informationen entnehmen« mit einer bestimmten Häufigkeit in ihrem Unterricht einzusetzen oder auch als Hausaufgabe zu stellen.

Durch diese Vorgehensweise wird erreicht, dass die Lernstrategien nicht als abstrakte Schrittfolge vermittelt werden, sondern in den verschiedenen Fächern verankert sind. Hierdurch wird die Forderung nach Sinnhaftigkeit des Lernens erfüllt (vgl. auch den Kasten »Sinnhaftigkeit des Lernens fordert« auf S. 91).

Die Verankerung der Lernstrategien in den Fächern stellt sie funktional in einen Sachzusammenhang. Insofern sind sie zugleich auch Teil eines vollständigen Lernprozesses: Es geht nicht darum, die Lernstrategien um ihrer selbst willen zu lernen, sondern diese als Instrument zur Erschließung eines Themas oder zur Bewältigung einer Aufgabe zu nutzen. Hiermit wird die Voraussetzung geschaffen, Lernstrategien als Bestandteil eines ganzheitlichen Lernprozesses zu erfahren.

Die als Beispiel angeführte Arbeitstechnik »Aus Texten Informationen entnehmen« geht von der Annahme aus, dass die Lehrkräfte eines Faches anhand der Aussagen ihrer Fachrichtlinien selbstständig Arbeitstechniken zusammenzustellen und in eine für ihre Schülerinnen und Schüler angemessene Sprache übersetzen. Die Erfahrung zeigt jedoch, dass manche Lehrpersonen zwar in der alltäglichen Unterrichtsarbeit die verschiedensten Lern- und Arbeitstechniken einsetzen, ohne sich dessen jedoch explizit bewusst zu sein und ohne solche Techniken, losgelöst von einer konkreten Aufgabenstellung, als solche darzustellen und mit ihren Schülerinnen und Schülern einzuüben.

Vor diesem Hintergrund wollen die folgenden Beispiele eine Vorstellung davon vermitteln, was unter Arbeitstechniken und Lernstrategien verstanden werden kann. Die Beispiele sind so ausgewählt, dass sie in unterschiedlichen Fächern und Jahrgangsstufen eingesetzt werden können; sie bedürfen einer fachspezifischen »Übersetzung«, damit sie auch in anderen als den beispielhaft ausgewählten Fächern genutzt werden können. Außerdem muss geklärt werden, welche Arbeitstechniken und Lernstrategien in den verschiedenen Jahrgangsstufen von Belang sind, nicht alle können schon in der Eingangsklasse der jeweiligen Schulform vermittelt werden.

Es bleibt also zu fragen: Wo und in welchen Fächern kann mit der Mindmap gearbeitet werden? Wo – außer in Fremdsprachen – müssen Vokabeln gelernt werden, die mit der Lernkartei eingeübt werden können? Welche Fächer sind auf Begriffsdefinitionen angewiesen, die mit dem hier vorgestellten Verfahren geleistet werden können, usw.?

Unabhängig davon bleibt auch der Anspruch bestehen, dass über die hier vorgestellten Beispiele hinaus die Vertreter der verschiedenen Fächer ihre jeweiligen Richtlinien im Hinblick auf geforderte fachspezifische Lern- und Arbeitstechniken befragen, um diese nach dem Muster der folgenden Beispiele explizit zum Unterrichtsgegenstand zu machen und deren Einsatz über das eigene Fach hinaus im Jahrgangsstufenteam verbindlich zu vereinbaren.

Zum Beispiel: Vokabeln lernen mit der Lernkartei

Neue Vokabeln sind nicht nur in den Fremdsprachen zu lernen, sondern z.B. auch in den Fächern Deutsch oder Mathematik. In allen Bereichen, in denen neue Begriffe, Vokabeln, Definitionen gelernt werden müssen, kann mit der Lernkartei (Abb. 13) gearbeitet werden. Der für die Lernkartei erforderliche Karteikasten kann ohne großen Aufwand von den Schülern aus Pappe selbst hergestellt werden.

Die Vokabelkarten werden in der Größe angepasst. Je nach Fach oder Gegenstandsbereich werden sie auf der Vorderseite mit den zu lernenden Vokabeln, Fachbegriffen oder Definitionen beschriftet, auf der Rückseite mit der entsprechenden Übersetzung oder Erklärung.

Das Aufschreiben der Begriffe stellt bereits den ersten Schritt der Aneignung durch den Schüler dar. Anweisung für die Schülerarbeit:

- Wenn du alle Vokabeln (Fachbegriffe/Definitionen), die du lernen musst, auf Vokabelkarten geschrieben hast, stellst du sie in Fach 1.
- Nachdem du die neuen Vokabeln gelernt hast, beginnt die Überprüfung. Hierzu nimmst du nacheinander die Karten aus Fach 1 und stellst fest, ob du die Vokabeln übersetzen kannst, ohne auf die Rückseite zu schauen. Wenn dies der Fall ist, kannst du die Karten in Fach 2 sortieren. Das Durcharbeiten der Karten musst du so lange wiederholen, bis das Fach 1 leer ist.
- Am nächsten Tag arbeitest du nach dem gleichen Schema die Karten aus Fach 2 durch. Vokabeln die du kannst wandern jetzt in Fach 3, Vokabeln, bei denen du noch nicht sicher bist, gehen zurück in Fach 1.
- Beim Lernen an den folgenden Tagen wandern die meisten Karten immer weiter in Richtung auf Fach 6 zu. Wenn du nach einigen Tagen merkst, dass dir bei diesen Vokabeln keine Fehler mehr unterlaufen, kannst du sie aussortieren.
- Vokabeln, bei denen es dir schwer fällt, dir die Bedeutung zu merken, findest du längere Zeit in den vorderen Fächern des Kastens, sodass du sie häufiger wiederholst, bis auch sie schließlich im Fach 6 landen und nach einiger Zeit aussortiert werden können.
- Neu hinzukommende Vokabeln werden wieder in Fach 1 einsortiert und der Vorgang beginnt erneut.

Zum Beispiel: Bedeutungszusammenhänge über Mindmap herstellen

Durch Arbeit mit der Mindmap können neue Informationen mit bereits gespeichertem Wissen verknüpft werden. Hierdurch wird sowohl das Verstehen als auch das Behalten unterstützt, weil im Gegensatz zum bloßen Wiederholen durch die Bedeutungszusammenhänge mehr Zugangswege zum Gedächtnis eröffnet werden (Abb. 14). Auf diese Weise können neue Vokabeln/Redewendungen in einem inhaltlichen Zusammenhang vermittelt werden.

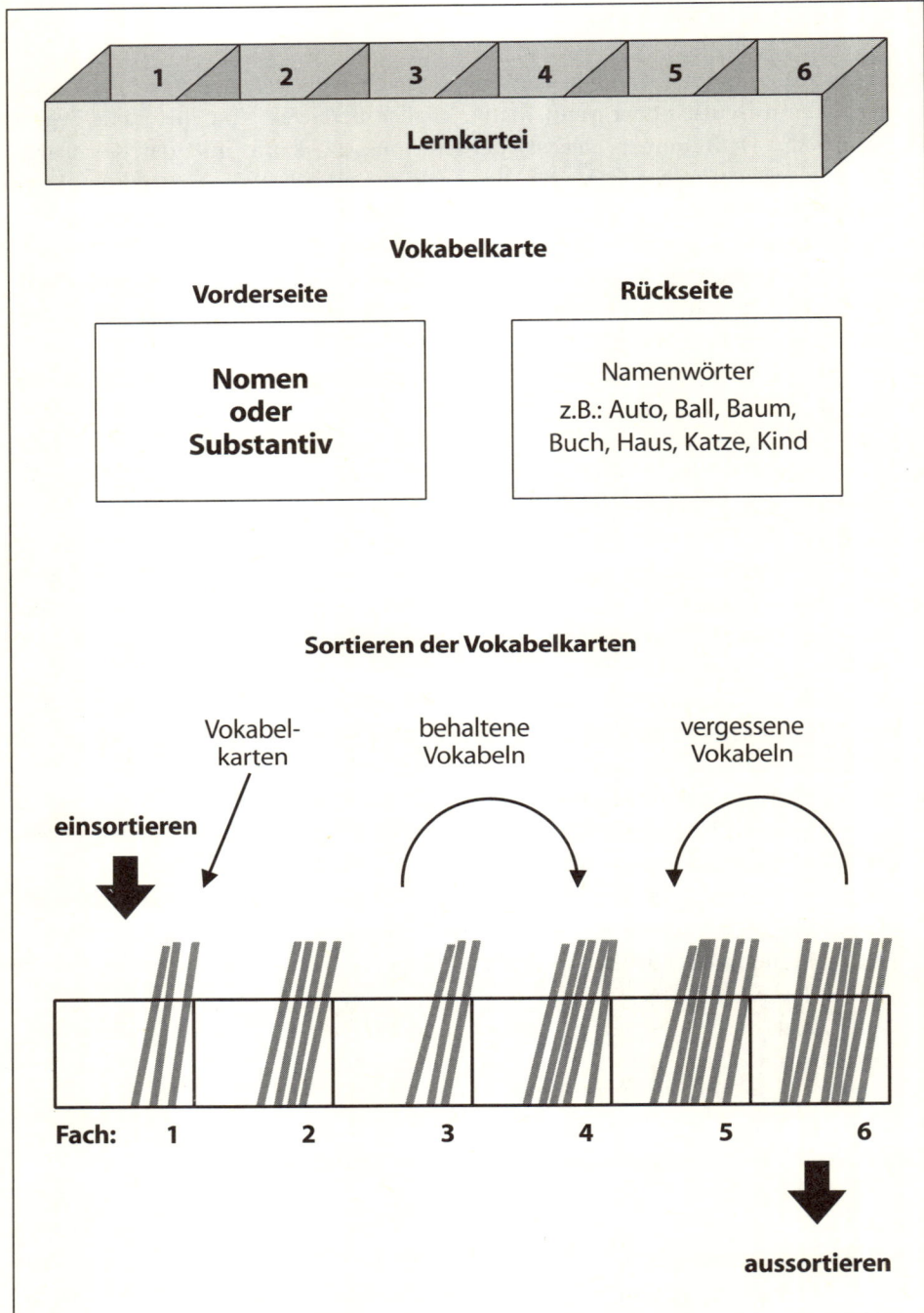

Abb. 13: Vokabeln lernen mit der Lernkartei

Gemeinsam Unterrichtsvorhaben planen **97**

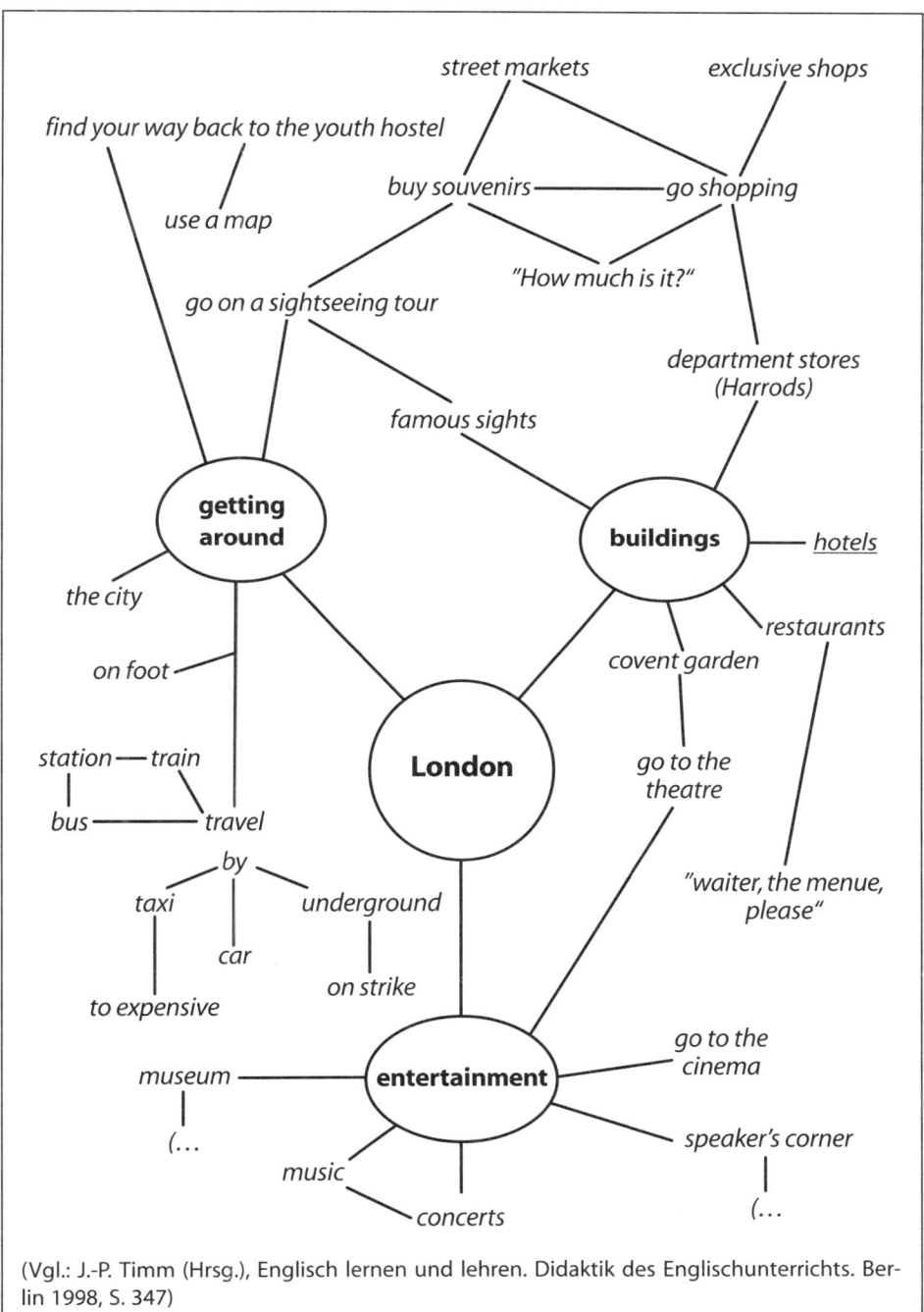

(Vgl.: J.-P. Timm (Hrsg.), Englisch lernen und lehren. Didaktik des Englischunterrichts. Berlin 1998, S. 347)

Abb. 14: Bedeutungszusammenhänge über Mindmap herstellen

Zum Beispiel: die Aussage eines Textes bildlich darstellen – Webbing (Gewebe)

Im Gewebe werden nur die wesentlichen Informationen dargestellt (Abb. 15).
- Die Hauptbegriffe oder wichtigen Ideen werden im Zentrum abgebildet.
- Die Beziehungen zwischen den Informationen werden durch Pfeile symbolisiert, die vom Hauptbegriff ausgehen.
- Um größere Klarheit zu erreichen, können die Beziehungspfeile zusätzlich mit einem Begriff versehen werden.

Webbing kann auch zur Textanalyse in Gruppenarbeit genutzt werden. Jede Gruppe fertigt zu einem gegebenen Text ein Gewebe an, das für die Veröffentlichung auf ein Plakat gezeichnet wird. Unterschiedliche Gewebe sind ein Gesprächsanlass, um den Text genauer zu untersuchen: Wie sind die einzelnen Gruppen zu ihren verschiedenen Darstellungen gekommen? Was war ihnen jeweils wichtig, was haben sie unberücksichtigt gelassen?

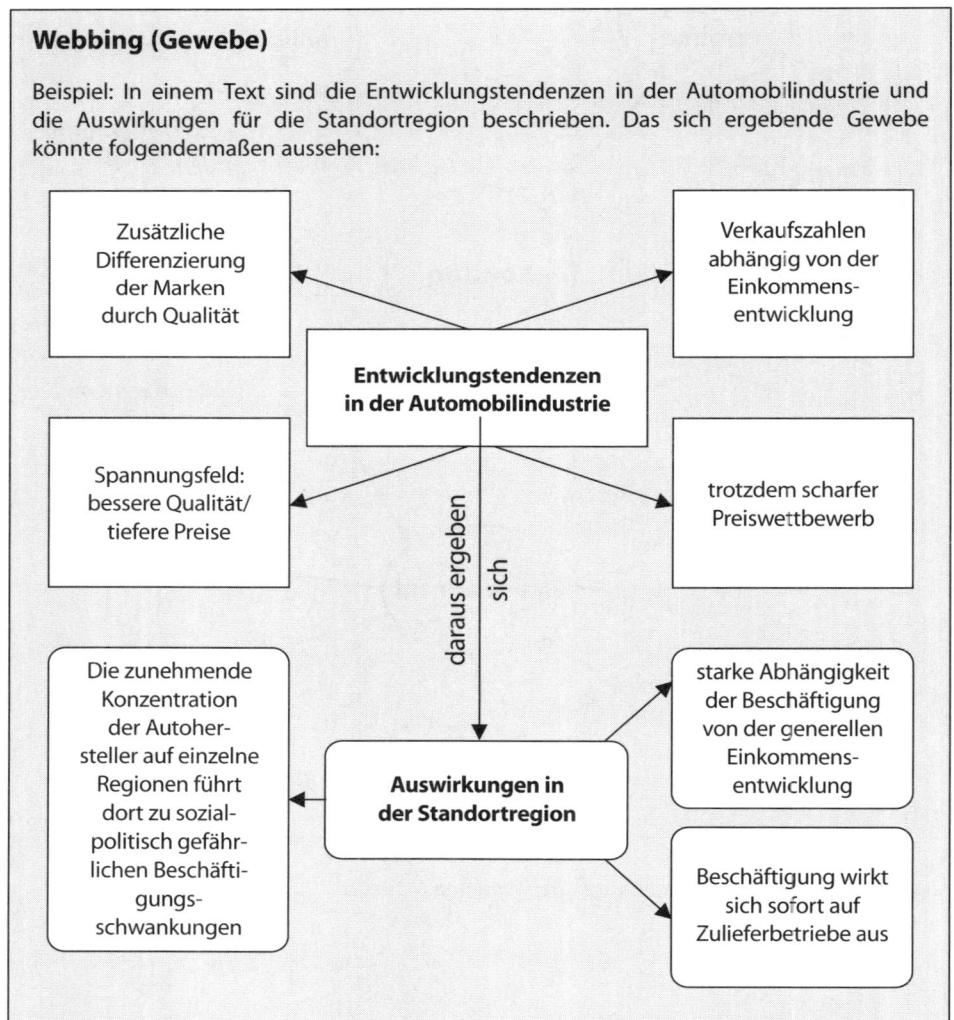

Abb. 15: Webbing

Zum Beispiel: die Rechtschreibung korrigieren – das Rechtschreibfließband

An einem Rechtschreibfließband (Abb. 16) arbeiten mehrere Spezialisten an der Korrektur eines Textes. Texte, die korrigiert werden müssen, wandern von Posten zu Posten. Je nach Klassengröße können mehrere parallel arbeitende Rechtschreibfließbänder gebildet werden. Die Anzahl der Spezialisten je Fließband hängt ab von der Anzahl der zu korrigierenden Aspekte. Es besteht auch die Möglichkeit, jeden Aspekt doppelt zu besetzen, um die Sicherheit zu erhöhen. Im Laufe der Zeit sollte die Zuständigkeit für einen bestimmten Aspekte der Rechtschreibung unter den Schülern wechseln. Das Verfahren stärkt die Rechtschreibfähigkeit und die Fehlerwahrnehmung.

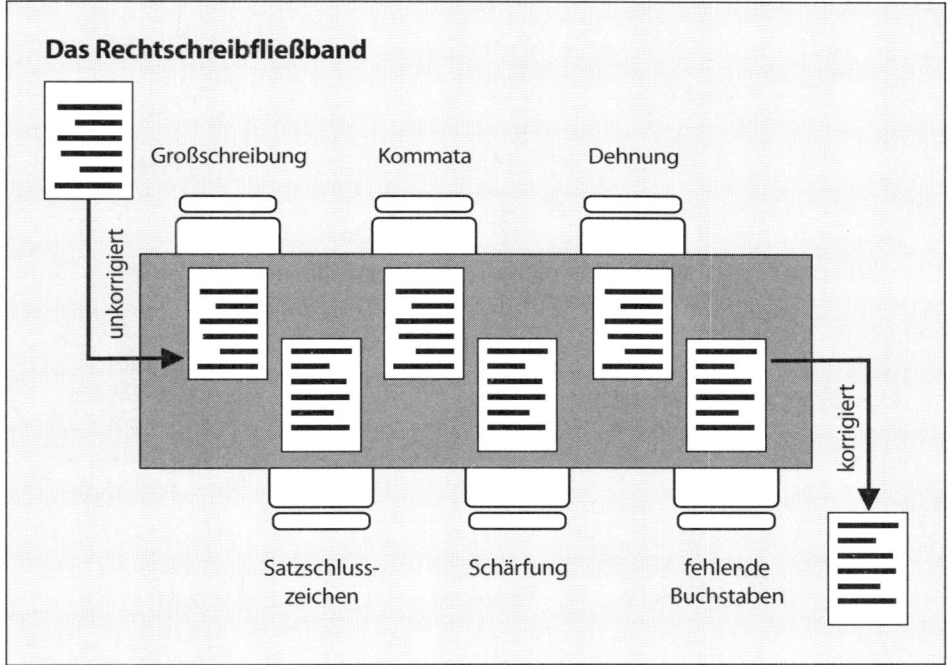

Abb. 16: Das Rechtschreibfließband

Zum Beispiel: einen Begriff erklären/definieren

Vier Schritte zur Definition eines Begriffes (Abb. 17):

1) Zu dem zu definierenden Begriff wird der Oberbegriff gesucht. Für den Begriff »Stuhl« ist dies der Begriff »Möbel«: Der Stuhl ist ein Möbel. Mit dem Begriff »Möbel« ist der Begriff »Stuhl« aber nur unzureichend definiert: auch der Schrank, der Tisch und das Regal sind Möbel.

2) Gesucht ist der artbildende Unterschied, also dasjenige, was den Stuhl von den anderen Möbeln unterscheidet. Dies ist die Bestimmung, dass der Stuhl ein Möbel zum Sitzen ist. Jetzt kann man definieren: »Der Stuhl ist ein Sitzmöbel.«
3) Es gibt aber außer dem Stuhl noch andere Sitzmöbel, nämlich den Sessel und den Hocker. Sessel, Hocker und Stuhl sind daher artverwandte Begriffe. Will man den Begriff »Stuhl« genauer bestimmen, muss man ihn von den anderen artverwandten Begriffen abgrenzen. Man kann sagen: ein Stuhl ist ein Sitzmöbel mit einer Rückenlehne; ein Sessel ist ein Sitzmöbel mit Rückenlehne und Armlehnen, ein Hocker ist ein Sitzmöbel ohne Lehnen.
4) Man kann nun den Begriff »Stuhl« noch weiter differenzieren, indem man mögliche Unterarten nennt: z.B. den Küchenstuhl, den Bürostuhl, den Gartenstuhl usw.

In diesen vier Schritten kann jeder Begriff definiert werden.

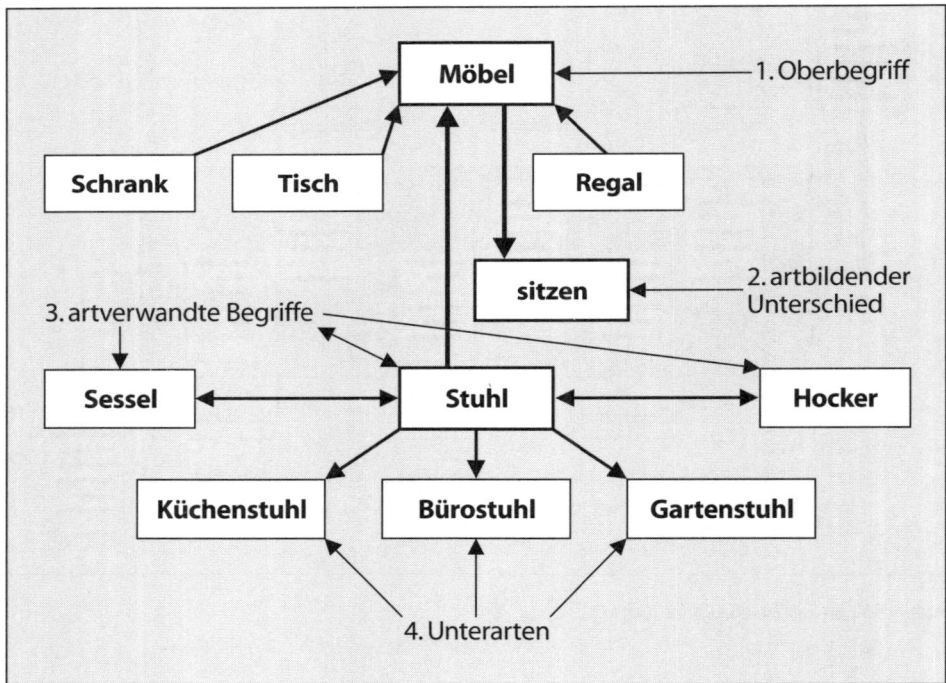

Abb. 17: Einen Begriff erklären

Zum Beispiel: aus anderen Texten zitieren

Das Zitat als wörtliche Übernahme aus anderen Texten:

- Ein Zitat wird durch Anführungszeichen gekennzeichnet.
- Das Zitat muss bis in jede Einzelheit mit dem Original übereinstimmen, d.h. dass auch »falsche« Rechtschreibung oder Zeichensetzung übernommen werden müssen.
- Eigene Hervorhebungen oder Erläuterungen werden mit dem Zusatz »Hervorhebung durch den Verfasser« gekennzeichnet.
- Auslassungen werden mit drei Punkten (…) kenntlich gemacht. Auslassungen, durch die der Sinn des zitierten Textes verändert wird, sind nicht zulässig.
- Bei jedem Zitat muss die Quelle genau angegeben werden:
  - bei *Buchtiteln:*
    Name, Vorname des Autors, Titel, Verlagsort, (evtl. Verlag,) Jahr, Seite
    (*z.B.:* Meyer, H.: Unterrichtsmethoden. Frankfurt a.M. [Scriptor] 1988, S. 95.)
  - bei *Aufsätzen aus einem Sammelband:*
    Name, Vorname des Autors, Titel, in: Name, Vorname des Herausgebers sowie Titel des Sammelwerkes, Verlagsort, (evtl. Verlag,) Jahr, Seite.
    (*z.B.:* Utz, H.: Das »Abenteuer« Feedback. Schüler bewerten den Unterricht. In: Buchen, H./Horster, L./Rolff, H.-G. [Hrsg.]: Schulleitung und Schulentwicklung. Berlin [Raabe] 1995, S. XX.)
  - bei *Zeitschriften:*
    Name, Vorname des Autors, Titel des Artikels, in: Name der Zeitschrift, Heftnummer, Jahr bzw. Jahrgang (in Klammern), Seite.
    (*z.B.:* Haenisch, H.: Gute und schlechte Schulen im Spiegel der empirischen Schulforschung. In: Westermanns Pädagogische Beiträge, 718, 1986, S. XY.)
- Die Quellenangaben können auf dem unteren Rand der Seite als Fußnote vermerkt oder am Ende in durchlaufender Nummerierung aufgeführt werden.

Zum Beispiel: eine Grafik/Tabelle anfertigen

Arbeitsschritte zur Anfertigung einer Grafik/Tabelle (Abb. 18):

- Das Thema der Grafik festlegen (z.B. deutsche Investitionen im Ausland)
- Die darzustellenden Elemente auswählen (Jahre und Investitionssummen)
- Das zu verarbeitende Material sichten (Zeitschriftenartikel, Internetadressen)
- Die geeignete grafische Darstellungsart festlegen (siehe Beispiel)
- Die Skalierung, den Maßstab, die Signaturen, die Farben festlegen, evtl. eine Legende erstellen (siehe Beispiel)
- Die grafische Umsetzung (evtl. mit dem Computer) realisieren
- Die Grafik/Tabelle im Hinblick auf die Kommunikationsabsicht überprüfen

Deutsche Investitionen im Ausland in der Zeit von 1990 bis 1999
Angaben in Milliarden DM*

besser als

Tabelle?

1990	1991	1992	1993	1994	1995	1996	1997	1998	1999
33,7	33,3	29,0	26,8	27,9	52,9	67,3	64,4	147,9	171,7

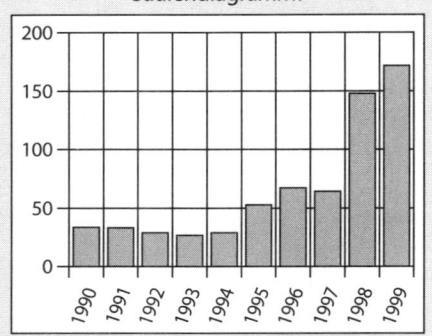
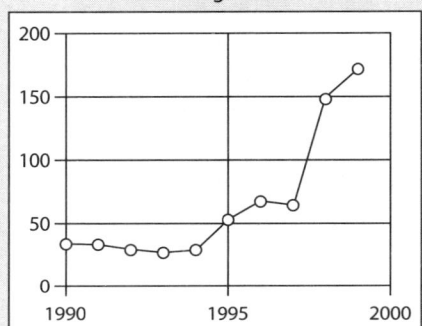

Und wie steht es um die Skalierung und den Maßstab?

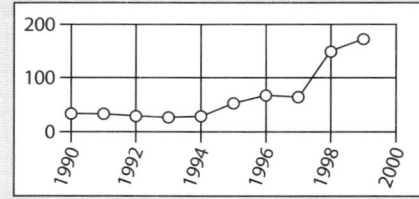
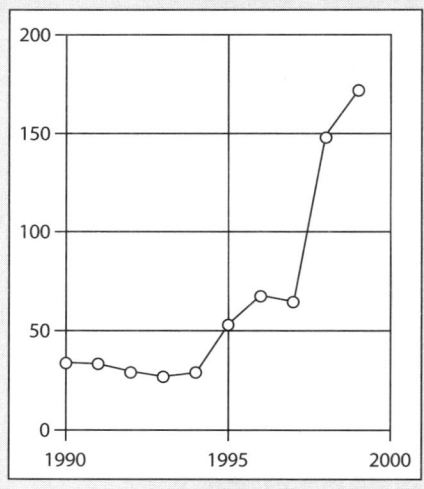

Abb. 18: Eine Grafik/Tabelle anfertigen

Zum Beispiel: Karten lesen (Abb. 19)

1. Schritt: Die Karte thematisch einordnen
- Wie lautet das Thema der Karte?
- Welches Gebiet stellt die Karte dar?
- Auf welche Zeit/welchen Zeitraum bezieht sich die Karte?
- Welche Frage beantwortet die Karte?

2. Schritt: Die Karte analysieren
- Was ist auf der Karte im Einzelnen dargestellt?
- Welche Bezeichnungen und Symbole finden sich auf der Karte?
- Worüber gibt die Legende Auskunft?
- Was lässt sich aus der Farbgestaltung der Karte schließen?
- Welche Information gibt der Maßstab über die Entfernungen zwischen verschiedenen Orten auf der Karte?

3. Schritt: Die Karte deuten
- Welche Aussage macht die Karte zu dem von ihr angesprochenen Thema?
- Woraus kann die Aussage geschlossen werden?

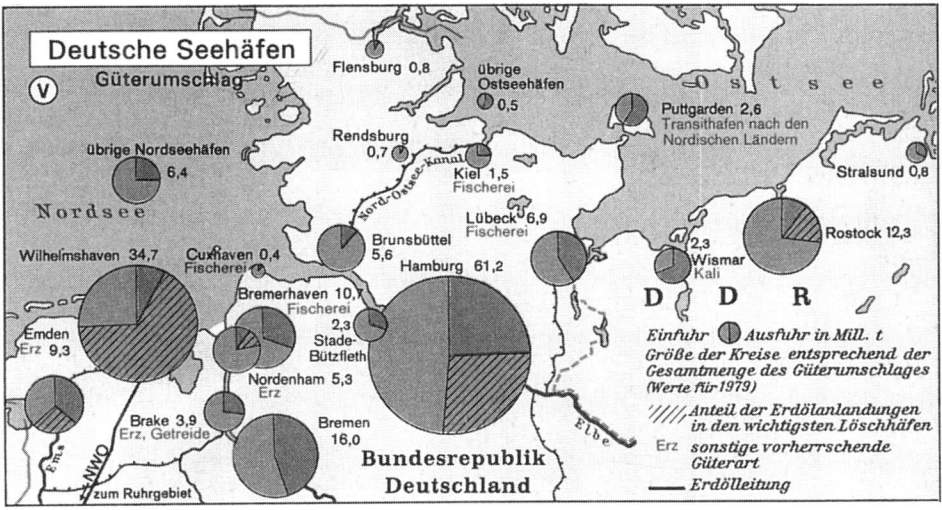

Abb. 19: Karten lesen

5. Das Methodenrepertoire erweitern

Die Forderung nach Erweiterung des Methodenrepertoires richtet sich auf die Nutzung von Formen selbst bestimmten und kooperativen Lernens sowie auf die Anreicherung von Formen angeleiteten Lernens

5.1 Formen selbst bestimmten und kooperativen Lernens nutzen

Angesichts der Tatsache, dass an vielen Schulen immer noch die Monokultur eines lehrerdominierten fragend-entwickelnden Unterrichtes vorherrscht, wird von zahlreichen Autoren (z.B. Gudjons, Klippert, Mayer, Vaupel) die Forderung erhoben, eine neue Lernkultur zu etablieren, in denen Formen eines selbst bestimmten und kooperativen Lernens einen größeren Stellenwert erhalten.

In diesem Zusammenhang kann man im Hinblick auf den Grad der Selbsttätigkeit und Selbststeuerung der Schüler/innen sowie die unterschiedliche Komplexität der Aufgabenstellung die folgenden Lernformen unterscheiden:

Stationenlernen

Die Aufgabe der Lehrperson besteht darin, den Unterrichtsstoff in kleinere, schülergerechte Abschnitte aufzuteilen und einzelnen Arbeitsstationen zuzuweisen. Jede Station ist ausgestattet mit Arbeitsmaterialien, Arbeitsanleitungen und Hinweisen zur Selbstkontrolle. Die Arbeitsmaterialien sollten so vielfältig wie möglich angelegt sein und – wenn es die Sache zulässt – nicht nur aus Texten und Arbeitsbögen bestehen.

Bauen die Stationen systematisch aufeinander auf, müssen sie in einer vorgegebenen Reihenfolge durchlaufen werden. Sind dagegen die Stationen so angelegt, dass sie unterschiedliche Aspekte eines Sachzusammenhanges oder eines Problems thematisieren, entscheiden die Schüler/innen selbstständig über die Reihenfolge, in der sie die Stationen durchlaufen. In beiden Fällen ist ihnen freigestellt, wie viel Zeit sie mit der Bearbeitung der verschiedenen Stationen zubringen wollen.

Arbeit mit Leittexten

Leittexte führen die Schüler/innen auf einem Lernweg zu einem klar vorgegebenen Ziel. Mithilfe von Leittexten können Schülerinnen und Schüler individuell und unabhängig von der Lehrperson ein eingerenktes Teilgebiet erarbeiten.

Hierzu erhalten sie die wichtigsten Informationen zu einem Thema in einem knappen, klar strukturierten Text, den sie für sich durcharbeiten.

Das Textverständnis kann überprüft werden, indem Fragen vorgegeben werden, die in Partner- oder Gruppenarbeit schriftlich zu beantworten sind. Alternativ kann sich an das Textstudium eine umfangreichere Aufgabenstellung anschließen, die nur dann bewältigt werden kann, wenn der Text verstanden worden ist.

Wochenplanarbeit

Ein Wochenplan besteht aus einer Liste von Aufgaben, die von allen Schülerinnen und Schülern verbindlich zu bearbeiten sind, sowie aus zusätzlichen Wahlaufgaben.

Je nach Schulform wirken bei der Aufstellung eines Wochenplanes Lehrpersonen unterschiedlicher Fächer zusammen.

Den Schüler/innen steht für die Bearbeitung des Wochenplanes eine Anzahl vorher festgelegter Unterrichtsstunden während der normalen Unterrichtszeit zur Verfügung. Sie haben dabei die Möglichkeit, ihren individuellen Lernwegen zu folgen, ihr Lerntempo zu bestimmen, thematische Schwerpunkte zu bilden und ihrer jeweiligen Motivationslage zu folgen.

Insofern stellt die Wochenplanarbeit ein Instrument zur inneren Differenzierung dar.

Freie Arbeit

Die Aufgabe der Lehrperson besteht darin, eine didaktisch gestaltete Umgebung/ein didaktisch gestaltetes Material bereitzustellen.

Die Schüler/innen wählen aus dem gegebenen Materialangebot den thematischen Schwerpunkt und – je nach Material – die Art der Bearbeitung. Sie bestimmen den zeitlichen Umfang ihrer Arbeit selbst. Je nach Anlage des Materials besteht auch die Möglichkeit, die Arbeitsergebnisse selbst zu kontrollieren.

Simulation

In Plan-, Entscheidungs- und Simulationsspielen werden wichtige Inhaltsbereiche und reale Konflikte und/oder Problemfelder spielerisch aufgegriffen und in verteilten Rollen durchgespielt. Dabei kommt es darauf an, in einer durch das Spiel vorgegebenen Situation mögliche Lösungsalternativen in der Auseinandersetzung mit den Spielpartnern zu entwickeln. Simulationen fördern ganzheitliches Lernen und selbstbestimmtes Handeln. Sie geben Impulse für die Entwicklung kreativer Problemlösungen und Entscheidungsalternativen. In der Interaktion der Rollenträger/innen wird die eigene Argumentationsfähigkeit in nicht vollständig vorhersehbaren und der eigenen Planung unterworfenen Situationen erfahrbar.

Erkundung

Erkundung ist eine Realitätsbegegnung mit der Alltagswelt der Lernenden. Es geht darum, Wirklichkeit in realer Anschauung und Erfahrung zu erfassen, zu ordnen und zu analysieren.

Erkundungen sind geplante und methodisch organisierte Wirklichkeitsbegegnungen, sie sind interaktionell angelegt. Sie verlangen von den Teilnehmer/innen aktives Verhalten. Im Unterschied zu Exkursionen, die geführt sind, bearbeiten die Teilnehmer/innen von Erkundungen selbst entwickelte, selbst gewählte oder angeregte Erkundungsaufträge in Eigenaktivität. (vgl. Handlungsmodelle und Methoden für politisch-soziales Lernen in Schule und Lehrerfortbildung. LSW Soest 1994, S. 275).

Handlungsorientiertes Lernen in Projekten

In Projekten vollzieht sich das Lernen in realen Handlungsabläufen und mit einer realen Zielvorstellung: der Herstellung eines gemeinsam verabredeten Produktes. Lernen in Projekten erfolgt, da es von den Schülerbedürfnissen her organisiert wird und sich daher selten auf begrenzte Stoffe oder Lernziele bezieht, fächerübergreifend, vielleicht sogar fächerverbindend. Im Idealfall bestimmt die Gruppe, die gemeinsam an einem Projekt arbeitet, das Ziel (das zu erstellende Produkt), entwirft selbst den Plan zur Verwirklichung, wählt die Mittel, korrigiert Fehlentscheidungen, führt das Projekt durch, bestimmt die Verwendung des Ergebnisses und beurteilt den Gesamterfolg.

Die in dem Projekt mitwirkende Lehrperson hat vor allem die Aufgabe, den gemeinsamen Arbeitsprozess zu moderieren sowie inhaltliche und organisatorische Hilfestellungen zu geben. Zusätzlich kann es erforderlich sein, im Vorfeld oder innerhalb des Projektes lehrgangshafte Phasen einzuschalten, um notwendige fachliche Voraussetzungen bereitzustellen.

Übersicht: Das Methodenrepertoire erweitern

Die folgende Übersicht zeigt Themenbeispiele zu den vorgestellten Methoden aus unterschiedlichen Fächern. Um breit gestreute Anregungen für die unterrichtliche Arbeit zu geben, sind die Beispiele so ausgewählt, dass möglichst viele Fächer und unterschiedliche Jahrgangsstufen vertreten sind.

Methode	Fach	Thema	Abbildung
Stationenlernen	Mathematik	Winkel	20–23
Arbeit mit Leittexten	Hauptseminar Lehrerausbildung	Anforderungen an die gute Lehrerfrage	24–26
Wochenplanarbeit	Deutsch, Gesellschaftslehre, Mathematik	je nach Fach unterschiedlich	27
Freiarbeit	Religion	Saul-David-Geschichten	28, 29
Simulation	Sozialwissenschaften	Rente mit 60?	30–34
Erkundung	Erdkunde	Eine Geschäftsstraße erkunden und kartografieren	35
Handlungsorientiertes Lernen in Projekten	Englisch	An Internet Yearbook	36
Einen Lehrervortrag interaktiv gestalten	Kunst	Josef Beuys und die soziale Plastik	37–39
Strukturen und Entwicklungen visualisieren	Deutsch	B. Brecht: Der gute Mensch von Sezuan	40
Übungs- und Vertiefungsphasen spielerisch gestalten	Mathematik	Bruch-Jagd	41
Eine abschließende Wiederholung situativ anreichern	Erdkunde	Die Bocholter Transportberatungs-Zentrale	42, 43

Laufzettel

Name:

- Wenn ihr eine Station bearbeitet habt, kreuzt das entsprechende Kästchen auf dem Laufzettel an und vergesst nicht, das Ergebnis zu kontrollieren!
- Versucht Wartezeiten zu vermeiden (möglich bei Station 1, 2, 3), indem ihr euch zunächst andere Aufgaben sucht.

Stations-nummer	Aufgabe	Fertig	Kon-trolliert
1	Winkel an Alltagsgegenständen		
2	Winkel blind ertasten		
3	Geometrie und Erdkunde (Städtebau)		
4	Für Geist und Körper (Nicht als 1. Station: Entspannungsübung)		
5	Konstruktion und Winkelbestimmung		
6	Üben mit Lernkarteien: einfachere Aufgaben		
7	Üben mit Lernkarteien: schwierigere Aufgaben		

Hausaufgabe:

Nehmt euch je nach Übungsbedarf Lernkarteien mit nach Hause. Bedenkt bei der Hausaufgabenwahl, dass ihr bis zum nächsten Montag Zeit habt!

Abb. 20: Zum Beispiel: Stationenlernen

Geometrie und Erdkunde (Städtebau)

Zur Entwicklung von Städten:

Mit sich ändernden Bedürfnissen/Weltbildern der Menschen änderte sich auch die Gestaltung ihres Lebensraumes und somit auch der Städte.
Damit kann man am Stadtbild erkennen, in welcher Phase eine Stadt oder ein Stadtteil erbaut wurde. Hier einige Grundmuster, die charakteristisch für bestimmte geschichtliche Phasen in Europa sind: Europäische Siedler übertrugen das Schachbrettmuster der römischen Städte auf Ortsgründungen in den USA. In den US-amerikanischen Städten gibt es

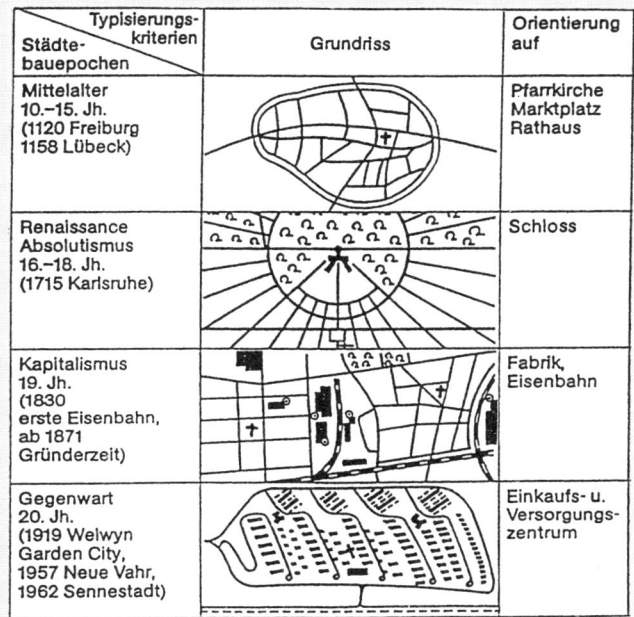

jedoch Abweichungen u.a. durch Diagonalstraßenverbindungen zwischen wichtigen öffentlichen Plätzen oder Gebäuden.

Arbeitsaufträge:

1. Wo findest du auf S. 158/159 im Dierke-Atlas das oben beschriebene Phänomen US-amerikanischer Städte?
2. Welchen Zweck erfüllt der Broadway in New York?
3. Um den Verkehrsfluss nicht zu beeinträchtigen, sollte im Kreuzungsbereich von Straßen kein Winkel auftreten, der kleiner als 30° ist. Überprüfe für den Broadway im Abschnitt zwischen Madison Square und Time Square, ob es Probleme geben kann! Wie viele Messungen musst du vornehmen? Die Zeichnung im Abakus auf S. 149 hilft dir, einen Überblick zu gewinnen.
4. Welche Lösungsmöglichkeiten fallen dir für die problematischen Straßenkreuzungen ein?

Abb. 21: Arbeitsblatt zu Station 3

Für Geist und Körper

Spielregel:

- Stellt euch auf einem Bein in unterschiedliche Winkelfelder der Figur auf dem Boden (mit Tesa-Krepp im Flur vor dem Klassenraum auf den Boden geklebt).
- Der/die Jüngere von euch fängt an und ruft entweder
    - Wechsel-,
    - Stufen-,
    - Scheitel- oder
    - Nebenwinkel.

  Nun müsst ihr beide von eurem Standpunkt aus gesehen auf einem Bein in den entsprechenden Winkel springen.
- Langes Überlegen ist dabei nicht erlaubt.
- Wenn jemand dabei nicht auf einem Bein stehen bleibt oder in den falschen Winkel springt, bekommt der Partner einen Punkt.
- Jeder darf 8-mal einen Winkel nennen.

Abb. 22: Arbeitsblatt zu Station 4

Konstruktion und Winkelbestimmung

Arbeitsauftrag:

- Zeichne zwei parallele Geraden in dein Heft.
- Zeichne zwei weitere parallele Geraden, die die ersten beiden schneiden (aber nicht im rechten Winkel).
- Welche Figur ist entstanden?
- Bezeichne die Winkel im Inneren der Figur mit griechischen Buchstaben und miss sie. Was fällt auf?
- Begründe!

Abb. 23: Arbeitsblatt zu Station 5

Anforderungen an die gute Lehrerfrage

Gute Lehrerfragen müssen folgenden Anforderungen genügen:

- Fragen dürfen nur in Verbindung mit Erfahrungen, früher Gelerntem, neuen Informationen oder vorgelegten Problemen gestellt werden.
- Fragen müssen klar und eindeutig sein. Klare und eindeutige Fragen umschreiben die Gesichtspunkte, auf welche die Lernenden bei der Antwort achten müssen. Sie lassen sie nicht im Unklaren darüber, in welcher Richtung zu suchen und zu überlegen ist. Unklare Fragen sind häufig daran zu erkennen, dass zur Hauptfrage gleich anschließend ergänzende Fragen gestellt werden.
- Die Lehrerfrage ist dem Niveau der Klasse anzupassen. Die Lehrkraft passt ihre Frage dem Niveau der Klasse an, wenn sie Wörter verwendet, die der Klasse bekannt sind und alle Schüler die Frage verstehen. Dies bedeutet aber nicht, dass Lehrkräfte keine komplexen Wörter oder Fragen mit höherem Anspruchsniveau verwenden dürfen, sonst trüge ihr Sprachverhalten nicht zur sprachlichen Förderung der Schülerinnen und Schüler bei. Sie müssen vielmehr sicherstellen, dass neue Wörter zunächst genügend genau erklärt sind, und sie dann bewusst verwenden, damit sie in den Sprachschatz der Lernenden eingehen.
- Es ist zwischen engen (geschlossenen) und weiten (offenen) Fragen zu unterscheiden. Die Abbildung zeigt den Unterschied. Auf enge (geschlossene) Lehrerfragen gibt es eine richtige Antwort.

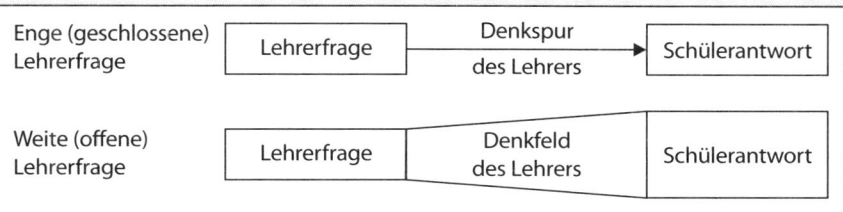

Die Lernenden folgen also der Denkspur der Lehrkraft. Auf weite (offene) Fragen gibt es mehrere mögliche Antworten, weil die Lehrkraft die Lernenden in ihr Denkfeld, nicht aber auf eine bestimmte Denkspur führt.
Es ist dafür zu sorgen, dass das Schema »Lehrerfrage – Schülerantwort« nicht zum alleinigen Muster wird. Schüler-Schüler-Interaktionen sind ebenso wichtig.

Vgl.: Rolf Dubs, Lehrerverhalten. SKV Zürich 1995, S. 93ff.

(Dieser Text und die nachfolgenden Aufgabenstellungen sind in einem Studienseminar als Leittext zur Erarbeitung des Themas »Lehrerfrage« eingesetzt worden.)

Abb. 24: Zum Beispiel: die Arbeit mit Leittexten (Grundlagentext)

Gewalt hat viele Gesichter

(…) Die Gewaltkommission der Bundesregierung definiert Gewalt als »die zielgerichtete, direkte, physische Schädigung von Menschen durch Menschen« sowie den »körperlichen Angriff auf Sachen«. Um diese direkte, körperliche Gewalt wird es in diesem Buch gehen. Im Zusammenhang mit der Jugendgewalt ist es zudem unumgänglich, den strafrechtlichen Gewaltbegriff einzubeziehen. Der Druck, den Jugendliche einsetzen, um andere zu einem bestimmten Verhalten zu zwingen, lässt sich oft als Nötigung im Sinne des Strafgesetzbuches einordnen. Nötigen kann man andere Menschen, indem man körperliche Kraft einsetzt, dem anderen wehtut, um sein Verhalten zu beeinflussen. Der Wille des anderen kann aber auch durch seelischen Zwang gebrochen werden, indem zum Beispiel ein Messer gezeigt wird oder dem Opfer auf andere Weise klargemacht wird, dass ihm Übles droht, sofern es sich dem Willen des Täters nicht beugt. Wirkt jemand in dieser Weise auf den Willen eines anderen ein, verhält er sich ebenfalls gewalttätig und begeht eine Straftat. Ebenso, wenn er jemanden verprügelt und damit eine Körperverletzung begeht. Diese offensichtliche, diese »große« Gewalt betrifft, wie wir sehen werden, die Jugendlichen immer stärker nicht nur als Täter, sondern auch als Opfer. Meist wird die körperliche Gewalt eingesetzt, um bestimmte Ziele zu erreichen. Die Ziele oder Motive des Täters können zum Beispiel so aussehen:

- Er setzt Gewalt ein, um einen Konflikt zu seinen Gunsten zu lösen.
- Er will ein bestimmtes Ziel erreichen, z.B. jemanden ausrauben (instrumentelle Gewalt).
- Die Gewalt macht ihm Spaß (expressive Gewalt).
- Er will auf sich aufmerksam machen (symbolische Gewalt).
- Grenzen werden ausgetestet (explorative Gewalt).

Ebenso wird in diesem Buch von Gewalt die Rede sein, wenn jemand einen anderen bewusst mit Worten oder Gesten verletzen will. Hierbei handelt es sich um physische Gewaltakte gegen das Opfer. Auch mit ihnen versucht jemand, über einen anderen Macht auszuüben, den anderen »klein« zu halten. Diese Form der Gewalt schließt zum Beispiel das Verächtlichmachen ein, unter Kindern kann es ein Bespucken sein. Jede Handlung, die den anderen demütigen und kränken soll, ist ein Ausdruck physischer Gewalt. Oft beeinträchtigt und schädigt sie das Opfer intensiver als die körperliche. Es ist besonders schmerzhaft, ausgegrenzt und geächtet zu werden.

Die physische, die »kleine« Gewalt einzubeziehen, ist deswegen notwendig, weil sie die Opfer oft ebenso hart trifft wie die »große« Gewalt. Das Gleiche gilt aus der Opferperspektive für körperliche Attacken, die noch unterhalb der Schwelle dessen bleiben, was man als Straftat, als Körperverletzung zum Beispiel, einordnen würde. Der Begriff »kleine« Gewalt im Gegensatz zur »großen« wurde vom Landesschulamt übernommen. Denn gerade in Schulen tritt die Form der kleinen Gewalt besonders häufig auf.

Abb. 25: Arbeitsmaterial

Im schulischen Zusammenhang hat sich in den letzten Jahren für solche Vorkommnisse der Begriff »Mobbing« etabliert. Der ursprünglich englische Begriff »bullying« bezeichnet beide Formen der Gewalt: die physische und die psychische. Den Ausdruck »Mobbing« dafür übernahm man hierzulande aus Skandinavien (das auf diesem Forschungsfeld bedeutend weiter ist als die Bundesrepublik). Weil er uns im Kapitel über die Gewalt an den Schulen immer wieder begegnen wird, soll hier genauer definiert werden, was darunter zu verstehen ist:

»Ein Schüler ist Gewalt ausgesetzt oder wird gemobbt, wenn er wiederholt und über eine längere Zeit den negativen Handlungen eines oder mehrerer Schüler ausgesetzt ist.«

Dabei können die Schüler »negative Handlungen« begehen durch:

- Worte: z.B. Drohen, Spotten, Hänseln, Beschimpfen,
- Körperkontakt: z.B. Schlagen, Stoßen, Treten, Kneifen oder Festhalten,
- ohne Worte oder Körperkontakt: z.B. Fratzen schneiden, schmutzige Gesten, Ausschluss aus einer Gruppe, Weigerung, den Wünschen eines anderen entgegenzukommen.
-

Diese Definition hat der norwegische Gewaltforscher Dan Olweus geschaffen. Sie hat den Vorteil, den inflationären Gebrauch des Begriffs »Gewalt« an Schulen im Zusammenhang mit allen möglichen Vorkommnissen einzudämmen. Denn die »kleine« Gewalt wird erst dann als Gewalt bezeichnet, wenn sie wiederholt vorkommt. Damit möchte Olweus gelegentliche Rempeleien und Hänseleien, die nicht ernsthaft sind und nur vereinzelt zwischen verschiedenen Schülern stattfinden, ausschließen. Der Gewaltbegriff »Mobbing« passt sich damit der Realität in der Schule an. Dort, wie auch sonst im Alltag, wird es immer kleinere, situativ bedingte Auseinandersetzungen geben, die nach wenigen Minuten vergessen sind. Anders verhält es sich nach Ansicht des Gewaltforschers, wenn Angriffe mit einem dauerhaft aggressiven Verhalten einer Person zusammenhängen und sie wiederholt auftreten. Dann liegt eine Gewaltsituation vor.

Körperliche Auseinandersetzungen gelten nach der »Mobbing«-Definition nicht als Gewalt, sofern die Schüler gleichberechtigt ihre Kräfte messen wollen. Das ist sinnvoll, wenn man den normalen Drang von Kindern berücksichtigt, Aggressionen im Kampf zu bewältigen (…)

(Wöbken-Ekert 1998, S. 16f.)

Abb. 25 (Fortsetzung)

> **Formulieren von Lehrerfragen (in Einzelarbeit)**
>
> - Bitte stellen Sie sich vor, Sie wollten das vorliegende Arbeitsmaterial (Gewalt hat viele Gesichter) in einer Lerngruppe behandeln.
> - Formulieren Sie zu diesem Zweck vier bis fünf Lehrerfragen, die Sie der Lerngruppe nacheinander stellen wollen.
> - Bitte berücksichtigen Sie dabei die »Anforderungen an die Lehrerfrage« nach Dubs.
>
> **Erproben der Lehrerfragen (in Partnerarbeit)**
>
> - Eine Person übernimmt die Rolle des Lehrers, die andere Person die des Schülers.
> - Die Lehrperson stellt ihre erste Frage im Sinne ihrer Planung, der Schüler antwortet.
> - Die Lehrperson stellt nun die zweite Frage: Kann sie dabei noch auf ihre schriftliche Planung zurückgreifen?
> - Der Frage-Antwort-Dialog wird fortgesetzt, bis das Material im Sinne der Lehrperson bearbeitet ist; anschließend werden die Rollen von Lehrer und Schüler gewechselt.
> - Bitte tauschen Sie sich nach Abschluss der Erprobung aus: Welche Erfahrungen haben Sie gemacht?

Abb. 26: Arbeitsaufträge

Zum Beispiel: Wochenplanarbeit

> »Der vorgestellte Wochenplan umfasst die Fächer Deutsch, Gesellschaftslehre und Mathematik und noch einen zusätzlichen Bereich »Konzentration«. Die Aufgabenstellungen beinhalten eine sehr breite Palette von Möglichkeiten für die Lernenden. Der Wochenplan enthält zum einen einige sehr eng auf ein Arbeitsblatt oder Übungsheft bezogene Aufgaben (…) Bei diesen Aufgaben besteht für die Schüler/innen die Möglichkeit zur Selbst- oder Partnerkontrolle. Der Plan formuliert zum anderen aber auch offenere Aufgabenstellungen, die den Schüler/innen individuelle Ausgestaltungsmöglichkeiten und die Entfaltung eigener Ideen ermöglichen.« (Wochenplan und Kommentar aus: Dieter Vaupel, Das Wochenplanbuch. Schritte zum selbstständigen Lernen. Beltz, Weinheim und Basel 1996, S. 119ff.)

Neben dem hier vorgestellten Typus von Wochenplan (Abb. 27) sind auch Wochenpläne möglich, die sich auf nur ein Fach beziehen. Im Hinblick auf den Freiraum für die Schülerinnen und Schüler kann man zwischen Wochenplänen unterscheiden, die sich eng an vorgegebene Materialien anlehnen, und solchen, die den Schüler/innen weithin selbstständig zu leistende Erkundungs- und Produktionsaufgaben stellen und dabei u.U. auch außerschulische Lernorte einbeziehen.

Wochenplan 9d für die Woche vom 13.12.–17.12.

Name: ....

Deutsch

* P1 Wähle dir aus dem Blatt »Charakterstudien« eine der drei Aufgaben aus.
* P2 Bearbeite die Wortliste in »Diktat fehlerfrei« auf Seite 23 nach den Regeln des Abschreibdiktates: Lesen – einprägen – abdecken – schreiben – vergleichen …
* W1 Du kannst eine weitere Aufgabe vom Blatt »Charakterstudien« bearbeiten.
* W2 Vielleicht hast du Lust, eine Plattenhülle für eine »Heiße Scheibe« zu entwerfen. Ideen findest du auf dem vorbereiteten Ideenblatt.

Aufgaben erledigt am: Kenntnis genommen:

Gesellschaftslehre

* P1 Festige mithilfe des Arbeitsblattes dein geografisches Grundwissen über Deutschland.
* W1 Mache dich mit dem Computerprogramm »PC Globe« vertraut, stelle dir selbst Aufgaben und orientiere dich auf der Deutschland- und Europakarte. Lass dir eine Karte ausdrucken und gestalte sie übersichtlich.
* W2 Du kannst auch eine Europa-Umrisskarte bearbeiten. Berichtige sie an den Stellen, an denen sie nicht mehr aktuell ist.

Aufgaben erledigt am: Kenntnis genommen:

Mathematik

* P1 Präge dir die Regeln Nr. 15 und 16 in deinem Übungsheft auf Seite 29 noch einmal ein und bearbeite die Aufgaben dieser Seite.
* W1 Wähle dir Aufgaben zur Bruchrechnung aus dem Übungsblatt aus und bearbeite sie zur Wiederholung.

Aufgaben erledigt am: Kenntnis genommen:

Konzentration
* P1 Wenn du eine Verschnaufpause brauchst, male das Mandala mit Farben deiner Wahl aus. Lass dich dabei durch andere nicht in deiner Ruhe stören.

Wochenplan-Zeiten: Mo. 4. Std., Di. 4. Std., Mi. 5. Std., Do. 3. Std.   P: Pflichtaufgabe
W: Wahlaufgabe

Abb. 27: Wochenplan für mehrere Fächer

Freiarbeit Religion: Saul-David-Geschichten

Absalom brachte Ammon um,	weil er seine Schwester vergewaltigt hatte.
Saul stellte David bei sich ein,	weil ihm sein Harfenspiel gut tat.
Dan schickte Addar als Boten los,	weil die Ammoniter Jabes belagerten.
Saul beging Selbstmord,	weil die Philister die Israeliten besiegt hatten.
Saul war eifersüchtig,	weil David beim Volk so beliebt war.
David musste aus Gibea fliehen,	weil Saul ihm nach dem Leben trachtete.
Abner hatte eine Narbe im Gesicht,	weil er im Kampf um Jabes verwundet worden war.
Nathan stellte David zur Rede,	weil er Uria die Frau weggenommen hatte.
Saul ging zur Totenbeschwörerin,	weil Gott ihm keine Antwort mehr gab.
Der Offizier Uria fiel im Kampf,	weil König David es angeordnet hatte.
Saul wurde von Gott verworfen,	weil er gegen Gottes Gebot Beute gemacht hatte.
Absalom machte sich überall beliebt,	weil er selber König werden wollte.

Abb. 28: Zum Beispiel: Freiarbeit (Satzbaukärtchen)

Freiarbeit Religion: Saul-David-Geschichten

Gute Gründe

Alles hat seinen Grund. Auch in der Davidsgeschichte. Wer sie kennt, weiß, wie etwas gekommen ist.

Beispiel:

| Samuel salbte David, | weil Gott Saul verworfen hatte. |

Du findest in dieser Hülle 24 Kärtchen, die 12 solcher Sätze ergeben.
Die Aufgabe besteht darin, die richtigen Gründe, also … Weil-Sätze, zuzuordnen.
Wenn du die Aufgabe beendet hast, kannst du dir ein Lösungsblatt abholen, um zu überprüfen, ob du die richtigen Zuordnungen getroffen hast.
Viel Spaß!

Satzbaukärtchen und Aufgabenblatt stammen von Manfred Jeub, Gymnasium Freiburg.
http://www.zum.de/schule/Faecher/evR/Vorrath/DAVID001.HTM

Abb. 29: (Aufgabenblatt)

Rente mit 60: (K)ein Weg zur Bekämpfung der Arbeitslosigkeit?

Eine rollengebundene Podiumsdiskussion zur arbeitsmarkt- und rentenpolitischen Debatte um die Einführung einer vorgezogenen Altersrente ohne Abschlag ab dem 60. Lebensjahr

Sozialwissenschaften, LK 13

Im Mittelpunkt der Unterrichtsstunde steht eine rollengebundene Podiumsdiskussion zur arbeitsmarkt- und rentenpolitischen Debatte um die Einführung einer vorgezogenen Altersrente ohne Abschlag ab dem 60. Lebensjahr mittels eines Tariffonds, um die frei werdenden Arbeitsplätze mit jüngeren Arbeitslosen zu besetzen. Dieser Reformvorschlag wurde zunächst vom Arbeitsminister der Bundesregierung der Öffentlichkeit vorgestellt. In leicht modifizierter Form findet dieses Modell auch mehrheitlich bei den Gewerkschaften Unterstützung, wobei diese insbesondere auf der Beteiligung beider Tarifpartner bei der Finanzierung bestehen. Heftige Kritik an diesen Plänen äußern hingegen die Arbeitgeberverbände, u.a. aufgrund des vermeintlichen Anstiegs der Lohnnebenkosten, sowie die Rentenversicherungsträger, die vor allem enorme finanzielle Lasten der Vorfinanzierung vorgezogener Altersrenten befürchten.

Die rollengebundene Podiumsdiskussion wird im Wesentlichen durch drei Phasen bestimmt: Vorbereitungs-, Durchführungs- und Auswertungsphase. In der Vorbereitungsphase wurden die Schülerinnen und Schüler mit der Ausgangssituation der Podiumsdiskussion vertraut gemacht, um dann jeweils das Material ihrer gewählten Rollenkarte gemäß der Aufgabenstellung zu bearbeiten. So wurden in arbeitsteiliger Gruppenarbeit die Positionen der verschiedenen rentenpolitischen Expertinnen und Experten erarbeitet, ein Eingangsstatement formuliert und ein vorläufiges Positionspapier mit ihrer spezifischen Rollenargumentation verfasst.

Die heutige Stunde beginnt nach einer kurzen Einführung in die Lernsituation durch den Lehrer mit der Durchführungsphase der Podiumsdiskussion.

Zu Beginn fordert der Moderator nach der Begrüßung des Publikums und der anwesenden Expertinnen und Experten diese zunächst auf, ihre Position in einem kurzen Eingangsstatement zu der Frage: »Rente mit 60: (K)ein Weg zur Bekämpfung der Arbeitslosigkeit?« gemäß ihrer Rollenkarte vorzustellen, um dann die eigentliche Diskussion zu eröffnen. Dabei soll ein ausgewählter Schüler als Leiter nicht nur die Wortmeldungen erteilen, sondern auch auf möglichst ausgewogene Beteiligung achten.

Neben den in den Rollenkarten skizzierten Rollen der Teilnehmerinnen und Teilnehmer sowie des Moderators der Debatte haben die übrigen Schülerinnen und Schüler die Aufgabe, in der Rolle als sachkundiges Publikum mithilfe eines Beobachtungsbogens den argumentativen Verlauf der Diskussion und das Verhalten der Expertinnen und Experten zu verfolgen.

(Das Konzept dieser rollengebundenen Podiumsdiskussion stammt von Werner Völlering, Fachlehrer für Sozialwissenschaften am Studienseminar SII Bocholt.)

Abb. 30: Zum Beispiel: Simulation (Didaktischer Kommentar)

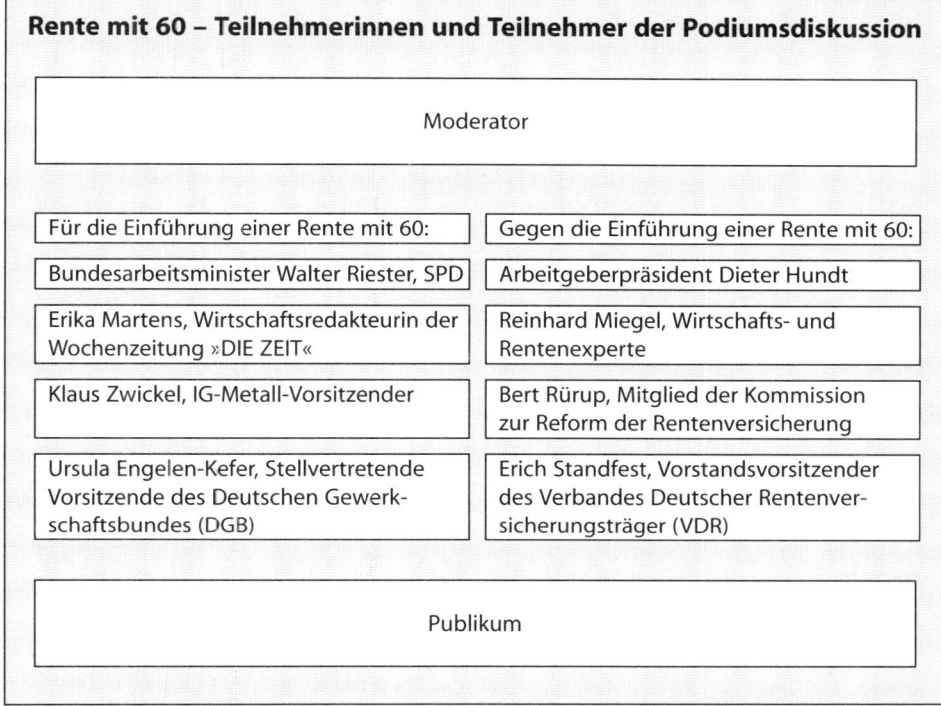

Abb. 31: Rollen und ihre jeweilige inhaltliche Position

Rollenkarte: Moderator/in der Podiumsdiskussion

Ihre Aufgaben im Verlauf der Podiumsdiskussion:

1. Zunächst begrüßen Sie das Publikum der Podiumsdiskussion.
2. Dann werden die anwesenden Expertinnen und Experten begrüßt und gemäß ihrer Funktion vorgestellt.
3. Im Anschluss daran erfolgt die Eröffnung der Podiumsdiskussion: Sie bitten zunächst die beteiligten Expertinnen und Experten, in einem kurzen Eingangsstatement ihre Position zur Themafrage zu verdeutlichen. (Wichtig: Achten Sie darauf, dass nicht alle Argumente schon genannt werden. Nur Kurzstatements zulassen!)
4. Nach den Eingangsstatements erklären Sie die Diskussion für eröffnet und bitten um Diskussionsbeiträge. Als Leiter der Diskussion erteilen Sie nicht nur Wortmeldungen, sondern achten auch auf eine möglichst ausgewogene Beteiligung.
5. Während der Diskussion ist es zudem Ihre Aufgabe, Diskussionsbeiträge zu bündeln und zu pointieren, gegensätzliche Meinungen zusammengefasst gegenüberzustellen sowie im Falle von ausbleibenden Wortmeldungen die Teilnehmerinnen und Teilnehmer zu provozieren.

Abb. 32: Spielauftrag für den Moderator

Rollenkarte zur Vorbereitung auf eine Expertenrolle

Ihre Aufgaben im Verlauf der Podiumsdiskussion:

1. Formulieren Sie anhand der Materialien Ihrer Expertengruppe (hier nicht abgedruckt) eine knappe Stellungnahme (Eingangsstatement) zum Thema »Rente mit 60 …«.
2. Notieren Sie zunächst stichwortartig die wesentlichen Argumente, die Ihre Stellungnahme stützen! Beziehen Sie dabei auch evtl. Gegenargumente der übrigen beteiligten Experten mit ein! Entwerfen Sie dann ein Positionspapier, das Ihnen als Grundlage in der Podiumsdiskussion dient!
3. Wählen Sie einen Rollenspieler bzw. eine Rollenspielerin aus, die/der in der Podiumsdiskussion den Standpunkt Ihrer Expertengruppe vorträgt und in der Kontroverse vertritt!

Abb. 33: Spielauftrag für Experten

Beobachtungsaufgaben für das Publikum

1. Haben die Expertinnen und Experten alle wichtigen Argumente vorgetragen oder fehlen wichtige Argumente?
2. Ist versucht worden, Argumente durch Gegenargumente zu entkräften?
3. Welche Argumente haben Sie besonders überzeugt und ggf. veranlasst, Ihre Meinung zu ändern?
4. Haben die Expertinnen und Experten sachlich argumentiert oder gab es ein eher unsachliches Argumentationsverhalten (persönliche Angriffe, Diffamierungen etc.)?

Abb. 34: Analyseleitfaden zum Diskussionsverlauf

Eine Geschäftsstraße erkunden und kartografieren

Erdkunde, Klasse 5
Sucht die Hauptgeschäftsstraße auf:
* Fertigt eine Karte dieser Straße an.
* Wählt eine Darstellungsform, die die Geschosszahl der Häuser erkennen lässt.
* Tragt die Nutzung der Häuser in die einzelnen Etagen ein.
Führt die Erkundung und Kartografierung jeweils in 4er-Gruppen durch.

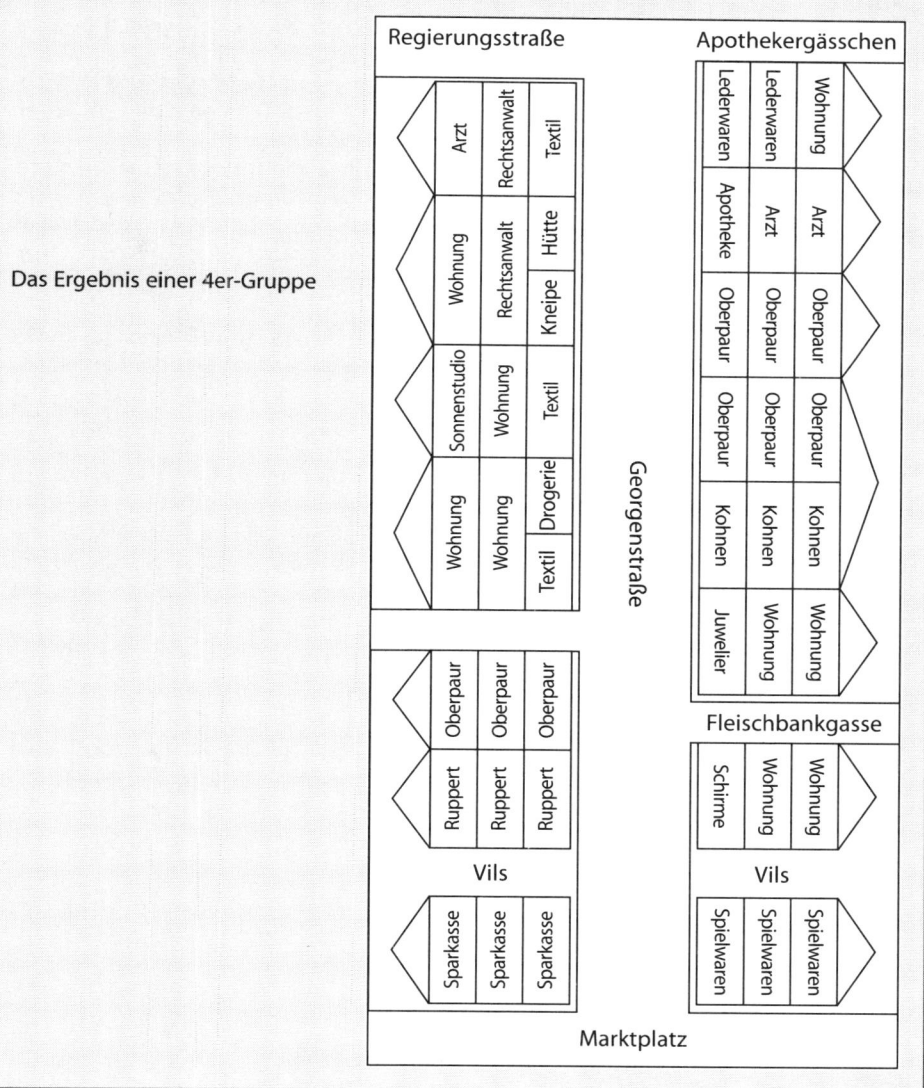

Abb. 35: Zum Beispiel: Erkundung (Erkundungsauftrag und Ergebnis)

An Internet yearbook

Would you like to create an Internet yearbook for youg English class? It can be fun, and you can get to know people in other countries. Here ist what you can do:
1. Before you start, have a look at the yearbooks already on the Internet. You will find a list of them at … or you can type in the word »yearbook«.
2. Look at them carefully and make two lists: the things that you like about them and the things you don't like. Discuss your lists in class and decide what you want in your yearbook.
3. A number of different types of layout are possible. Discuss which layout is best for what you want to do.
4. Perhaps you want to create a page for each pupil in your class. Discuss what information you want to give about each person and make a list or form on a sheet of paper. Each person then starts to produce his/her own individual page.
5. And what do you do together? Some people can write about the subjects and projects that you have done, and the excursions you have gone on during the last year.
6. Collect photos of your class and your teachers. Or take new photos or make drawings if you want to. Scan in pictures of all the people in your group.
7. Now choose the layout from the web package and enter the information in the layout. Add the photos and drawings, if you have a scanner.
8. Your English teacher or the »expert« in your class can then publish all the pages on the Internet. If you want it in book form, you can print it out and take it home or send to your family and friends.

This is what you need:
Software: netcape 3 or higher, soundrecording software (it comes with the soundcard), a graphics program (for example Photoshop) and a web package.
Hardware: Windows-based PCs or Macs with 16 MB RAM, 100 MB free space on the hard disk, a graphics card to support at least 800 x 600 pixels 24 Bit (2 MB card), a soundcard and a connection to the internet. Optional: a scanner and a printer. Of course, there are other ways. The important thing is: it should be your yearbook and it should be FUN!!!
aus SWIFT, Klett 1990
Der Fremdsprachliche Unterricht Englisch 4/1999, Friedrich Verlag, S. 21.

Abb. 36: (Arbeitsanleitung für ein Projekt)

5.2 Formen angeleiteten Lernens anreichern

Die im vorangegangenen Kapitel vorgestellten Lernformen haben vor allem dann ihren Wert, wenn es darum geht, die lebenspraktische Nutzung von Kenntnissen und Fertigkeiten zu üben. Sie können aber die Erfordernisse schulischen Lernens nicht in Gänze abdecken.

Weinert fordert darüber hinaus die Vermittlung »intelligenten Wissens« als eine wesentliche Aufgabe des Unterrichts. Hierzu haben sich nach Weinert »Formen einer lehrergesteuerten, aber schülerzentrierten »direkten Instruktion« als besonders effizient erwiesen«. In diesem Zitat werden zwei scheinbar einander ausschließende Begriffe zusammengespannt: »lehrergesteuert« und »schülerzentriert«. Dies macht deutlich, dass es in unserem Zusammenhang nicht einfach darum gehen kann, traditionelle Unterrichtsformen unter Hinweis auf ihre auch aktuell große Verbreitung mal wieder aufzuwerten und denjenigen Lehrkräften Mut zuzusprechen, die sich ihrer schon immer und ohne jede Variation bedient haben. Es kommt vielmehr darauf an, diese Unterrichtsformen auf eine neue Weise zu benutzen, die Weinert als »schülerzentriert« bezeichnet, mit einem Begriff also, den wir üblicherweise als Gegenbegriff zum »Frontalunterricht« verstehen und den wir mit den traditionellen Lehrverfahren in Verbindung zu bringen uns angewöhnt haben.

Es stellt sich somit die Frage, ob und wie ein lehrergesteuerter Frontalunterricht zugleich schülerzentriert sein kann. Die Antwort hierauf hängt nicht so sehr von den einzelnen Lehrverfahren selbst ab, sondern wie und in welchem Kontext sie eingesetzt werden. Das Ziel sollte darin bestehen, Lernsituationen herzustellen, in denen sich die Schülerinnen und Schüler zu den von der Lehrperson dargebotenen Inhalten aktiv und interagierend verhalten können und in denen ihr Vorwissen, ihre positiven oder negativen Voreinstellungen, ihre Fragen und Erfahrungen von Belang sind. Dies kann durch unterschiedliche Mittel erreicht werden, z.B. durch Kombination von darbietenden Verfahren mit Verfahren der Moderationsmethode, durch Formen der Visualisierung, durch spielerische Gestaltung oder situative Anreicherung. Jede dieser prinzipiell bekannten aber immer noch zu selten genutzten Möglichkeiten soll hier mit einem Beispiel vorgestellt werden.

Zum Beispiel: Einen Lehrvortrag interaktiv einbetten

Ein nach dem folgenden Muster (Abb. 37) vorbereiteter Lehrvortrag wird sicherlich optimal strukturiert sein. Gleichwohl genügt er noch kaum der Forderung nach Schülerzentriertheit im Sinne von Weinert, auch kann noch nicht von einer interaktiven Situation die Rede sein, wenn man diesem Vorschlag folgt. Dies liegt daran, dass die Aspekte, die sich unmittelbar auf die Adressaten des Vortrages beziehen, diese nicht direkt zu Wort kommen lässt, sondern stellvertretend für sie Entscheidungen und Bewertungen trifft.

> **Struktur eines Lehrvortrags**
>
> Die einzelnen Aspekte sollten auf die Schülerinnen und Schüler gerichtet ausgeführt werden. Vortragszeit in der Regel nicht mehr als 20 Minuten.
>
> 1. Einleitung (ca. 2–3 Minuten):
>
> - Thema nennen und Aufmerksamkeit wecken;
> - Bedeutung für die Lerngruppe persönlich und im Rahmen der Unterrichtsreihe ausführen, dadurch Zuhörbereitschaft schaffen;
> - Bezug zum vorhergehenden Unterricht darstellen;
> - u.U. thematische Problematisierungen ausführen;
> - (Informationsquellen anführen;)
> - Gliederung des Lehrvortrages vorstellen.
>
> 2. Hauptteil (ca. 12–15 Minuten):
>
> - Fakten und Informationen zum Thema darstellen;
> - Gliederung einhalten und Zwischenüberschriften benennen;
> - Vorwissen und Einstellungen der Lerngruppe aufgreifen und berücksichtigen;
> - Zwischenzusammenfassungen geben.
>
> 3. Schlussteil (ca. 1–2 Minuten):
>
> - wichtige Fakten und Ergebnisse zusammenfassen;
> - (eigene Interpretation/Position kurz und präzise anführen;)
> - zum weiteren gemeinsamen Gespräch anregen.
>
> (Ralf Langhammer, Lehrvortrag – »Gut« gemacht. Pädagogik 5/98, S. 18)

Abb. 37: Anleitung für einen Lehrvortrag

So kann die Lehrperson zum Stichwort »Bedeutung für die Lerngruppe persönlich ausführen« nur Mutmaßungen darüber anstellen, welche Bedeutung das Thema nach ihrer Ansicht für die Schülerinnen und Schüler besitzt, wobei diese eine völlig andere Auffassung vertreten können. Ähnliches gilt für den Hinweis »Vorwissen und Einstellungen der Lerngruppe aufgreifen und berücksichtigen«: Vorwissen und Einstellungen der Lerngruppe sind der Lehrperson nicht bekannt, wenn der Lehrvortrag z.B. eine Unterrichtsreihe eröffnet.

Eine Möglichkeit, diese Schwierigkeit zu beheben, besteht darin, dem Lehrvortrag ein Brainstorming voranzuschicken, in dem die Schüler/innen die Möglichkeit erhalten, ihr Vorwissen und ihre Voreinstellungen zum Thema zu äußern. Dies gibt der Lehrperson Gelegenheit, sehr genau auf die Vorerfahrungen der Schülerinnen und Schüler einzugehen und sich nicht nur im Bereich der Mutmaßungen darüber aufzuhalten, was die Schülerinnen und Schüler interessieren könnte. Die Lehrperson kann sich so auf die tatsächlichen Erwartungen einstellen und, was vielleicht noch wichtiger ist, Widerstände und Einwände bearbeiten, die nicht zur Sprache kommen, wenn die Voreinstellungen der Lerngruppe nicht abgefragt werden.

In einem Leistungskurs Kunst der Jahrgangsstufe 13 führte der Lehrer in eine Unterrichtsreihe über das Thema »Josef Beuys und die soziale Plastik« durch einen Vortrag ein, in dem er seinen Schülerinnen und Schülern die Bedeutung des Künstlers nahe zu bringen versuchte. Die Kursmitglieder hatten aber eher den Eindruck, dass ihr Kursleiter über sie hinwegredete, dass er ihre Fragen und Einwände nicht zur Kenntnis nahm, sodass ihnen keine Möglichkeit gegeben war, sich mit dem Künstler und seinem Werk wirklich auseinander zu setzen. Für die Schülerinnen und Schüler war klar, dass sie die Auffassung ihres Lehrers zu übernehmen hatten. Platz für eine kritische Aneignung auf der Grundlage von Aufgabenstellungen, war nicht gegeben, auch wenn ihr Lehrer beteuerte, sie nicht zu einer bestimmten Haltung überreden zu wollen.

1. Brainstorming als Hinführung zum Thema des Lehrvortrages:
   Was fällt euch ein zu …/Was verbindet ihr mit …?
   L notiert an der Tafel, auf Plakat, auf Flipchart und nimmt gemeinsam mit der Lerngruppe eine grobe Sortierung vor.

2. Überleitung zum Lehrvortrag:
   Kurze Darstellung der Gliederung, Hinweis auf Gliederungspunkte, die sich auf im Brainstorming erhobene Aspekte beziehen werden.

3. Lehrvortrag im Sinne der von der Lehrperson getroffenen Vorbereitungen.
   Dabei deutliche Akzentuierung des Inhaltes unter Bezugnahme auf die im Brainstorming genannten Aspekte.
   Dabei können auch Schülerinnen und Schüler direkt angesprochen werden, die einen bestimmten Aspekt in das Thema eingebracht haben.

4. Stellungnahme der Schülerinnen und Schüler zum Lehrvortrag:
   Haben sich gegenüber dem Brainstorming Veränderungen ergeben, sind Zusammenhänge deutlicher geworden, sind neue Fragen aufgetaucht?

5. Arbeit der Schüler/innen an Materialien zum Thema des Lehrvortrages
   auf der Grundlage von Aufgabenstellungen
   – die die Lehrperson vorbereitet hat,
   – die sich in Auseinandersetzung mit dem Lehrvortrag ergeben haben.

Abb. 38: Anleitung für einen interaktiven Lehrvortrag

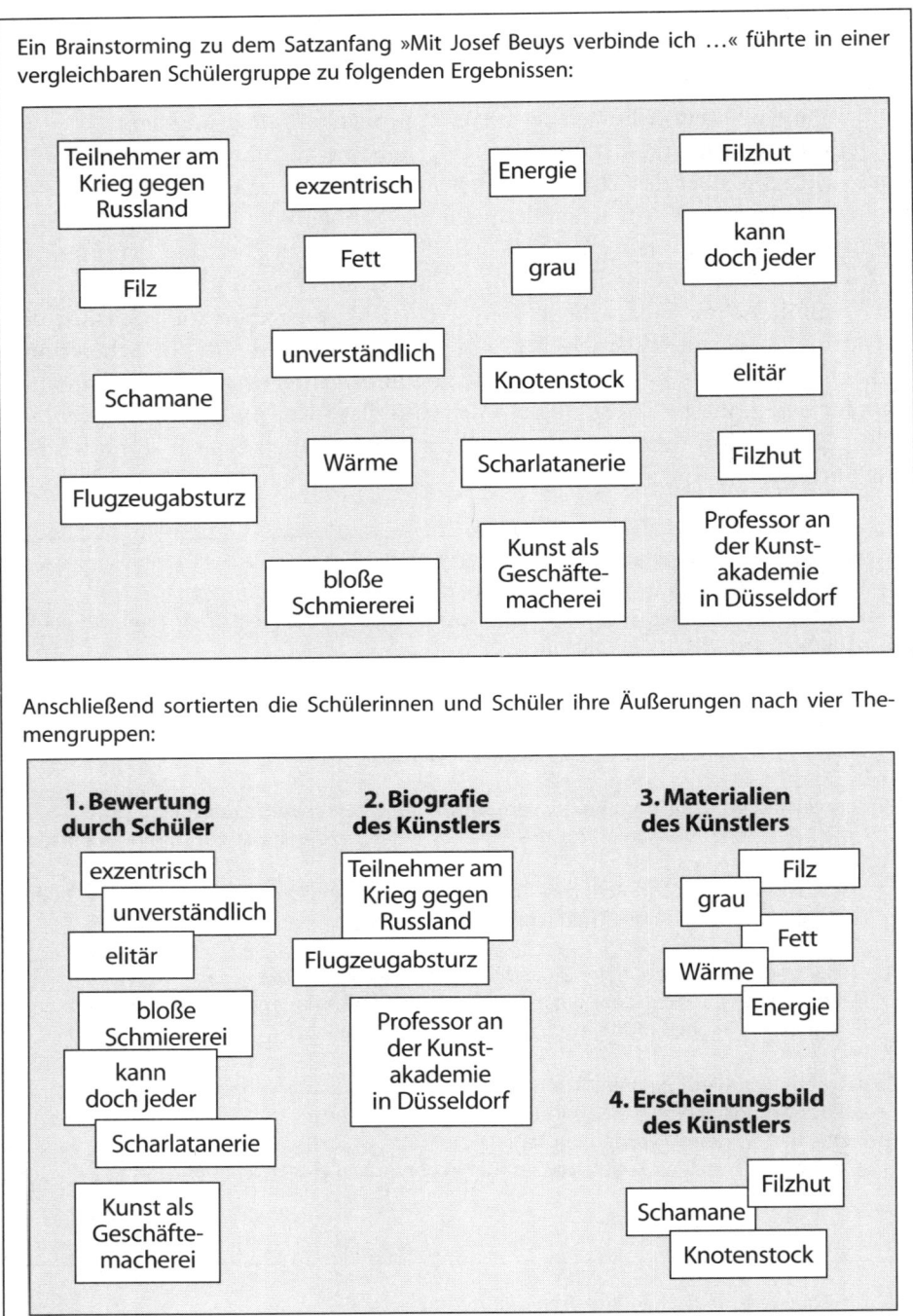

Abb. 39: *Brainstorming als Hinführung zu einem Lehrvortrag*

Das Methodenrepertoire erweitern **127**

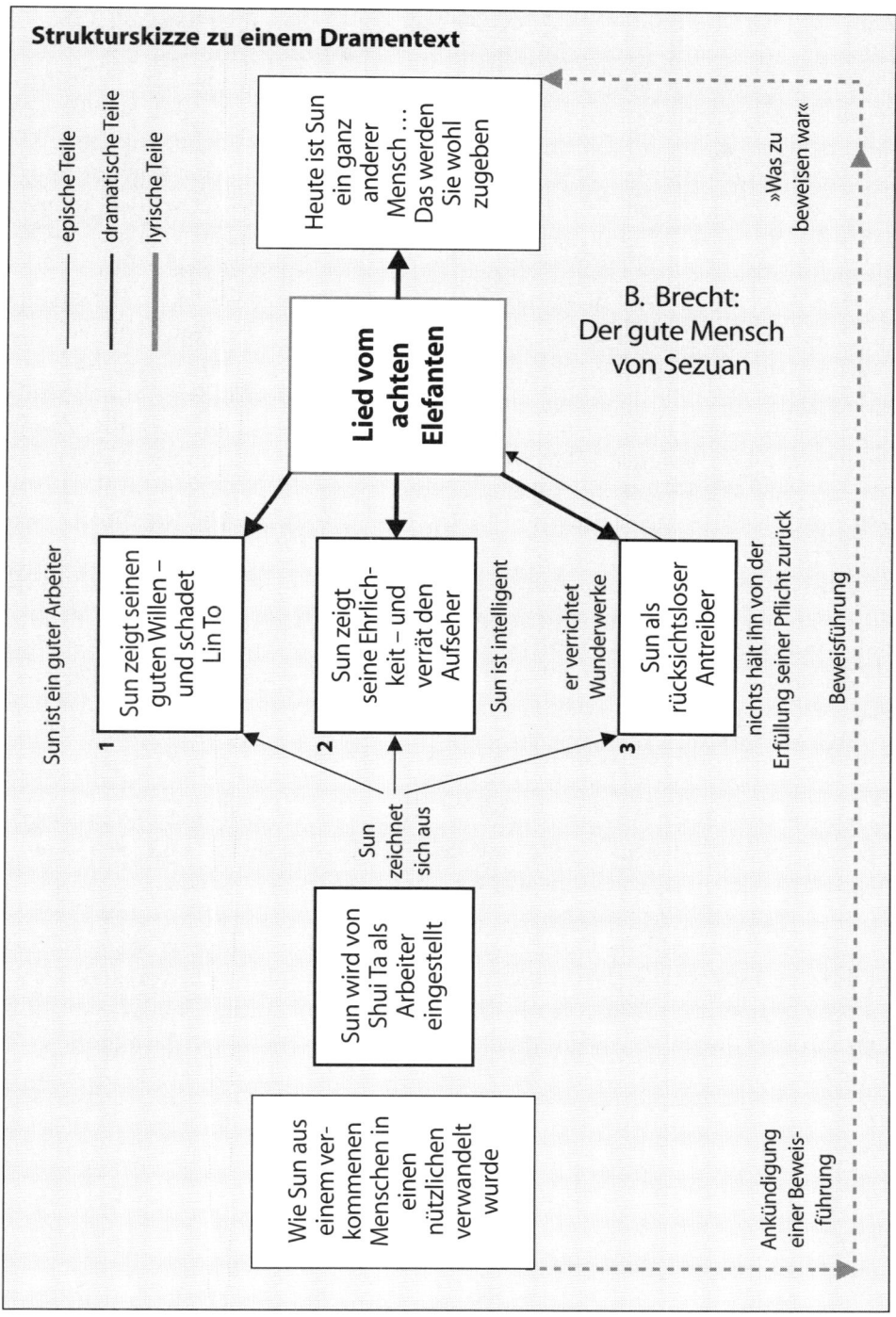

Abb. 40: *Zum Beispiel: Strukturen und Entwicklungen visualisieren*

Zum Beispiel: Übungs- und Vertiefungsphasen spielerisch gestalten

Viele Lehrkräfte verzichten im Unterricht auf Übungsphasen, weil sie nach ihrer Vorstellung von schülerorientiertem Unterricht nicht »attraktiv« sind. Sie vertagen sie auf die Zeit nach der Schule und geben sie den Schüler/innen zur häuslichen Arbeit auf. Dadurch sind in vielen Fällen für die Schüler/innen keine Korrekturmöglichkeiten gegeben, wenn sie denn nicht von den Eltern geleistet werden können. Auf jeden Fall aber ist die Arbeitsform »üben« in der häuslichen Vereinzelung für die meisten Schüler/innen keine Tätigkeit, der sie mit Vergnügen nachgehen.

Hier kann die spielerische Gestaltung von Übungsphasen im Unterricht Abhilfe schaffen. Neben einer positiven affektiven Einstimmung der Schülerinnen und Schüler können Übungsphasen hierdurch interaktiv angelegt werden; über die jeweilige Spielregel wird die Steuerung und Kontrolle des Arbeitsprozesses an eine Schülergruppe überantwortet, ebenso wird die Geschwindigkeit, mit der die Übung durchlaufen wird, von den Schüler/innen selbst bestimmt. Die implizite Zielorientierung eines jeden Spiels trägt dazu bei, dass Phasen der Untätigkeit mit hoher Wahrscheinlichkeit vermieden werden. Insofern können durch den Einsatz von Spielformen *Übungsphasen schülerzentriert* gestaltet werden.

Das hier vorgestellte Beispiel »Bruch-Jagd« aus dem Mathematikunterricht zeigt die Möglichkeit, mit dem Grundmuster des Würfelspiels die Addition und Subtraktion von Brüchen zu üben. Derartige Spiele können von Lehrkräften relativ einfach für die unterschiedlichsten Fächer und Gegenstände hergestellt werden. Dabei kann man sich an den allseits bekannten Grundmustern von Würfel-, Karten- sowie Frage-und-Antwort-Spielen orientieren.

Ein Spiel für 2 bis 4 Personen. Ihr braucht einen Bruchwürfel mit den Brüchen 1/2, 2/3 und 3/4 (jeweils zweimal auf dem Würfel vorhanden) und jeder einen Spielstein. Die Spielsteine werden auf das Startfeld gesetzt. Reihum wird gewürfelt. Die gewürfelte Zahl wird zu der Zahl des eigenen Feldes addiert. Das Ergebnis gibt das neue Feld an. Kommt man auf ein Feld mit Pfeil, so muss sofort das Feld gewechselt werden. Ist das Ergebnis auf dem Spielplan nicht vorhanden, so muss die gewürfelte Zahl von der Feldzahl subtrahiert werden. Einigt euch, ob ihr mit oder ohne Rauswerfen spielen wollt. Sieger ist, wer zuerst das Zielfeld erreicht.

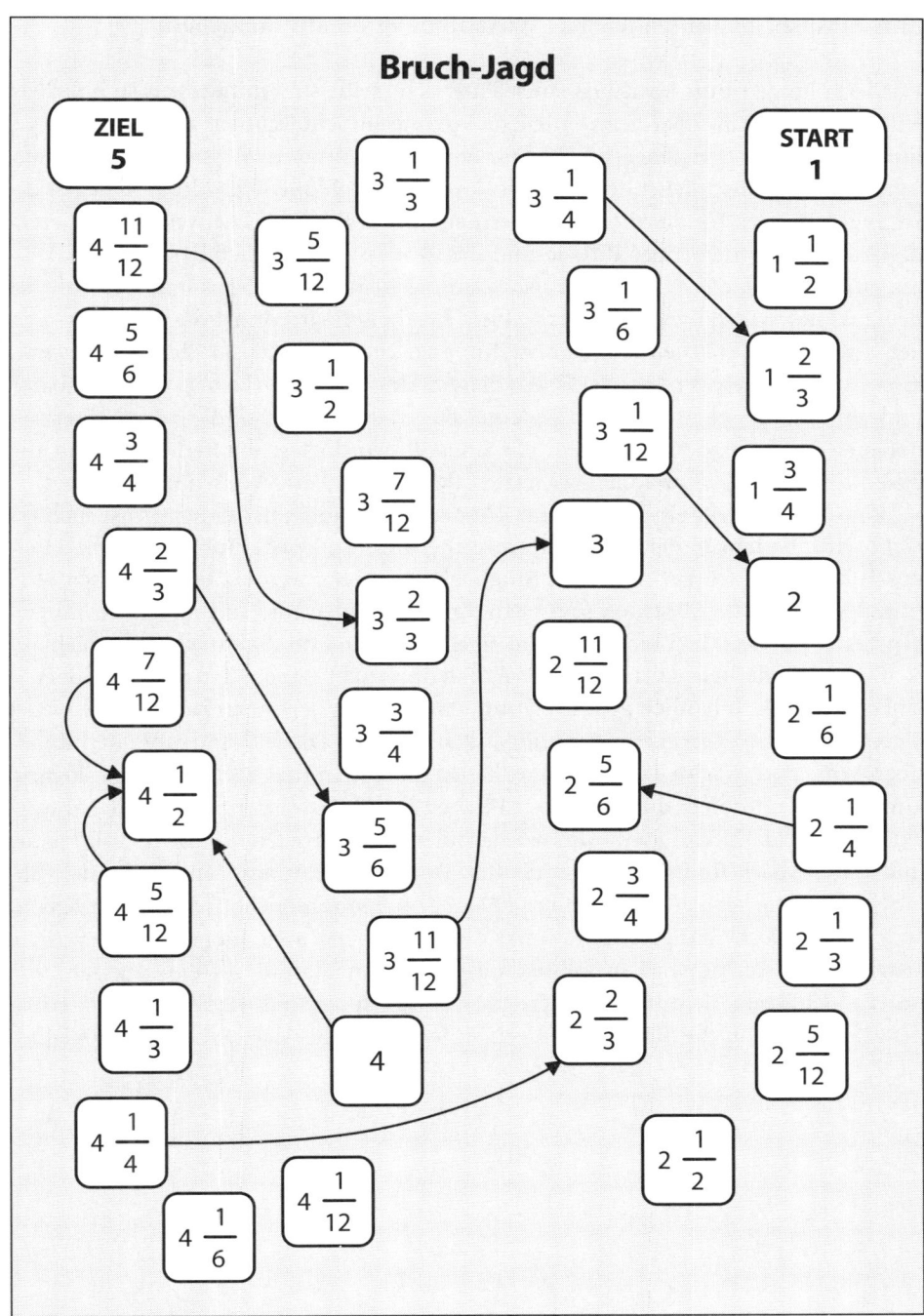

Abb. 41: Spielplan

Zum Beispiel: eine abschließende Wiederholung situativ anreichern

Wiederholungen zum Abschluss einer Unterrichtsreihe sind mindestens so unbeliebt wie Übungsphasen, überdies werden sie von vielen Schülerinnen und Schülern gefürchtet, weil sie in der Regel Anlass für eine Benotung ihres Wissensstandes bieten. Inhaltlich sind abschließende Wiederholungen oft als bloße Reproduktion des in der vorangegangenen Unterrichtsreihe gelernten Stoffes angelegt. Die wenig motivierende Inszenierung derartiger Rituale und das Bewusstsein der Schüler, dass der Wissensstoff nach der Wiederholung gleichsam »abgehakt« werden kann, weil mit der neuen Unterrichtsreihe ein »neues Gebiet« bearbeitet wird, führt oft dazu, dass Lernen auf solche punktuellen Ereignisse hin angelegt wird und darüber hinaus wenig Sinn für die Lernenden besitzt. Ein in diesem Sinne linear auf einen vorhersehbaren Endpunkt ausgerichtetes Lernen bedeutet das exakte Gegenteil der von Weinert erhobenen Forderung: »Es geht um ein sinnvoll geordnetes, untereinander und mit vielen Anwendungssituationen vernetztes, flexibel nutzbares Wissen und Können.«

Eine Möglichkeit, ein Wissen und Können aufzubauen, das diesem Anspruch gerecht wird, besteht in der situativen Anreicherung von Wiederholungsphasen. Hierdurch kann den Schüler/innen die Möglichkeit geboten werden, den gelernten Stoff in unterschiedlichen Bezügen selbstständig anzuwenden und mit ihm nicht nur reproduktiv, sondern fallbezogen und in eigenständigen Entscheidungen umzugehen.

Das folgende Beispiel aus dem Erdkundeunterricht (Abb. 42) vermittelt hiervon einen Eindruck. Inhaltlich geht es darum, dass die Schüler/innen zum Abschluss der Unterrichtsreihe »Verkehrsmittel und Verkehrswege in Deutschland« ihre Kenntnisse über Vor- und Nachteile unterschiedlicher Verkehrsmittel darstellen. Im Prinzip könnte dieses Problem durch bloßes Abfragen bewältigt werden. Indem die Lehrerin jedoch die didaktische Funktion »wiederholen und vertiefen« in einen Fall kleidet und durch die Erfindung der »Bocholter Transportberatungs-Zentrale« mit Realitätsbezug anreichert, eröffnet sie ihren Schüler/innen zahlreiche Handlungsmöglichkeiten zur selbstständigen Gestaltung, die den Wiederholungscharakter vergessen lassen. Das Gelernte wird in selbstständiger Argumentation auf eine Vielzahl von unterschiedlichen Bedingungen bezogen und entsprechend variiert. Damit erhält der »Lernstoff« für die Schüler/innen einen Sinn, der über das »Fach« hinausreicht.

Die Bocholter Transportberatungs-Zentrale – Erdkunde Klasse 6

Die Schülerinnen und Schüler sollen zum Abschluss der Unterrichtsreihe zum Thema »Verkehrsmittel und Verkehrswege in Deutschland« ihre Kenntnisse über Vor- und Nachteile unterschiedlicher Verkehrsmittel sowie ihre Fähigkeit zur Beschreibung von Verkehrswegen anwenden und vertiefen.

Als Situation wird vorgegeben:

Die Auftragsannahme der Bocholter Transportberatungs-Zentrale (BTZ) hat am 25.5.1999 telefonisch 5 Transportaufträge für die Strecke von Stuttgart nach Bremen erhalten (siehe Gesprächsnotizen).

Die Schüler der Klasse 6c sind Mitarbeiterinnen und Mitarbeiter der Bocholter Transportberatungs-Zentrale (BTZ). Die 5 Abteilungen der Bocholter Transportberatungs-Zentrale (BTZ) sollen Vorschläge zur Lösung der 5 Transportaufträge erarbeiten.

Die Lösungen der 5 Abteilungen werden in einer Betriebskonferenz der BTZ vorgestellt und diskutiert: Entsprechen die ausgearbeiteten Lösungsvorschläge den Kundenwünschen? Sind Alternativen denkbar?

Materialien:

Den Schülerinnen und Schülern steht neben dem Arbeitsblatt mit den Gesprächsnotizen ein Atlas, die Kopie einer Deutschlandkarte sowie die Kopie je eines Stadtplanes von Stuttgart und Bremen zur Verfügung.

(Konzept und Aufgabenstellung stammen von Andrea Laabs, Studienreferendarin am Studienseminar SII Bocholt)

Abb. 42: Didaktischer Kommentar

Die Bocholter Transportberatungs-Zentrale – Erdkunde Klasse 6

Auftrag 1:
Gesprächsnotiz vom 25.5.1999
* Herr Ferdinand Schwenk
* Geschäftsmann einer Computerfirma
* Reisetag 27.05.1999
* von Bremen nach Stuttgart
* so schnell wie möglich (hat wenig Zeit)
* reist auf Geschäftskosten (Geld spielt keine Rolle)

Auftrag 2:
Gesprächsnotiz vom 25.5.1999
* Herr Leifkes von Mercedes-Benz
* vom Mercedes-Benz-Werk in Stuttgart zu einem Autohändler nach Bremen
* es sollen 7 PKW der Firma Mercedes-Benz transportiert werden
* möglichst unkompliziert und direkt
* darf nicht unangemessen viel kosten

Auftrag 3:
Gesprächsnotiz vom 25.5.1999
* Frau Hüttermann
* von Bremen nach Stuttgart
* es sollen 100 t Schrott (in kleinen Teilen) zum Recycling transportiert werden
* möglichst billig und umweltverträglich
* Dauer des Transports ist nicht so wichtig

Auftrag 4:
Gesprächsnotiz vom 25.5.1999
* Firma Müller Sumpf
* von Stuttgart nach Bremen
* es sollen 37 schwere Stahlträger transportiert werden
* Gesamtgewicht: 100 t
* Länge: 20 Meter

Auftrag 5:
Gesprächsnotiz vom 25.5.1999
* Herr Mensing
* vom Industriegebiet in Stuttgart nach Bremen
* es sollen zwei kleine Container transportiert werden.

Arbeitsaufträge:
1. Entscheidet euch für ein bzw. zwei Verkehrsmittel.
2. Begründet eure Wahl.
3. Zeichnet die von euch benutzten Verkehrswege auf der Folie farbig nach.
4. Beschreibt die Route kurz in Stichworten.

Abb. 43: Aufträge für arbeitsteilige Gruppen

6. Flexible Strukturen kooperativer Schülerarbeit einüben

Unterricht vollzieht sich im Plenum (»Frontalunterricht«), in Gruppen oder als Einzelarbeit. Wir haben in der Einleitung gezeigt, dass keine dieser Unterrichtsformen den anderen überlegen ist, es vielmehr auf die Lernziele, -situationen und -inhalte ankommt, zu denen unterschiedliche Lernformen passen, und dass insgesamt ein flexibler Mix der Schülerarbeitsformen angebracht ist.

Wir kennen aus der Organisationsentwicklung eine Fülle von flexiblen Arbeitsformen und Lernmethoden (vgl. dazu Schmuck et al. 1974), die in den USA für die Gestaltung eines Unterrichts adaptiert wurden, der die Strukturen der Schülerarbeit flexibel variiert (vgl. Kagan 1989/90). Bei der OE ging es vor allem um teilnehmeraktivierende Verfahren, beim Unterricht entsprechend um schüleraktivierenden, so genannten kooperativen Unterricht.

Ziel des kooperativen Unterrichts ist es, inhaltlich-fachliches Lernen mit sozialem und affektivem Lernen zu verbinden. Die amerikanischen Unterrichtsentwickler knüpfen dabei an den Erziehungsphilosophen und Reformpädagogen John Dewey an, der in der gemeinsamen Erforschung von Konzepten und Problemen ein wichtiges didaktisches Instrument zur Entfaltung einer demokratischen Lernkultur sah.

Die im Folgenden vorgestellten flexiblen Strukturen kooperativer Schülerarbeit lassen einen Grad an inhaltlicher Offenheit zu, der es einzelnen Lernenden mit unterschiedlichen Interessen und Erfahrungen in hervorragender Weise ermöglicht, eigene Beziehungen zum Lernstoff zu entwickeln und zugleich darüber in einen intensiven Austausch mit den Mitschülern zu treten.

Man kann sieben Grundformen derartiger flexibler Strukturen unterscheiden, die wiederum miteinander koppelbar sind, sodass eine große Zahl und Vielfalt an Kombinationen von Plenums-, Gruppen- und Einzelarbeit entsteht. Die sieben Grundformen können wie folgt anschaulich bezeichnet werden:

- Murmelgruppen
- Vier Ecken
- Interaktives Quartett
- Innenkreis – Außenkreis
- Runder Tisch
- Gruppenpuzzle
- Schneller Schuh

Sie werden im Folgenden näher erläutert.

6.1 Murmelgruppen

Bei *Murmelgruppen* handelt es sich um eine besonders einfache Struktur. Sie wird zur Flexibilisierung des Frontalunterrichts eingesetzt, z.B. nach einem Lehrervortrag, einer Lektürephase, Stillarbeit oder einer Lehrfilmvorführung. Die Lehrperson fordert dann die Schüler/innen auf, sich mit einem oder höchstens zwei Nachbarn zusammenzusetzen und leise zu besprechen (deshalb murmeln): Was finde ich besonders wichtig (an dem Lehrervortrag, der Lektüre usw.), was muss ich unbedingt noch ansprechen bzw. nachfragen. Nach ca. 10 Minuten Gespräch in Murmelgruppen folgt dann die Auswertung im Plenum entlang der genannten Leitfragen.

Murmelgruppen können auch in Trios oder Quartetts in Form eines Schreibgitters (amerikanisch: »Place Mat«) stattfinden. Dabei wird ein vorbereitetes Blatt verteilt, das in so viel Felder aufgeteilt ist, wie die Gruppe Teilnehmer haben soll (vgl. Abb. 44). Die Gruppe kann durchzählen (oder ist schon zur Gruppenbildung durchgezählt worden) und jeder bearbeitet sein Nummernfeld. Er beantwortet z.B. schriftlich die Frage: »Welche Gründe führten zum Ausbruch des 1. Weltkrieges?« Diese Frage wird in das Viereck in der Mitte des Arbeitsblattes geschrieben. Sie wird zuerst von jedem Einzelnen beantwortet – und zwar durch schriftliche Notizen. Dann liest jeder der Reihe nach seine Antwort vor. Schließlich müssen sich alle z.B. vier Gruppenteilnehmer auf eine gemeinsame Antwort einigen und diese in das Viereck in der Mitte des Arbeitsblattes schreiben.

Es kann anstelle eines vorbereiteten Arbeitsblattes auch ein Plakat in die Mitte gelegt und dann in so viel Felder aufgeteilt werden, wie Menschen einbezogen sind, am besten drei oder vier, höchstens fünf. Auch hier steht ein Rechteck in der Mitte.

Murmelgruppen sind bei jeder Sitzordnung und an unterschiedlichen Stellen des Unterrichts ohne lange Vorbereitung flexibel einsetzbar und eignen sich besonders gut dazu, längere Plenumsphasen kurz zu unterbrechen, damit die Schüler herausfinden, was sie verstanden haben, und sie sich außerdem für das Plenum »warmreden« können. Dabei sollen die Lernenden ihre Ideen klar kommunizieren und dem anderen aktiv zuhören und dabei gegebenenfalls Rückfragen stellen.

6.2 Vier Ecken

Bei *Vier Ecken* werden die Ecken eines üblichen Klassenraums zur Bildung von vier Gruppen genutzt. Die Lehrperson sagt zuvor im Klassenplenum ein Thema an bzw. erarbeitet oder benennt vier thematische Alternativen bzw. vier Perspektiven desselben Themas. Beispielsweise kann es sich dabei um die vier Jahreszeiten oder aber vier Perspektiven derselben Jahreszeit handeln wie Klima, Kleidung, Gesundheit und Natur. Auch sind vier Begriffe, vier Verbformen, grammatikalische Fälle, vier literarische Texte oder auch vier (Bundes-)Länder für die Bearbeitung in den vier Ecken denkbar. Die vier Ecken werden gekennzeichnet durch ein Wort oder ein Bild.

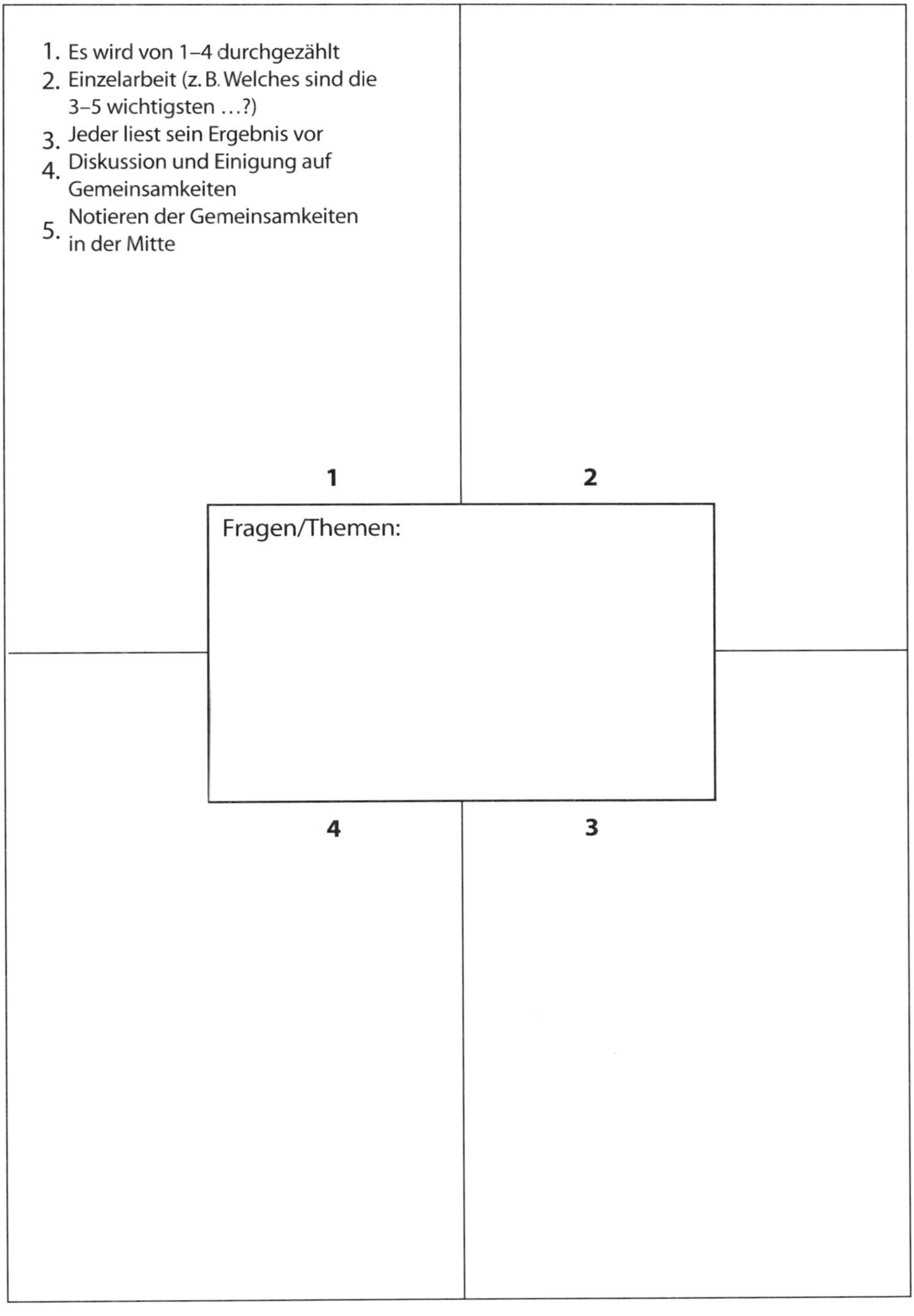

1. Es wird von 1–4 durchgezählt
2. Einzelarbeit (z. B. Welches sind die 3–5 wichtigsten …?)
3. Jeder liest sein Ergebnis vor
4. Diskussion und Einigung auf Gemeinsamkeiten
5. Notieren der Gemeinsamkeiten in der Mitte

1

2

Fragen/Themen:

4

3

Abb. 44: Schreibgitter

Die Schüler/innen denken zunächst auf ihren Sitzplätzen über ihre Lieblingsecke nach und machen sich Notizen auf Papier. Sie gehen dann in »ihre« Ecke. Die Verteilung auf die Ecken ist als solche schon interessant: Wer geht wohin, gibt es Gleichverteilung oder besonders »populäre« Ecken?

In den Ecken tauschen die Schüler/innen sich über ihre Notizen aus oder erarbeiten gemeinsam Stichworte zum Thema oder darüber hinaus ein Mindmap. Danach werden sie zum Wechseln der Ecke aufgefordert bzw. die Gruppen zum Eckentausch bewegt, damit sich die Schüler/innen zumindest noch mit einer zweiten thematischen Perspektive beschäftigen.

Die Auswertung erfolgt im Plenum. Eine Variante der Vier Ecken ist der Galeriespaziergang, den A. Sliwka wie folgt beschreibt:

> *»Dazu werden in unterschiedlichen Ecken eines Raumes große Bögen Papier an den Wänden befestigt. Auf jedem der Bögen steht eine Frage, Aussage, ein Text oder auch ein Bild. Jede der Kleingruppen fängt an einer der Stationen an und geht nun von einer Station zur nächsten, um sich für eine bestimmte Zeit mit dem jeweiligen Text oder Bild auseinander zu setzen. Jede Gruppe sammelt ihre Assoziationen zu einem Bild bzw. Text und schreibt sie auf das dazugehörige Plakat. Dann spaziert sie weiter zur nächsten Station der Ausstellung, wo bereits eine Gruppe vorher Ideen aufgeschrieben hat. Der Galeriespaziergang ist (…) kumulativ; d.h., dass jede Gruppe die niedergeschriebenen Ideen der Vorgruppe aufnimmt und diese anreichert und weiterentwickelt.*
> *Am Ende werden die Plakate zusammen ausgestellt, sodass alle die Fülle der zusammengetragenen Ideen und Assoziationen betrachten können.*
> *In unserem Beispiel steht auf jedem der Plakate ein Zitat zur Unterrichtsführung. Das könnten beispielsweise Zitate auf der pädagogischen Fachliteratur, aber auch Aussagen aus dem Kollegenkreis sein, zu denen Stellung bezogen werden soll. In kleinen Gruppen gehen die Teilnehmer von einem Plakat zum anderen, sprechen jeweils über das Zitat und schreiben ihre Überlegungen zu dem jeweiligen Zitat auf.«* (Sliwka 2000, S. 25f.)

Die Vier Ecken kann man besonders gut nutzen für Perspektivenwechsel und für die Integration besonders komplexer Themen. Im Geschichtsunterricht zum 1. Weltkrieg beispielsweise kann man die Schüler die Perspektive der wichtigsten Krieg führenden Länder Deutschland, Österreich, Frankreich und USA einnehmen und wechseln lassen. Ebenso sinnvoll ist es, einzelne Sichtweisen wie die ökonomische, historische, kolonialpolitische und innenpolitische erst getrennt zu thematisieren und dann zu integrieren.

6.3 Interaktives Quartett

Beim Interaktiven Quartett sitzen die Schüler/innen an Vierertischen. Für die kooperative Arbeit an diesen Tischen gibt es etliche Varianten (vgl. Kagan 1989/90).

Die erste Variante wird Paar-Check genannt. Am Vierertisch werden zwei Paare gebildet. Innerhalb der Paare wechseln sie sich ab: Einer löst eine Aufgabe, während der andere die Rolle des Lehrers übernimmt. Jeweils nach zwei Aufgaben überprüfen die Paare, ob sie die gleichen Antworten gefunden haben.

Eine andere Variante wird Denken-Paare-Austausch (Think-Pair-Share) genannt. Die Schüler/innen denken über ein vom Lehrer bereitgestelltes Thema nach. Dann bilden sie Paare, um zu diskutieren. Anschließend besprechen sie ihre Gedanken in der ganzen Gruppe.

Eine weitere Variante heißt Drei-Schritte-Interview. Es fördert neben der inhaltlichen die Kompetenz zum gezielten Fragestellen und zum aktiven Zuhören. Im ersten Schritt werden Leitfragen für die Interviews erarbeitet. Das kann auch im Plenum geschehen. Im zweiten interviewen sich die Paare gegenseitig und machen sich Aufzeichnungen. Im dritten Schritt tauschen sich die beiden Paare über ihre Ergebnisse anhand der Aufzeichnungen aus. Das Drei-Schritte-Interview kann auch wie folgt durchgeführt werden:

- Die Schüler/innen formen Paare innerhalb einer Vierergruppe und führen paarweise ein Ein-Weg-Interview durch.
- Die Schüler/innen tauschen die Rollen; die zuerst Interviewten interviewen jetzt selbst.
- Rundgespräch: Jeder ist einmal dran, um über die neue Information zu reden, die er im Interview bekommen hat.

Im Vorfeld zum Drei-Schritte-Interview sollte im Unterricht über Techniken des Fragestellens und unterschiedliche Arten von Fragen gesprochen werden (Beispiel: offene und geschlossene Fragen). Dazu sollte sinnvollerweise ein Interview vor der gesamten Klasse simuliert werden, um daran beispielhaft Möglichkeiten und Probleme von Interviewsituationen aufzuzeigen.

Schließlich ist noch eine Variante des Interaktiven Quartetts erwähnenswert, die Köpfe zusammenstecken (numbered heads together) genannt wird:

- Der Lehrer hat den Schüler/innen in ihren Gruppen eine Nummer gegeben: 1, 2, 3 oder 4.
- Der Lehrer stellt eine Frage.
- Der Lehrer fordert die Schüler/innen auf, »ihre Köpfe zusammenzustecken«, um sicherzustellen, dass alle in der Gruppe die Antwort kennen.
- Der Lehrer nennt eine Nummer (1, 2, 3 oder 4) und Schüler/innen mit dieser Nummer können aufzeigen, um die Antwort zu geben.

6.4 Innenkreis – Außenkreis

Beim »Innenkreis – Außenkreis« handelt es sich um eine flexible Struktur, die in der Lehrerfortbildung unter der Bezeichnung »Kugellager« bekannt geworden ist. Dabei wird die Klasse in zwei Hälften geteilt. Die eine Hälfte wird Innenkreis, die andere Außenkreis. Die Schüler/innen stehen sich dabei gegenüber.

Die Lehrperson sagt jetzt ein Thema an oder stellt eine Frage oder verteilt ein Blatt Papier, das einige wenige (5–10) zugespitzte Aussagen zum Thema enthält.

Die sich gegenüber Stehenden tauschen sich dann über die Frage bzw. die schriftlich vorliegenden Aussagen aus. Dabei darf der Innenkreis bestimmen, worüber zuerst gesprochen wird. Die Lehrperson gibt für die erste Runde eine Zeit von 5–10 Minuten vor und mahnt auch kurz vor Ablauf dieser Zeitvorgabe, zu einem vorläufigen Schluss zu kommen (oder er wartet, bis die Gespräche verstummen).

Dann wird die zweite Runde eingeläutet: Alle Schüler/innen des Außenkreises bewegen sich so viel weiter nach rechts, bis sie einem neuen Partner aus dem Innenkreis gegenüberstehen. Jetzt bestimmt der Außenkreis das Gespräch.

Zur dritten Runde rotiert der Außenkreis wiederum weiter nach rechts, bis der nächste neue Partner aus dem Innenkreis gegenübersteht, der jetzt auch wieder das Gespräch führen darf. Die vierte Runde ist analog mit neuem Partner und erneuter Verlagerung der Gesprächsführung zum Außenkreis.

Nach vier Runden ist üblicherweise »Alles gesagt«. Jetzt kommt es darauf an, eine Auswertung im Klassenplenum vorzunehmen. Dabei sind Leitfragen nützlich wie:

- Worüber wurde am meisten gesprochen? (Es werden dazu die Themen des Arbeitsblattes aufgerufen.)
- Was war und blieb kontrovers?
- Gibt es noch offene Fragen?

In vielen Fällen ist es empfehlenswert, die Fragen bzw. Themen des Innenkreises – Außenkreises durch Einzelarbeit vorzubereiten.

6.5 Runder Tisch

Der *Runde Tisch* bezeichnet ein Rundgespräch, das selbstverständlich auch an den üblichen eckigen Schultischen stattfinden kann. Dabei sitzen vier bis sechs Schüler/innen an einem Tisch. Im Klassenplenum wird das Thema bzw. das Problem entwickelt, um es dann an dem Runden Tisch zu bearbeiten. Eine Variante ist, dass ein großes Blatt Papier herumgeht und jeder Schüler der Reihe nach seinen Vorschlag oder seine Antwort darauf schreibt.

Die andere Variante ist das simultane Rundgespräch, bei dem jeder Schüler ein eigenes Blatt hat, das er bearbeitet und zur Ergänzung bzw. Kommentierung weitergibt.

In der Organisationsentwicklung hat sich die Methode 6–3–5 für die Gestaltung Runder Tische gut bewährt (vgl. Abb. 45). Dabei steht die 6 für die Anzahl der Teilnehmer an der Tischgruppe. Diese überlegen sich zu Beginn drei Ideen und Vorschläge bzw. Kommentare zum Thema. Die Ziffer 5 bezeichnet die Anzahl der Weitergaben an den Tischnachbarn, der die Ideen und Vorschläge jeweils weiterentwickelt oder kommentiert bzw. durch die Vorgaben zu neuen Ideen oder Vorschlägen angeregt wird. Die Lehrperson kann den zeitlichen Rhythmus vorgeben (z.B. fünf Minuten pro Runde) und nach Ablauf dieser Zeiteinheiten laut ansagen, dass jetzt eine Weitergabe ansteht.

Thema:	Ideen, Vorschläge bzw. Kommentare		
	(1)	(2)	(3)
1. Runde			
2. Runde			
3. Runde			
4. Runde			
5. Runde			

Abb. 45: Methode 6–3–5

Wichtig und nicht ganz unkompliziert ist die Auswertung im Klassenplenum. Die Lehrperson kann ein am Thema orientiertes Gespräch zu den Ergebnissen der vier und fünf Runden Tische initiieren. Eine andere Möglichkeit ist, die Arbeitsblätter der Schüler so groß zu gestalten, dass man sie auch auf Entfernung gut lesen kann, sodass sie an den Wänden ausgehängt und auf einem Galeriespaziergang in Augenschein genommen werden können. Eine weitere Variante besteht darin, jeden Runden Tisch aufzufordern, nach dem Durchgang durch das Arbeitsblatt zwei rote Karten zu produzieren, auf denen das notiert wird, was noch im Plenum angesprochen werden soll.

6.6 Gruppenpuzzle

Die flexible Struktur Gruppenpuzzle geht auf die Jigsaw-Methode zurück, die Aronson et al. (1978) in den USA entwickelt haben. Ein Jigsaw ist ein Geschicklichkeitsspiel, das den in Deutschland verbreiteten Puzzlespielen ähnlich ist. Diese Struktur wird in der deutschen Lehrerfortbildung auch Experten-Stammgruppen-Methode genannt.

Ziel dieser flexiblen Struktur ist, dass die Schüler/innen in einer Gruppe sich jeweils als »Experten« in ein Thema einarbeiten, um sich dann in einer zweiten Phase gegenseitig ihr Expertenwissen weiterzuvermitteln. Auf diese Weise sind Lernende zugleich Lehrende, die sich zunächst Wissen aneignen, um es dann weiterzugeben. Die Methode basiert auf der Annahme, dass sich derjenige, der vor der Aufgabe steht, Wissen weiterzuvermitteln, nachhaltiger und grundsätzlicher mit diesem Wissen auseinander setzt, und macht sich dabei ein jahrhundertealtes Lernprinzip zunutze: »Wer lehrt, der lernt.«

Ausgangspunkt sind häufig die Tischgruppen als Stammgruppen. Davon wird je ein Mitglied in eine so genannte Expertengruppe delegiert. Diese Expertengruppen erhalten jeweils unterschiedliches Arbeitsmaterial zu einer übergreifenden Fragestellung. Das können je nach der verfügbaren Zeit jeweils einzelne Texte oder größere Materialpakete sein. Auch Bild- und Filmmaterial kann in der Methode verwendet werden. Manchmal bietet es sich an, den Expertenteams zusätzlich Forschungsaufträge zu erteilen, die sie mithilfe von Internet- oder Bibliotheksrecherchen erfüllen müssen.

Innerhalb einer Expertengruppe erarbeitet sich zunächst jeder Schüler selbst das Material, markiert Schlüsselbegriffe, macht sich Notizen und schreibt seine Fragen und Gedanken auf. Anschließend arbeitet die Expertengruppe gemeinsam mit dem Material, klärt die offenen Fragen und erstellt Folien oder Thesenpapiere zur Weitervermittlung des Stoffes in der nächsten Runde.

In dieser Runde kehrt jeder »Frisch-Experte« in seine Stammgruppe zurück, die sich nun aus vier bis fünf Experten für unterschiedliche Facetten des übergreifenden Themas zusammensetzt. In dieser Gruppe vermittelt jeder Einzelne sein Wissen an die anderen Gruppenmitglieder weiter und nutzt dabei das Material, das die Expertengruppe zusammen erarbeitet hat. Jede Schülerin und jeder Schüler soll auf diese Weise mit allen Facetten des Themas bekannt gemacht werden.

Nach den Präsentationen der unterschiedlichen Experten in der Stammgruppe sollten also alle Mitglieder dieser Gruppe alle Aspekte eines Themas kennen gelernt haben und annähernd auf dem gleichen Wissensstand sein. Auf dieser Grundlage kann die Stammgruppe sich anhand eigener oder vom Lehrer vorgegebener Fragen mit dem übergreifenden Gesamtthema befassen und dabei beispielsweise vergleichende Aspekte des Themas bearbeiten.

Es existieren etliche Varianten des Gruppenpuzzles. Gut bewährt in der Organisationsentwicklung hat sich die Struktur, die Abb. 46 wiedergibt. Das Gruppenpuzzle beginnt im Klassenplenum, das die Aufgabenstellung klärt und den Ablauf erläutert (am besten auch schriftlich auf einem Blatt für alle oder ein Plakat an der Wand). Dann werden die Expertengruppen A, B, C, D und E gebildet, die je einen Teilaspekt des Themas wie oben beschrieben oder auch einen je unterschiedlichen Fall bearbeiten. Sie haben eine gute halbe Stunde Zeit (wenn möglich eine ganze Stunde). Alle Expertengruppen treffen sich in einer 3. Runde zu einem kurzen Zwischenplenum, um die Zeiten zu synchronisieren und um durch Abzählen die neuen Gruppen zu bilden. Die jeweilige Nr. 1 aus den verschiedenen Expertengruppen bilden nun die erste Austauschgruppe, die Nr. 2 die zweite usw. In den Austauschgruppen wird das Puzzle nun zusammengesetzt. Die Teilnehmer tauschen ihre neu erworbene Expertise eine halbe Stunde lang aus (was sehr knapp ist), sodass alle Teilnehmer über sämtliche Aspekte des Themas informiert werden, und bereiten das Plenum vor, indem sie z.B. zwei rote Problemkarten produzieren oder zwei Fragen vorbereiten.

Das Auswertungsplenum stellt die 5. und letzte Runde des Gruppenpuzzles dar.

Zeitachse (in Echtzeit)	**Runde**	**Arbeitsform**
8.00	1. Runde	Plenum
8.10	2. Runde	Expertengruppen (A bis E)
8.45	3. Runde	Kurzes Zwischenplenum
8.50	4. Runde	Austauschgruppen (1–5)
9.15	5. Runde	Auswertungsplenum

Abb. 46: Gruppenpuzzle

Der Hauptvorteil dieser flexiblen Struktur besteht darin, dass jede Schülerin und jeder Schüler sowohl in die Rolle des *Lernenden* als auch in die des *Lehrenden* schlüpfen muss. Das Gruppenpuzzle kann in allen Fächern verwendet werden, in denen umfangreiche Materialien bearbeitet werden. Damit sind Fächer besonders geeignet wie Deutsch, Geschichte, Geografie, Sozialkunde und Sachunterricht, aber auch die Naturwissenschaften. Das Gruppenpuzzle dient nicht nur dem Erwerb von Faktenwissen und Fertigkeiten, sondern vor allem dem Verstehen von Zusammenhängen und insbesondere dem sozialen Lernen: Niemand ist in der Lage, das Puzzle zusammenzusetzen ohne den Beitrag anderer.

Das Rohmaterial für ein Gruppenpuzzle ist üblicherweise ein Kapitel eines Textes, ein Teil einer Geschichte, ein Bündel von Fallgeschichten oder eine Expertenaussage zum Thema.

6.7 Schneller Schuh

Die siebte und vorläufig letzte flexible Struktur heißt Schneller Schuh, weil es hier im Unterschied zu den vorher abgehandelten um einen Tischwechsel geht. Ein Mitglied jeder Tischgruppe muss mehrmals den Tisch wechseln und damit gute Laune aufkommt, wird dazu derjenige auserkoren, der den schnellsten Schuh aufweist.

Vier Tische, an denen auch sechs oder sieben Schüler/innen Platz nehmen können, bilden das Sitzarrangement. Der Ablauf ist aus Abb. 47 ersichtlich.

- Sitzen an vier Tischen
- Stimulus-Frage oder Texte zum Lesen mit Leitfrage
- Allein nachdenken
- Brainstorming z.B. mit Post-its: Was ist der Hauptinhalt des Textes?
- Austausch. Ein Teamstatement wird am Tisch ausgearbeitet und auf ein Poster notiert (z.B. als Mindmap)
- Erste Runde: Der mit dem schnellsten Schuh geht zum nächsten Tisch und nimmt das Poster mit
- Minipräsentation und Austausch: Der »Schnelle Schuh« berichtet von seiner angestammten Tischgruppe, einer von der Gasttischgruppe berichtet ihm
- Zweite Runde: Der »Schnelle Schuh« geht zum nächsten Tisch
- Minipräsentation durch »Schnellen Schuh« und Austausch. Ein anderer von dieser Tischgruppe berichtet dem »Schnellen Schuh«
- Dritte Runde: Der »Schnelle Schuh« geht zum nächsten Tisch
- Minipräsentation und Austausch. Wiederum ein anderer von dieser Tischgruppe berichtet dem »Schnellen Schuh«
- Schluss: Rundgespräch/Auswertung

Abb. 47: Schneller Schuh

Eine Variante des Schnellen Schuhs beschreibt Sliwka (2000, S. 24f.):

»Im Klassenraum werden mehrere Tische frei aufgestellt, auf denen jeweils große Bögen Papier liegen. Auf jedem der Bögen steht eine Frage oder ein Aspekt des übergreifenden Themas. Dort schreibt jeder wie bei einem Brainstorming individuell seine eigenen Ideen und Gedanken zu der Frage (auf den Bogen) auf, ohne dabei auf das zu achten, was die anderen schreiben. Nach Ablauf einer vorher festgelegten Zeit von fünf oder zehn Minuten geht jede Gruppe jeweils zum nächsten Tisch weiter, um dort wiederum Ideen festzuhalten. Dieser Prozess wird so lange fortgesetzt, bis jede Gruppe wieder an ihrem ursprünglichen Tisch angekommen ist. Jetzt lesen die Mitglieder der Gruppe gemeinsam alle Kommentare auf dem Bogen, ordnen diese nach Themen (Clustern) und fassen sie so zusammen, dass die wichtigsten Ideen in einer kurzen Präsentation im Plenum vorgestellt werden können.«

Weil die Notizen auf den Bögen knapp und knackig gehalten werden sollen, heißt diese Methode auch Graffiti-Methode.

Die Tische können bei der Graffiti-Methode auch thematisch oder nach Interessengruppen »gerahmt« werden. Dann stehen auf den Tischbögen z.B. beim Geschichtsunterricht ökonomische, beim nächsten historische, beim dritten kolonialpolitische und beim letzten innenpolitische Aspekte oder aber Deutschland, Österreich, Frankreich und USA. Auch eine »Rahmung« nach Jungen und Mädchen, Deutschen und Ausländern ist denkbar.

Die Struktur des Schnellen Schuhs bzw. der Schnellen Schuhe ist geeignet, eine Vielzahl von Sichtweisen zu erzeugen und auch einen Perspektivenwechsel zu stimulieren. Wenn das Thema arbeitsteilig auf die Tische verteilt wird, kann ein komplexes Thema in nachvollziehbarer Weise entwickelt und durch den Austausch in seinen Zusammenhängen sichtbar gemacht werden.

Kommentar

Bei den flexiblen Strukturen handelt es sich nicht um die aus der traditionellen Schulpädagogik wohl bekannten Sozialformen des Unterrichts, sondern um Strukturierungsformen von Lernprozessen. Die Erarbeitung neuen Wissens, besseres Verstehen und die Aneignung von Kommunikations- und Kooperationskompetenzen leiten die Organisation des Unterrichts genauso wie Belange des sozialen Lernens. Dabei werden starke soziale Beziehungen aufgebaut; denn kein Schüler kann zum Lernergebnis kommen, ohne die Mithilfe anderer Schüler in Anspruch zu nehmen und umgekehrt denen auch zu helfen. Die Strukturen selber sind inhaltsfrei, aber sie stimulieren das Erlernen hoch angesiedelter Denkfähigkeiten wie die Analyse und Synthese von Bildungsinhalten.

Die flexiblen Strukturen eignen sich besonders für Projektarbeit und für die Gestaltung von Lehrgängen, aber auch zur das ganze Kollegium aktivierenden Durchführung von SCHILF-Tagen. Derartige SCHILF-Tage sind auch ein geeigneter Start für Unterrichtsentwicklung in Form der flexiblen Strukturen. Allerdings wäre es eine Illusion zu glauben, man könnte die flexiblen Strukturen umstandslos im eigenen Unterricht einsetzen. Die Erfahrung zeigt, dass es für jede der sieben Strukturen nötig ist, sie zwei- bis dreimal auszuprobieren, bevor man sie beherrscht. Unterricht steckt immer voller Überraschungen. Das gilt auch und vielleicht erst recht für flexible Strukturen: Mal ist der Arbeitsauftrag nicht klar genug formuliert, mal stimmt das Timing nicht oder ein anderes Mal sind zwei Gruppen längst fertig, währenddessen andere noch viel Zeit verlangen. Das Gelingen steckt im Detail.

Deshalb empfehlen wir eine Strategie, bei der sich Lehrpersonen vornehmen, sich eine Struktur pro Monat zu erarbeiten und auszuprobieren (oder drei im Schuljahr) und anschließend oder zwischendurch die Erfahrungen mit Kollegen zu besprechen.

Überhaupt ist eine experimentelle Haltung angebracht. Beispielsweise geht die Aufteilung der Klasse in Quartette häufig nicht auf. Wenn dann drei Schüler übrig bleiben, könnte daraus ein Trio werden. Zwei arbeiten wie beschrieben im Paar, der Dritte spielt den Beobachter und gibt den beiden anderen eine Rückmeldung. Anschließend bildet der Dritte mit einem des Tandems ein Paar und der neue Dritte beobachtet und gibt Rückmeldung usw. Wenn zwei übrig bleiben, können sie auf Quartette verteilt werden, die dann Quintette werden. Dasselbe liegt bei einem »Übriggebliebenen« nahe. Quintette können auch mit einem rotierenden Beobachter arbeiten.

Interessant ist auch, eine Rollenverteilung in den Quartetten auszuprobieren. Ein Schüler könnte den Zeitwächter spielen, die anderen die Rollen des Sprechers, Gesprächsleiters und Protokollanden übernehmen.

Eine experimentelle Haltung erfordert erst recht die Erprobung von Varianten oder gar Verkettungen von Strukturen. Solche Verkettungen liegen nahe und sind Erfolg versprechend. Im Rahmen eines ganzheitlichen Konzepts der UE können schülerzentrierte Strukturen abwechselnd mit lehrerzentriertem Unterrichtsvortrag kombiniert werden und ebenso einzelne Strukturen miteinander. Beispielsweise passen das Interaktive Quartett und das Gruppenpuzzle gut zueinander, ebenso der Runde Tisch und der Schnelle Schuh.

Ob es Lernziel ist, ein Gedicht zu erstellen, eine Autobiographie zu schreiben oder das Verhältnis der experimentellen und theoretischen Wahrscheinlichkeit zu erlernen, in jedem Fall steigert die Fähigkeit des Lehrers, flexible Strukturen nutzen zu können, die Fülle von Lernerfahrungen der Schüler.

7. Die Inhalte verändern: sinnhaftes und effizientes Lernen ermöglichen

In seinem Bemühen um die Steigerung der Effizienz des mathematisch-naturwissenschaftlichen Unterrichts hat der Schweizer Physiker und Didaktiker Labudde einen Forderungskatalog aufgestellt, aus dem fünf Forderungen an dieser Stelle vorgestellt seien, von denen wir annehmen, dass sie Wirksamkeit über den mathematisch-naturwissenschaftlichen Unterricht hinaus besitzen, um die schulischen Inhalte so zu verändern, dass sie zu einem sinnhaften und effizienten Lernen beitragen können. U.a. fordert Labudde (1998):

- die Integration des Vorverständnisses der Schülerinnen und Schüler,
- einen lebensweltlichen Bezug im systematischen Wissensaufbau,
- die Arbeit an authentischen und offenen Problemen,
- die Selbstverantwortung der Lernenden,
- Kooperation, Kommunikation und Disput der Lernenden.

Labudde erläutert seine Forderungen folgendermaßen:

- *Integration des Vorverständnisses*
  Das Individuum findet im mathematisch-naturwissenschaftlichen Unterricht immer wieder Gelegenheit, sein individuelles Vorverständnis explizit einzubringen und zu artikulieren.
  Das Vorverständnis – aus dem Alltag und aus früherem Unterricht – umfasst konzeptionelles und methodologisches Wissen, die Alltagssprache, Interessen, Einstellungen und Gefühle.
- *Lebensweltlicher Bezug im systematischen Wissensaufbau*
  Der lebensweltliche Bezug ist ein wegweisendes Element für die tägliche Unterrichtsgestaltung. Naturphänomene, Alltagsvorgänge und -gegenstände bilden ein Fundament aller Curricula.
- *Authentische, offene Probleme*
  Authentische, nicht zu eng gestellte Fragen und Probleme, die Freiräume für die Lernenden lassen und die diese über weite Phasen selbstständig bearbeiten, bilden Pfeiler des mathematisch-naturwissenschaftlichen Unterrichts.
- *Selbstverantwortung der Lernenden*
  In einer von der Lehrperson vorstrukturierten Umgebung generiert das Individuum neues Wissen in zunehmender Selbstverantwortung: Es setzt sich Lernziele, reflektiert und kontrolliert Lernprozesse und Resultate. Damit erwirbt das Individuum sowohl Sach- wie auch Selbstkompetenz.

- *Kooperation, Kommunikation und Disput der Lernenden*
  Die Kooperation zwischen den Lernenden, das Austauschen von Fragen und Ideen sowie das Führen von wissenschaftlichen Streitgesprächen sind konstitutive Elemente des mathematisch naturwissenschaftlichen Unterrichts.

In diesem von Labudde aufgestellten Katalog stellt unseres Erachtens die Forderung nach Arbeit an authentischen und offenen Problemen (Abb. 48) die zentrale (und in der alltäglichen Unterrichtspraxis wohl am schwierigsten zu realisierende) Forderung dar, die anderen Forderungen führen auf dieses Zentrum hin oder können aus ihm abgeleitet werden:

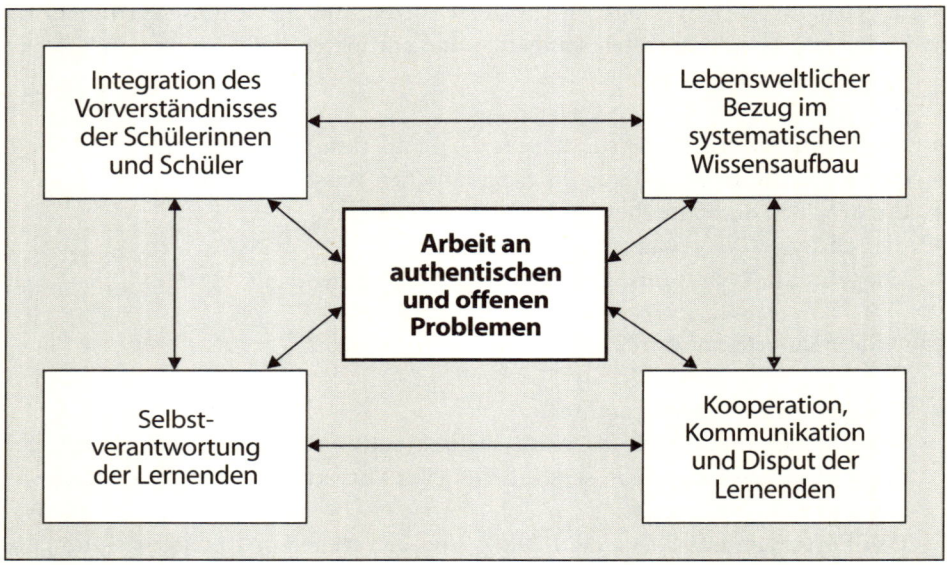

Abb. 48: *Arbeit an authentischen und offenen Problemen*

Diese Forderungen stellen jede für sich sicher nichts grundsätzlich Neues dar, jedes dieser Elemente kommt immer wieder mal in der alltäglichen Unterrichtspraxis vor. Eine Herausforderung für die Lehrperson ist aber der Anspruch, diese Elemente als sich gegenseitig bedingend (darauf deuten die Pfeile in der Grafik hin) möglichst häufig und systematisch zum Prinzip des Unterrichts zu machen. Wie dies in der Praxis z.B. des Mathematikunterrichtes aussehen kann, zeigt das Konzept »mosima«.

7.1 An offenen und authentischen (Sach-)Problemen arbeiten

Die Begriffe »Problem« und »Problemorientierter Unterricht« haben Konjunktur in der fach- und allgemeindidaktischen Diskussion. Es ist jedoch die Frage, ob es sich, wenn z.B. in einem Unterrichtsentwurf von einem »Problem« die Rede ist, in den meisten Fällen tatsächlich um ein solches handelt. Zweifel hieran melden Werning und Kriwet an. Sie sprechen unter Bezugnahme auf Dörner dann von einem Problem,

> »wenn ein Individuum sich in einem inneren oder äußeren Zustand befindet, den es aus irgendwelchen Gründen nicht für wünschenswert hält, aber im Moment nicht über die Mittel verfügt, um den unerwünschten Zustand in einen wünschenswerten Zielzustand zu überführen«.

Von diesem Problemverständnis grenzen sie den Begriff der »Aufgabe« ab, die dadurch gekennzeichnet ist, dass dafür der Person Lösungswege bekannt sind. Im Zusammenhang mit dieser Unterscheidung stellen sie sich die Frage, »ob nicht bis heute im Unterricht das Lösen von Aufgaben und nicht von Problemen im Mittelpunkt steht«. Nach ihrer Auffassung wird dieser Sachverhalt auch durch TIMSS belegt. Sie kommen zu dem Resümee, dass es sich bei den meisten vorgeblichen Problemen in Wirklichkeit um Aufgaben handelt, auf die die Schüler bekannte Lösungsstrategien anwenden sollen (Wernig, R./Kriwet, I.: Problemlösendes Lernen. In: Pädagogik 10/1999, S. 7).

An dieser Stelle ist der von Labudde ins Spiel gebrachte Begriff von den »offenen und authentischen Problemen« hilfreich. Er bezeichnet eine Lernsituation, in der der Schüler mit etwas konfrontiert wird, das nicht schon sofort als Anwendungsfall einer zuvor vermittelten Lösungsstrategie erkennbar ist, sondern der Schüler begegnet einer offenen Situation, in der unterschiedliche Fragestellungen möglich sind, in der nach Lösungswegen gesucht werden muss und in der nicht von Anfang an feststeht, dass es *eine richtige* Lösung gibt, von der jeder erwartet, dass der Lehrer sie vorab schon kennt. Wie solche Lernsituationen aussehen und von der Lehrperson angelegt werden können, soll am Konzept »mosima« erläutert werden.

Zum Beispiel: mosima

Hinter diesem Kürzel verbirgt sich die Bezeichnung »Materialien für offene Situationen im Mathematikunterricht«. Hierbei handelt es sich um eine Zusammenstellung von Unterrichtsmaterialien, die Lehrkräften die Realisierung eines Mathematikunterrichts ermöglichen, der sich an offenen und authentischen Problemen im Sinne von Labudde orientiert. Bevor ein Beispiel dieser Materialien vorgestellt wird, (Abb. 49) soll kurz auf die Frage eingegangen werden, ob Mathematikunterricht nicht immer schon an offenen und authentischen Problemen arbeitet und was denn dann »mosima« Neues bieten kann.

Selbstverständlich ist heutzutage Mathematikunterricht in den meisten Fällen problemorientiert. Im Zentrum der Unterrichtsstunde steht ein mathematisches Problem, das auf der Grundlage vorangegangener Unterrichts- und Lernschritte gelöst werden soll und kann. Gleichwohl handelt es sich hierbei in den meisten Fällen nicht um ein *offenes und authentisches* Problem. Das hat damit zu tun, dass viele Mathematiklehrer ihren Unterricht als lineare Stufenfolge anlegen. Das zu lösende Problem ist inhaltlich genau umrissen und auf die vorangegangenen Stufen bezogen. Die Lösung in der Auseinandersetzung mit diesem Problem steht bereits fest, wenn die Schüler/innen ihre Arbeit beginnen; insofern gibt es richtige und falsche Lösungen. (Im Sinne von Werning und Kriwet wäre daher in diesem Fall eher von einer Aufgabe als von einem Problem zu sprechen.) Belohnt werden die richtigen Lösungen, obwohl vielleicht gerade die Auseinandersetzung mit den falschen Lösungen mehr zur Entwicklung eines mathematischen Verständnisses hätte beitragen können. Den Schüler/innen sind alle diese Sachverhalte durch zahlreiche Mathematikstunden vertraut. Insofern besitzen die ihnen präsentierten Probleme nicht den Charakter der Offenheit: Sie bieten in der Regel keine Spielräume für wirkliche Alternativen und eigene Wege; und da jeder weiß, dass mindestens der Lehrer ihre Lösung kennt, handelt es sich auch nicht um authentische Probleme. Zu Beginn der Sekundarstufe II wundern sich manche Lehrkräfte, dass ihre Schüler/innen nicht mehr die elementaren Operationen aus den Anfangsgründen des Unterrichts beherrschen. Diesen Defiziten wirkt die Arbeit mit offenen Situationen entgegen.

»*Die empirische didaktische Forschung belegt (…):*
- *Schülerinnen und Schüler bemühen sich beim Arbeiten mit Offenen Situationen häufiger um Einsicht in den sachlichen Gehalt der Aufgabenstellung als beim Lösen von traditionellen Textaufgaben.*
- *Schülerinnen und Schüler erzeugen beim Arbeiten mit Offenen Situationen eine Vielfalt von Fragestellungen, Lösungsansätzen und -möglichkeiten. Unterschiedlich anspruchsvolle Aufgaben werden angepackt (…)*
- *Forschungsergebnisse zeigen überraschende geschlechtsspezifische Unterschiede im Bereich des Lösens von Sachaufgaben. Schülerinnen profitieren ausgesprochen von Offenen Situationen im Mathematikunterricht – ohne dass die Jungen benachteiligt wären.*
- *Beim Lösen traditioneller Textaufgaben im Mathematikunterricht sind fast nur »Volltreffer« oder »Nieten« zu erwarten. Beim Arbeiten mit mosima-Lernumgebungen müssen wir uns als Lehrpersonen vermehrt auf nur teilweise »richtige« Lösungen einstellen – fast wie im Leben.*
- *Beim Lösen traditioneller Textaufgaben weist die Forschung massive Kapitänssymptome nach (Auf einem Schiff sind 17 Ziegen und 11 Schafe. Wie alt ist der Kapitän? Natürlich 28 Jahre.) Beim Arbeiten mit Offenen Situationen sind derartig sinnwidrige Denkweisen deutlich seltener anzutreffen.*« (Eggenberg/Hollenstein 1999, S. 5)

Bei der Frage, was unter Offenen Situationen (s. auch Abb. 49) zu verstehen sei, unterscheiden Eggenberg und Hollenstein grob zwei Arten:

»*1. Probleme mit enger Fragestellung, aber vielfältigen Lösungsmöglichkeiten*
Schülerinnen und Schüler erkunden eine komplexe Lernumgebung anhand einer präzisen Fragestellung. Solche Aufgaben kann die Lehrkraft vorgeben oder die Aufgabe wird in einer Diskussion mit der Klasse erarbeitet. Vielleicht werden schon unterschiedliche Darstellungsweisen oder gar Lösungsansätze entworfen. Diese didaktische Vorgehensweise ermöglicht es, mit gezielten Aufgabenstellungen bestimmte mathematische Verfahren zur Anwendung zu bringen.
Beispiele sind:
- *Luft – Abluft: Die Luft in unserem Schulzimmer: Wie viel wiegt sie? Wie viel wiegen die einzelnen Anteile (Sauerstoff, Stickstoff usw.)?*
- *Schokolade: Verpackungsmaterial, Volumenberechnungen, um z.B. ›Mogelpackungen‹ zu entlarven, die ein größeres Produktvolumen vortäuschen.*«

»*2. Offene Situationen*
Bei Offenen Situationen geht es darum, dass die Lernenden selbstständig
- *Überblick in komplexen Situationen gewinnen, indem sie Informationen bewerten und auswählen,*
- *situationsbezogene Fragen bzw. Vermutungen formulieren,*
- *nach mathematischen Mitteln und Wegen suchen, um ihre Fragen zu beantworten oder ihre Vermutungen zu stützen bzw. zu widerlegen und*
- *Ergebnisse und Erkenntnisse untereinander austauschen.*
Der fächerübergreifende Ansatz ist zentral. Durch selbstständiges Mathematisieren wird die Einsicht in die sachunterrichtlichen Themenfelder vertieft. Die Jugendlichen erschließen sich so quantitative und qualitative Zusammenhänge in unserer Mitwelt. Zudem werden die genutzten mathematischen Werkzeuge besser verstanden und in ihrer Anwendung beweglicher.« (Eggenberg/Hollenstein 1999, S. 5)

mosima Schokolade
(Auszug)

Kakao als Zahlungsmittel
Es gab in früheren Zeiten nur geringe Kakaoernten. Kakao war eine teure Ware. Für die Ureinwohner Mittelamerikas war er so wertvoll, dass sie Kakaobohnen als Zahlungsmittel benutzten. Für 8 Bohnen konnte man zum Beispiel einen Hasen kaufen; für einen Sklaven musste man schon satte 100 Bohnen bezahlen, was heute etwa einem Kakaogehalt von 2 Tafeln Schokolade entspricht. Kakao war vor allem als Tauschmittel weit verbreitet. Der Wert wurde bei den Azteken in so genannten »Quachtli« (Baumwolltücher) angegeben. Ein »Quachtli« hatte einen ungefähren Wert von 450 Stunden Arbeit, und das entsprach mindestens 100 Kakaobohnen. Die aztekischen Herrscher ließen die Steuern neben Schmuck, Kleidern oder Kriegerausrüstungen auch mit Kakaobohnen bezahlen. Die abgelieferten Kakaobohnen wurden in »Kakaohäusern« gelagert und danach in die Tempel und Kasernen es Kaisers gebracht.

Schokolade für die Reichen
Montezuma, der Herrscher von Mexiko im 16. Jahrhundert, soll täglich mehr als 50 Tassen Schokolade getrunken haben. Sein gesamter Hofstaat habe mehr als 2000 Tassen pro Tag konsumiert, was ungefähr 452 Litern entspricht.
In Europa wurde die Schokolade bekannt, weil sie am spanischen Hof und in Frankreich eingeführt wurde. In Paris war es Anna von Österreich (1601–1666), die Gattin Ludwigs XIII., welche das neue Getränk populär machte.

Wer bekommt wie viel Geld?
Vom Preis der verkauften Schokolade gehen Teile an den Kakaobauern, an den Handel (Kakaobörse, Großhandel, Detailhandel), an die Schokoladenfirma (Herstellerfirma) und an die Verpackungsindustrie. Setzen wir das bildlich um auf eine herkömmliche 100-g-Tafel Schokolade mit 24 Stückchen, dann entfallen in der Regel auf: den Kakaobauern 6,3 Stückchen, den Handel 7,2 Stückchen, die Schokoladenfirma 9,6 Stückchen, die Verpackungsindustrie 0,9 Stückchen.

Schokolade eine »Kalorienbombe«?

	Energie in kj		Energie in kj		Energie in kj
Schokolade	2400	Speck, fett	3580	Brot, dunkel	1050
Äpfel	220	Salami	2030	Knäckebrot	1600
Bananen	380	Lachs, geräuchert	740	Meringues	1800
Feigen, getrocknet	1150	Gewürzgurken	40	Butterbiskuit	1950
Bündnerfleisch	1100	Kopfsalat	60	Erdnüsse	2700
Rohschinken	1650	Ei (ca. 60 g)	370	Baumnüsse	3000

mosima Schokolade, Orell Füssli Verlag Zürich, S. 6

Abb. 49: Unterrichtsmaterial für eine offene Situation

> **mosima Schokolade**
>
> Angaben für Lehrpersonen (Auszug)
>
> **Ideen zur Durchführung**
> * Zusammensetzung einer Tafel Schokolade: Vermutungen aufschreiben
> * Schokoladenpapiere sammeln (Zusammensetzung, Preisvergleiche)
> * Eigenen Schokoladenkonsum der letzten zwei Wochen notieren
> * (Pralinen-)Verpackungen: Vergleich Verpackungsvolumen/Schokoladenvolumen
>
> **Beispiele: Frage- und Problemstellungen**
> * Wie viele Kilojoule (kj) nahm Montezuma täglich zu sich?
>   Wie viel Gramm Brot würde das entsprechen?
> * Wie lange muss ein Schreiner heute arbeiten, um sich ein Pfund Schokolade leisten zu können?
> * Stelle dir vor, wir würden heute unsere Waren und Steuern mit Kakao bezahlen. Wie sähe das aus? Gib Beispiele an.
> * (…)
>
> **Literatur**
> * Hadorn, Verena u.a.: Schokolade. Eine Aktivmappe. Mülheim an der Ruhr 1995, Verlag an der Ruhr
> * Hadorn, Verena u.a.: Schokolade, ein nicht immer süßes Stück Weltgeschichte, für die Mittel- und Oberstufe, Bern 1994
> * Kishon, Ephraim: Schokolade auf Reisen (11 Erzählungen), Ullstein, Frankfurt am Main 1981
> * (…)
>
> Adressen
> * Infozentrum Schokolade, Kapellstraße 17a, D-40479 Düsseldorf, Tel. 0211/4922921, Fax 0211/4922918
> * (…)
>
> mosima Schokolade, Orell Füssli Verlag Zürich, S. 25f.

Abb. 50: Didaktischer Kommentar

mosima Schokolade

Streiflichter aus der Praxis (Auszüge)

Aus einem Interview mit Realschülerinnen
Der Interviewer fragte: »Wie seid ihr vorgegangen?« »Wir nahmen das Wichtigste (aus mosima Schokolade) heraus, um eine Frage zu stellen. Dann schauten wir, was es für Zahlen gibt für die Fragen: Wie viele Kilogramm Schokolade essen die Schweizer gemeinsam und wie viele Bäume braucht es, um die Schweizer mit Schokolade zu versorgen!«

Aus Arbeiten von Schülerinnen und Schülern
Michael: Wie viel dl Milch brauchte Montezuma im Jahr?
Frage:
Wenn er im Tag 450 g Kakaopulver brauchte und 50 Tassen zu je 2,3 dl zu sich nahm.
2,3 dl x 50? 115 dl Milch pro Tag
115 dl Milch pro Tag x 365 = 41.975 dl im Jahr

Ante: »1 Schokoladentafel kostet? 1.60 Fr. 1 Stück etwa 7 Rp. Der Rohstoff verdient 44 Rp. pro Tafel, der Handel verdient 50 Rp. pro Tafel, die Schokoladenfirma verdient 67 Rp. und die Verpackung 6 Rp. pro Tafel.«

Früher bekam man für 8 Kakaobohnen einen Hasen.
Für 100 Kakaobohnen konnte man einen Sklaven kaufen.
Heute bekommt man 1 Tafel Schokolade der Verarbeitung von
50 Bohnen 1 Fr. 60 Rp.

1 Mensch =
2 Tafeln Schokolade

 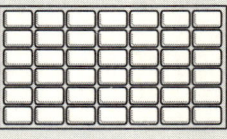 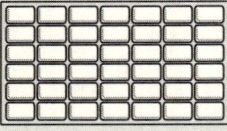

Also konnte man einen Menschen (Sklaven) für 2 Tafeln Schokolade kaufen
Heute 1 Mensch = 3 Fr. 20 Rp.

 = 3 Fr. 60 Rp.

mosima Schokolade, Orell Füssli Verlag Zürich, S. 28f.

Abb. 51: Arbeitsergebnisse aus dem Unterricht

Offene und authentische Situationen sollten zunehmend auch für das Lernen in anderen Fächer bereitgestellt werden. Hier wird man nicht ohne weiteres auf fertige Konzepte zurückgreifen können, wie sie etwa mit mosima von der Forschungsstelle für Schulpädagogik und Fachdidaktik des Sekundarlehramtes der Universität Bern für das Fach Mathematik entwickelt worden sind. Man kann aber deren Prinzipien auf andere fachliche Zusammenhänge übertragen, indem man etwa überlegt, wie deren Inhalte so re-kontextualisiert werden können, dass die Schülerinnen und Schüler in der Auseinandersetzung mit ihnen

- Überblick in komplexen Situationen gewinnen,
- situationsbezogene Fragen bzw. Vermutungen formulieren,
- nach fachlichen Mitteln und Wegen suchen, um ihre Fragen zu beantworten oder ihre Vermutungen zu stützen bzw. zu widerlegen und
- Ergebnisse und Erkenntnisse untereinander austauschen (vgl. Hollenstein 1999).

Hier ist die Fantasie der Fachkonferenzen gefragt; dabei geht es darum, die vielfältigen schulischen Als-ob-Situationen, die Lernen vielfach auf ein vorhersehbares Ergebnis einengen, wenigstens tendenziell durch Realsituationen zu ersetzen, in denen die Schülerinnen und Schüler Gelegenheit haben, sich mit Fragen auseinander zu setzen, die sie – in einem fachlichen Zusammenhang – wirklich beschäftigen.

Wie könnten solche Realsituationen aussehen? Dieser Frage soll an einem möglichst einfachen Beispiel nachgegangen werden. Dass Schülerinnen und Schüler sprechen und schreiben, gehört zum schulischen Alltag. Im Deutschunterricht lernen sie z.B. in der 5. oder 6. Klasse, wie man spannende Geschichten schreibt. Das sieht dann vielleicht so aus:

Im Klassenraum sitzen etwa 30 Schüler/innen an Zweiertischen, die in drei Reihen hintereinander aufgestellt sind. Die Lehrerin hatte im vorangegangenen Unterricht offenbar erzählerische Mittel erarbeiten lassen, mit denen man eine Geschichte spannend gestalten kann; entsprechende Plakate (z.T. in farbiger Ausgestaltung) hängen an der Wand. Zur heutigen Stunde war die Aufgabe gestellt, eine Geschichte zu schreiben und darin die erarbeiteten Erzählmittel zu verwenden. Als die Lehrerin zum Vortrag der Hausaufgabe auffordert, ist die Klasse hoch motiviert. Nahezu alle Schüler/innen melden sich heftig, um ihre Geschichte vorzulesen. Die Lehrerin wählt ein Kind aus, das seinen Text vorliest. Während des Vortrages blättern einige in ihren Heften, offenbar bereiten sie sich schon darauf vor, ihre Geschichte der Klasse vorstellen zu können. Als der erste Beitrag beendet ist, fordert die Lehrerin die Klasse auf, ihre Eindrücke zu äußern. Es gibt einige zögerliche Stellungnahmen, die zumeist vage lobend ausfallen. Die Lehrerin will hören, ob die im Unterricht erarbeiteten Erzählmittel verwendet worden sind, sie deutet auf die entsprechenden Plakate an der Wand des Klassenzimmers. Von den Schüler/innen werden einige Mittel genannt, die sie in der soeben gehörten Geschichte wieder erkannt haben. Schließlich meldet sich eine Schülerin: »Darf ich jetzt meine Geschichte vortragen?« Die Lehrerin folgt diesem Wunsch und der Unterricht läuft in der beschriebenen Weise weiter. Manchmal fragt die Lehrerin auch, welche anderen erzählerischen Mittel aus dem Katalog an der Wand auch noch hätten eingesetzt werden können. Als in dieser Weise nacheinander etwa fünf Arbeiten vorgetragen worden sind, lässt die Lehrerin erkennen, dass sie das Vorlesen beenden möchte. Die Klasse macht ihrer Enttäuschung deutlich Luft. »Na gut«, gibt die Lehrerin nach, »eine Geschichte hören wir uns noch an.« Danach wird der Katalog der erzählerischen Mittel um drei weitere Elemente ergänzt und die Schüler/innen erhalten den Auftrag, ihre Geschichten entsprechend zu überarbeiten.

Was hat sich in dieser Unterrichtsstunde ereignet? 30 Schülerinnen und Schüler hatten eine nach ihrer Vorstellung spannende Geschichte geschrieben. 24 dieser Geschichten konnten nicht vorgestellt werden. Die 6 vorgelesenen Geschichten sind nur sehr peripher von der Klasse zu Kenntnis genommen worden, da viele Schüler/innen in Kenntnis des unterrichtlichen Rituals während des Vortrags bereits mit ihrer eigenen Geschichte befasst waren. Die Frage, ob die vorgelesenen Geschichten wirklich spannend waren, ist im Wesentlichen auf das Wiederentdecken bestimmter erzählerischer Mittel reduziert worden, ohne deren tatsächliche Wirkung im konkreten Erzählzusammenhang zu thematisieren. Ernst zu nehmende Kritik an weniger gelungenen Passagen ist nicht geübt worden. Also gab es in dieser Stunde Geschichten, die erzählt wurden, ohne dass man ihnen mit wirklichem Interesse zugehört hätte. Der Vortrag der Geschichten sollte ja auch nicht wirklich Spannung bei den zuhörenden Mitschülern erzeugen, sondern der Lehrerin Gelegenheit geben festzustellen, ob die Schüler/innen von den erarbeiteten Erzählmitteln den gewünschten Gebrauch machen konnten. Die abschließende Hausaufgabe, eine Geschichte zu einem anderen Thema zu schreiben, entwertet alle nicht vorgetragenen Geschichten zu bloßem Spielmaterial.

Diese Unterrichtsstunde leidet, wie viele andere auch, an einer aus besten Absichten vorgenommenen Komplexitätsreduktion. Die Situation realen Erzählens ist in didaktischer Intention auf das Skelett »erzählerische Mittel in spannenden Geschichten« abgemagert worden und hat damit zwangsläufig jede Lebendigkeit verloren. Will man für den Deutschunterricht in diesem Fall Arbeit an offenen und authentischen Problemen ermöglichen, muss die didaktische Komplexitätsreduktion bis zu einem gewissen Grad wenigstens zurückgenommen werden, das Thema »erzählerische Mittel in spannenden Geschichten« muss zu einer möglichst realen Erzählsituation re-kontextualisiert werden. Hierzu braucht man Erzähler und Zuhörer, davon sind in der geschilderten Klasse 30 Exemplare vorhanden. Wenn in der skizierten Stunde in frontaler Unterrichtssituation 6 Schüler/innen mit ihren Geschichten zu Wort kommen konnten, können im Gruppenunterricht mit 5 Kleingruppen in der gleichen Zeit alle Schüler/innen zu Wort kommen. Dies verändert die Situation gründlich. In der Gewissheit, dass sie mit Sicherheit auch ihre eigene Geschichte vortragen werden, können sich nun alle darauf einlassen, in Ruhe den Geschichten der anderen zuzuhören. Außerdem ermöglicht die veränderte Sitzordnung einen unmittelbareren Kontakt, der auch die Vortragsweise der Schüler/innen verändern lässt: Blickkontakt ist möglich, mimischer Ausdruck kann wahrgenommen werden, die Stimme kann differenzierter eingesetzt werden. Erzählen hat eben nicht nur mit Text auf Papier, sondern auch mit lebendigem Vortrag zu tun. Nun können sich die Mitglieder einer Gruppe im kleinen Kreis darüber austauschen, was ihnen besonders gut gefallen hat und was sie eher gelangweilt hat. In diesem Zusammenhang kann dann vielleicht auch die Frage erörtert werden, wie es sein kann, dass jemand die geforderten erzählerischen Mittel verwendet und trotzdem keine spannende Geschichte erzählt hat. Gemeinsam kann man sich dann auch daran machen, über Verbesserungsmöglichkeiten nachzudenken. Vielleicht ist der letzte Arbeitsschritt, dass jede Gruppe ihre beste Geschichte für einen Lesewettbewerb in der Klasse auswählt, der dann nach entsprechender häuslicher Überarbeitung des jeweiligen Textes in der Folgestunde durchgeführt werden kann. (Dieses Szenario ist so angelegt, dass der Zeitbedarf identisch ist mit der zuvor geschilderten frontalen Unterrichtssituation.)

Das hier vorgestellte Konzept einer Re-Kontextualisierung fachlicher Inhalte illustriert, wie man mit zuweilen einfachen Mitteln eine unterrichtliche Situation im Sinne einer Arbeit an offenen und authentischen Problemen (Abb. 52) herstellen kann, in der die Schüler ein Stück Selbstverantwortung für ihr Lernen in Kooperation und Disput übernehmen.

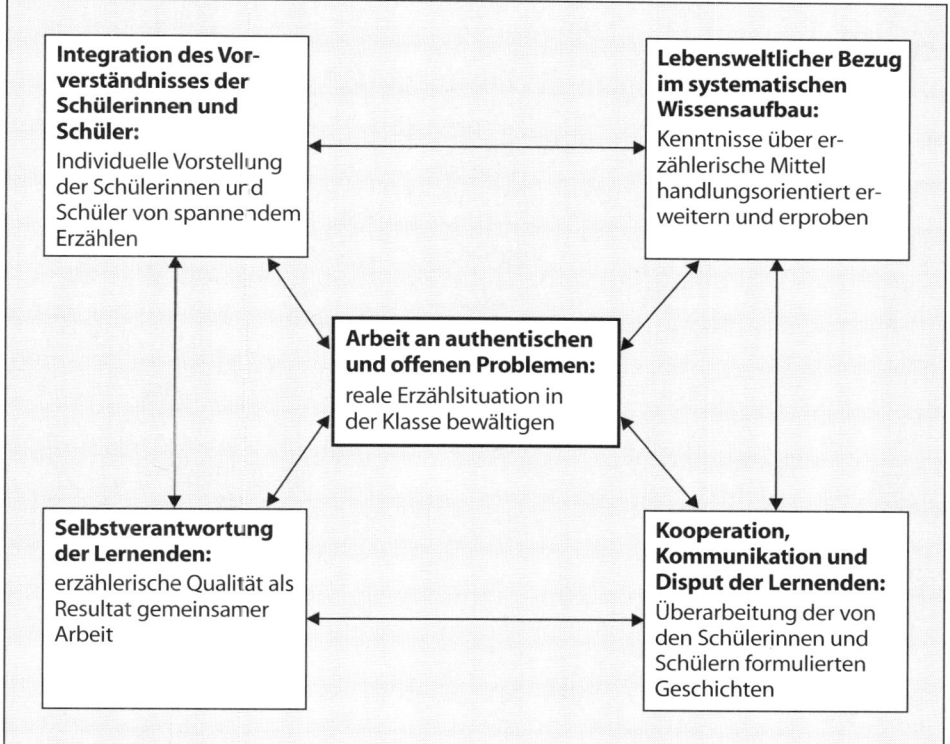

Abb. 52: *Arbeit an authentischen und offenen Problemen: spannend erzählen*

Fassen wir die Überlegungen dieses Kapitels zusammen, so wird deutlich, dass die Weiterentwicklung des Unterrichtes in Richtung auf die Vermittlung intelligenten Wissens im Sinne von Weinert nicht durch eine kurzphasige Einwirkung in einem bestimmten Teilaspekt herbeigeführt werden kann. Vielmehr müssen Anstrengungen im gesamten Feld des Unterrichts in drei Richtungen unternommen werden (Abb. 53):

- Lehrkräfte müssen sich neue Methoden aneignen, die selbst bestimmtes und kooperatives Lernen ermöglichen,
- sie müssen ihr traditionelles Methodenrepertoire angeleiteten Lernens im Sinne von mehr Interaktivität anreichern.
- Vor allem aber muss beides verbunden werden mit einer Änderung der Inhalte von Unterricht, sodass den Schülerinnen und Schülern über die Arbeit an offenen und authentischen Problemen ein sinnhaftes und effizientes Lernen ermöglicht wird.

Diese komplexe Zielsetzung wird nur auf dem Weg eines kontinuierlichen Entwicklungsprozesses zu realisieren sein, der tendenziell das gesamte Kollegium einschließt.

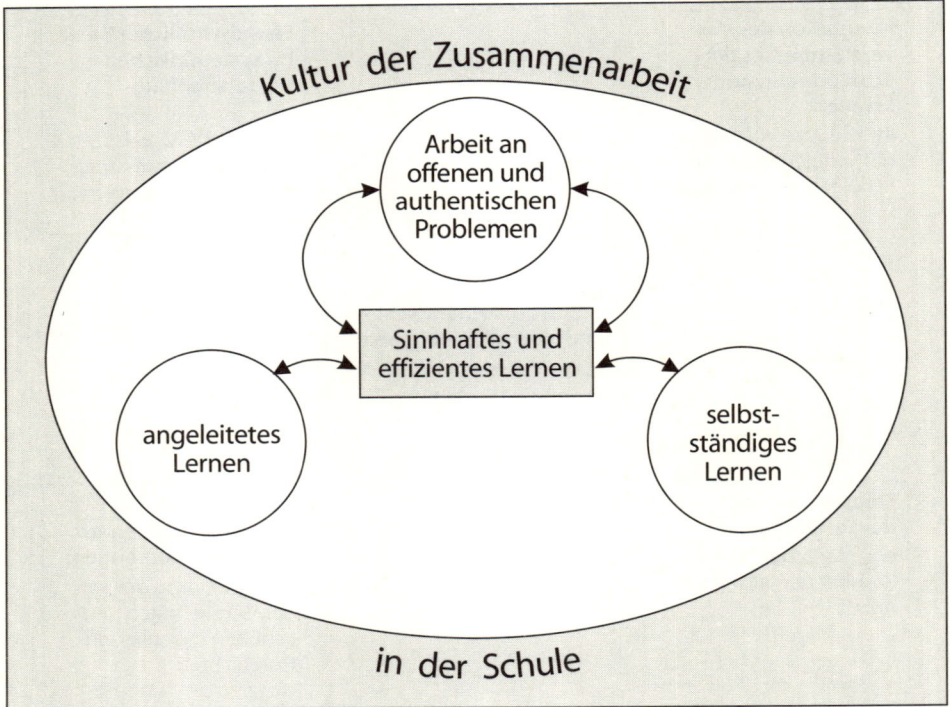

Abb. 53: Drei Schwerpunkte von Unterrichtsentwicklung für sinnhaftes und effizientes Lernen

Zu thematisieren bleibt noch das *Verhältnis* von angeleitetem und selbstständigem Lernen. Dubs macht darauf aufmerksam, angeleitetes und selbstständiges Lernen nicht polarisierend zu betrachten. Er fordert vielmehr, »den Prozess des Überganges von stark gesteuertem Lernen (…) zum selbstständigen (zu) unterstützen« (Dubs 1995, S. 264). Hierfür verwendet er den Begriff »Fading« (Abb. 54). Dieser Begriff wird u.a. in der Tontechnik verwendet und bezeichnet das An- oder Abschwellen-Lassen eines Tons, der auf diese Weise stärker in den Vorder- oder Hintergrund treten kann. Das Bild ist recht gut geeignet, um den Einsatz von angeleitetem und selbstständigem Lernen durch die Lehrperson zu veranschaulichen.

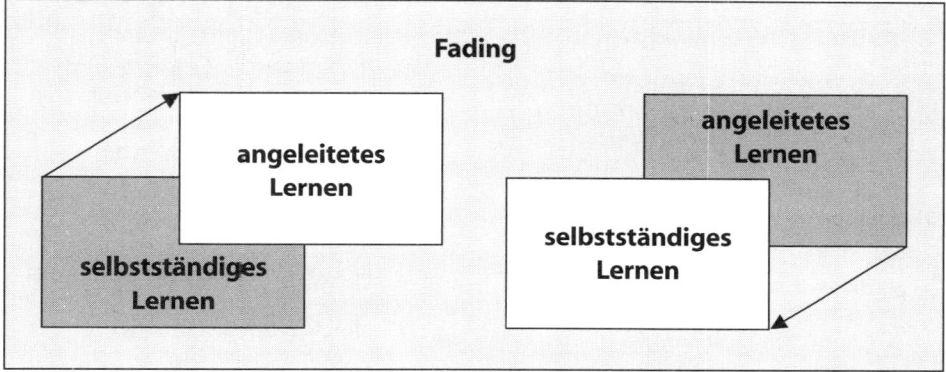

Abb. 54: Fading als fortgesetzter Wechsel zwischen angeleitetem und selbstständigem Lernen

Fading im Sinne eines fortgesetzten Wechsels zwischen angeleitetem und selbstständigem Lernen ist deswegen erforderlich, weil Schüler/innen in neuen Zusammenhängen zunächst einmal Inhalte und Methoden durch angeleitetes Lernen vermittelt bekommen müssen, bevor sie in der Lage sind, diese in selbstständigen Lernprozessen zu nutzen. Hier zeigt sich der Berührungspunkt zu Weinert: Das angeleitete und systematische Lernen sorgt für den Lernfortschritt, das situierte und selbstständige Lernen für die Sicherheit und Sinnhaftigkeit im Umgang mit dem Gelernten.

Langfristig besteht für Dubs die Aufgabe der Lehrperson darin, durch geschicktes Lehrerverhalten die Lehrfunktionen in Lernfähigkeiten umzubauen (Abb. 55).

Lehrfunktionen	Lernfähigkeiten
1. **Vorbereiten des Lernens durch die Lehrkraft** – Vorgabe von Lernzielen – Begründen der Lernziele – Aufbau der Motivation – Planung und Durchführung der Lernhandlungen – Aktivieren des Vorwissens	1. **Die Lernenden erkennen selbst, was sie lernen müssen, um sich darauf vorzubereiten** – Eigenes Bestimmen von Lernzielen – Sich die Bedeutung der Lernziele bewusst machen – Sich selbst motivieren – Vorbereiten und In-Gang-Setzen des eigenen Lernens – Rückbesinnung auf das Vorwissen
2. **Steuerung der Lerntätigkeiten** – Erklärung der Lerngegenstände – Integrieren in das Vorwissen – Anleitung zur Anwendung des Gelernten	2. **Selbstständige Lerntätigkeiten** – Erarbeiten der Lerngegenstände mithilfe von geeigneten Lernstrategien – Integrieren in das Vorwissen – Selbstständiges Anwenden des Erarbeiteten
3. **Regulieren des Lernens** (Metakognition) – Überwachung des Verlaufes der Lernprozesse – Lernfortschritt überprüfen – Steuerung der Lehr- und Lernstrategien bei Lernproblemen – Anleitung des Nachdenkens über die eigenen Lernprozesse und Lernerfahrungen	3. **Selbstregulierung des Lernens** (Metakognition) – Lernfortschritte mit selbst gesteckten Zielen vergleichen – Lernfortschritt selbst beurteilen – Selbstwahl von alternativen Lernstrategien bei Lernproblemen – Sich auf die eigenen Lernprozesse und Lernerfahrungen rückbesinnen
4. **Leistungsbeurteilung** – Feedback über die Lernprozesse und Lernergebnisse geben – Lernprozesse und Lernergebnisse beurteilen	4. **Selbstbeurteilung** – Sich selbst Feedback über die Lernprozesse und Lernergebnisse geben – Lernprozesse und Lernergebnisse selbst realistisch beurteilen können
5. **Motivation und Konzentration** – Lernmotivation erhalten – Konzentration sicherstellen	5. **Motivation und Konzentration** – Seine eigene Motivation erhalten – Sich konzentrieren wollen

(Dubs 1995, S. 265)

Abb. 55: Lehrfunktionen in Lernfunktionen umbauen

7.2 Kontinuierlich die Unterrichtsinhalte modernisieren

Weit weniger komplex als die vorangegangenen Überlegungen, dennoch aber von großem Belang, ist die Notwendigkeit einer kontinuierlichen Modernisierung der Unterrichtsinhalte. Diese Forderung betrifft besonders Fächer wie Deutsch, Geschichte, Sozialwissenschaften, Erziehungswissenschaften und Religion. Hierbei geht es im Kern um die Frage nach der Bedeutsamkeit von Inhalten für die Schülerinnen und Schüler. Häufig werden in diesen Fächern noch Inhalte vermittelt, die in den 70er-Jahren den Stand der aktuellen fachlichen und fachdidaktischen Diskussion dargestellt haben, inzwischen aber eher zum historischen Bestand zu rechnen sind. So werden in Erziehungswissenschaften an einigen Schulen immer noch die Schlachten um die Kibbuzerziehung geschlagen, in Sozialwissenschaften wird zuweilen das Thema »Soziale Gerechtigkeit« immer noch an den Kontroversen um Klassen und Schichten ausgerichtet. Vor diesem Hintergrund ist eine kontinuierliche Überprüfung von schulinternen Lehrplänen ein wichtiger Bestandteil von Unterrichtsentwicklung: Die Mitglieder der Fachkonferenzen sollten sich darüber verständigen, worin die aktuellen Kontroversen ihres Faches bestehen und hieraus entsprechende inhaltliche Entscheidungen ableiten.

8. Den Unterrichtsprozess und seine Ergebnisse evaluieren

Die Aufgabe, den Unterrichtsprozess zu evaluieren, kann sich in unterschiedlichen Formen realisieren: im Austausch über Lernerfolgskontrollen (wechselseitige Korrekturen, Aufgabenbeispiele usw.), als kollegiales Feedback auf der Grundlage von gegenseitigen Unterrichtsbesuchen, als Feedback von Schüler/innen. In jedem Fall wird es aber nötig sein, Evaluationsergebnisse in Fach- und Jahrgangsstufenkonferenzen zu verarbeiten, um hieraus Folgerungen für die Sicherung und Entwicklung unterrichtlicher Qualität ableiten zu können.

8.1 Austausch über Lernerfolgskontrollen

Hierfür empfehlen die Materialien zur Qualitätsentwicklung und Qualitätssicherung (MSWWF 1998, S. 26f.) folgende Arbeitsschritte und Fragestellungen:

- Korrektur von Parallelarbeiten auf der Grundlage gemeinsam verantworteter Anforderungen und Leistungserwartungen nach dem in der Schule üblichen Modus und Dokumentation der Ergebnisse in einem Notenspiegel der einzelnen Lerngruppen sowie der Jahrgangsstufe.
- Einschätzung der Vergleichbarkeit der Ergebnisse durch Einbeziehen von Resultaten aus wenigstens in Stichproben durchgeführten Zweit- und Kreuzkorrekturen.
- Differenzierte fachbezogene Auswertung der Ergebnisse von Parallelarbeiten im Hinblick auf folgende Fragestellungen:
  - Zeichnen sich Bereiche des Faches ab, in denen die Schülerinnen und Schüler im Mittel besonders gute/schlechte Leistungen erbringen?
  - Was können die Schüler/innen der einen Lerngruppe besonders gut/weniger gut im Vergleich zu denen anderer Lerngruppen? Wo liegen die Ursachen für diese Unterschiede?
  - Wann war das, was besonders gut (bzw. nur mit erheblichen Einschränkungen) beherrscht wird, Gegenstand von Unterricht? Wie lange liegt das zurück? Wie sind diese »Fachgegenstände« im Unterricht behandelt worden?

Auf dieser Grundlage können begründete Strategien für die Optimierung des Unterrichts entwickelt werden. Es empfiehlt sich jedoch, in diesem Zusammenhang nicht nur auf die *Ergebnisse* von Unterricht zu sehen, sondern längerfristig diesen selbst mit in den Evaluationsprozess einzubeziehen und dabei seine besondere Abhängigkeit von der jeweiligen Lehrperson zu berücksichtigen. Als Verfahren kann das kollegiale Feedback auf der Grundlage von gegenseitigen Unterrichtsbesuchen genutzt werden.

8.2 Feedback auf der Grundlage von gegenseitigen Unterrichtsbesuchen

Unterrichtsbesuche sind in der Berufsbiographie vieler Lehrer/innen mit der Erinnerung an ihre Zeit im Studienseminar verbunden. Dort haben sie Unterrichtsbesuche und Unterrichtsnachbesprechungen in den meisten Fällen als eine Situation der Beurteilung durch eine hierarchiehöhere Person (bei nicht immer ganz transparenten Kriterien) erlebt. Diese Wahrnehmung setzt sich im Alltag berufserfahrener Lehrpersonen fort: Unterrichtsbesuch und Unterrichtsnachbesprechung finden meistens in Beurteilungszusammenhängen durch Vorgesetzte statt und nicht als eine selbstverständlich geübte kollegiale Praxis zur gegenseitigen Professionalisierung. Unterrichtsnachbesprechungen auf der Grundlage eines Unterrichtsbesuches werden daher in vielen Fällen unter einem taktischen Vorbehalt geführt: Man will einen bestimmten Eindruck erwecken, um für sich einen (legitimen) Vorteil (Verbeamtung, Beförderung) zu erreichen oder ein Übel (Verzögerung der Verbeamtung bzw. Beförderung) zu vermeiden. Vor diesem Hintergrund hat sich das Sprechen über Unterricht im Anschluss an einen Unterrichtsbesuch bislang kaum als eine offene Lernsituation etablieren können, in der man etwas über sich erfahren möchte und evtl. auch seine Schwierigkeiten »ungeschützt« ansprechen kann.

Um Unterrichtsbesuch und Unterrichtsnachbesprechung als Instrumente der Selbstreflexion erfahren und nutzen zu können, müssen Lehrpersonen die Möglichkeit haben, sie außerhalb hierarchischer Beziehungen und unabhängig von externen Kontrollinteressen erproben zu können. Diesem Zweck können *kollegiale Hospitationszirkel* dienen.

Der Gedanke, in Fragen der Qualitätssicherung und -entwicklung *kollegiale Instanzen* einzubeziehen, wird gegenwärtig allenthalben und in unterschiedlichen Zusammenhängen diskutiert. Rolff greift die aus der Wirtschaft stammende Idee der Qualitätszirkel auf:

> »*Qualitätszirkel sind eine neue Form der Gruppenarbeit. Die Idee entstand in den USA und wurde zuerst in Japan auf breiter Basis realisiert. Nach Engel und Schubert gelten für Qualitätszirkel die folgenden Kennzeichen:*
> – *Es handelt sich dabei um eine Gruppe von 5 bis 10 Mitarbeitern,*
> – *die aus demselben Arbeitsbereich stammen,*
> – *sich regelmäßig treffen,*
> – *um Arbeitsprobleme, besonders auf dem Gebiet des Qualitätsmanagements, gemeinsam zu besprechen und*
> – *realisierbare Lösungen zu entwickeln.*« (Rolff 1998, S. E2.8)

Rolff schlägt vor, die Idee des Qualitätszirkels auf den schulischen Bereich zu übertragen, wobei er drei Anknüpfungspunkte für Qualitätszirkel in der Schule ausmacht: Fachkonferenzen, fächerübergreifende Studiengruppen und Jahrgangsteams.

Klippert plädiert für die Einrichtung von klassenbezogenen 3er-Teams als Kerngruppe für die Einführung neuer Lernformen.

> »Zu den Besonderheiten dieser 3er-Teams gehört, dass sie in den betreffenden Klassen mit hohem Stundendeputat pro Woche unterrichten und so die Möglichkeit haben, das Arbeits-, Kommunikations- und Teamverhalten der Schülerinnen und Schüler ziemlich nachhaltig zu prägen. Die Bildung dieser 3er-Teams erfolgt in der Weise, dass sich drei kooperationswillige Lehrkräfte, die (...) kompatible Fächer unterrichten, bis zu einem bestimmten Stichtag zusammenfinden und die Schulleitung um einen konzentrierten Einsatz in der einen oder anderen Jahrgangsstufe bzw. Klasse ersuchen.« (Klippert 1998)

Demgegenüber stellt die Einrichtung von kollegialen Hospitationszirkeln auf den ersten Blick eine vergleichsweise bescheidene Lösung dar. Kollegiale Hospitationszirkel konzentrieren sich inhaltlich auf das Feedback-Geben über Unterricht und bilden sich durch freie Wahl der beteiligten Personen, unabhängig von Fachzugehörigkeit oder Unterrichtseinsatz in bestimmten Klassen und Jahrgangsstufen. Diese Beschränkung bietet auch wegen des geringen organisatorischen Aufwandes eine Chance für die Realisierbarkeit des Konzeptes. Die folgenden Hinweise können die Einrichtung von kollegialen Hospitationszirkeln unterstützen.

Zur Bildung und Arbeitsweise kollegialer Hospitationszirkel

- *Gruppengröße*
  Kollegiale Hospitationszirkel sollten aus etwa drei Lehrpersonen bestehen, die sich gegenseitig in jedem ihrer beiden Fächer innerhalb eines (halben?) Jahres einmal besuchen. Dies führt zu einer überschaubaren Anzahl von Terminen: Jedes Mitglied eines Hospitationszirkels erhält zwei Besuche und führt vier Besuche durch.
- *Organisation*
  Die zeitliche Planung der Besuche sollte von den Mitgliedern des Hospitationszirkels innerhalb des gesetzten Zeitraumes dezentral organisiert werden. Hierdurch werden Stundenplanprobleme minimiert.
- *Fachbezug*
  Es nicht erforderlich, dass sich Lehrpersonen gleicher Fächer zu einem Hospitationszirkel zusammenfinden. Es kann eine wichtige Erfahrung sein, dass es auch über das jeweilige Fach hinaus Wichtiges zu beobachten und zu besprechen gibt und dass sich Professionalisierung nicht auf Fragen der Fachdidaktik beschränkt.

- *Zusammensetzung*
  Die Bildung der Hospitationsgruppe kann durch Sympathiewahl erfolgen; dies sichert am ehesten das notwendige Maß an Vertrauen und Offenheit.
- *Aufgabe der Schulleitung*
  Die Schulleitung sollte sich darauf beschränken, die Anzahl der verabredeten Besuche nachzuhalten; sie sollte sich jedoch nicht ohne Nachfrage des Kollegiums inhaltlich einbringen, um den kollegialen (d.h. hierarchiefreien) Charakter der Veranstaltung nicht zu gefährden.
- *Thematische Schwerpunkte*
  Die Fragestellungen, unter denen Unterrichtsbesuche und Unterrichtsnachbesprechungen stehen, können sich aus unterschiedlichen Zusammenhängen und Interessen ergeben:
  - eine Lehrperson wünscht individuelle Rückmeldung zu einer sie persönlich interessierenden Frage;
  - eine Kollegiumsgruppe (z.B. Jahrgangsstufenteam) hat Qualitätsindikatoren für ein von ihr entwickeltes Bild von Unterricht vereinbart und will sich einen Eindruck über deren unterrichtliche Umsetzung verschaffen;
  - eine Fachkonferenz hat im Zusammenhang mit der Einführung neuer Richtlinien die Erprobung neuer Aufgabenstellungen und Arbeitsformen verabredet;
  - im Rahmen der Arbeit am Schulprogramm sind pädagogische Leitsätze formuliert worden, von deren Praktikabilität sich das Kollegium einen Eindruck verschaffen möchte;
  - etc.

Beobachtungs- und Analyseraster als Grundlage für die Beobachtung und Analyse von Unterricht

Jeder der oben genannten Anlässe wirft besondere Fragestellungen auf, unter denen Unterricht beobachtet und analysiert werden kann; gleichwohl gibt es aber sicher auch ein Interesse an einer umfassenderen Betrachtung. In diesem Zusammenhang werden häufig Beobachtungs- und Analyseraster nachgefragt, um eine zusätzliche und gleichsam »objektive« Orientierung zu erhalten. Ein Blick in die einschlägige Literatur lässt erkennen, dass eine Vielzahl z.T. höchst unterschiedlicher Raster existiert (Becker 1993, S. 169ff.). Becker rät dazu, die Bedeutung solcher Kriterienkataloge zu relativieren:

»*Der Anspruch, allgemein gültige Kriterien für die Unterrichtsbeurteilung bereitzustellen, lässt sich mithilfe eines Katalogs nicht aufrechterhalten. Diesem Bemühen steht die Mannigfaltigkeit entgegen, in der sich unterrichtliche Prozesse zeigen.*« (Becker 1993, S. 173)

Jeder Kriterienkatalog ist einer impliziten Didaktik verpflichtet und ist demzufolge gegenüber solchen Beobachtungen blind, die sich nicht in deren Kategoriensystem einfügen wollen. Dies kann zur Folge haben, dass aus der Perspektive eines bestimmten Kriterienrasters die für eine Lehrperson wichtigen Fragen gar nicht oder nur in negativer Wertung zur Sprache kommen.

Für eine Examenslehrprobe im Physikunterricht eines Leistungskurses der Jahrgangsstufe 13 hatte ein Referendar eine Unterrichtsstunde zum Thema »Experimentelle Untersuchung der Strahlungsintensität des am Einzelspalt gebeugten Lichtes« geplant (Abb. 56), die in arbeitsteiliger Gruppenarbeit durchgeführt werden sollte. Dazu hatte er unterschiedliche Materialien für Versuchsanordnungen der parallel arbeitenden Schülergruppen und die Arbeitsanleitung als OHP-Folie vorbereitet.

Phase	Unterrichtsinhalte/Unterrichtsgeschehen	a) Sozialformen b) Medien
Einstieg	• Lehrer erläutert den Stundenablauf und erklärt kurz zur Wiederholung den von den Schülern in der letzten Stunde selbst entwickelten Versuchsaufbau anhand einer vorbereiteten OHP-Folie • Die Schüler werden vom Lehrer über die Gefahren des Laserlichtes aufgeklärt und zu einem höchst sorgsamen Umgang mit dem Laserlicht aufgefordert	a) Lehrervortrag b) OHP
Erarbeitung	• Die zwölf Schüler des Kurses verteilen sich auf drei Gruppen und arbeiten in diesen folgendermaßen: – gemeinsame Erstellung des Versuchsaufbaues in Gruppen – Aufnahme eines Intensitätsdiagramms – Untersuchung der Intensitätsverhältnisse von Nebenmaxima zum Hauptmaximum • Zwei Laser und ein Laserpointer sowie weiteres Experimentiergerät stehen bereit • Die Schüler arbeiten in den Gruppen selbstständig (der Lehrer berät und beaufsichtigt die Schüler)	a) Experimentieren in Gruppen b) x-y-Schreiber + PC + Laser(pointer)
Sicherung	• Die Ergebnisse werden dem ganzen Kurs von ein oder zwei Schülern der jeweiligen Gruppe vorgetragen und im Plenum diskutiert • Welches Messgerät ist besser: Computer oder x-y-Schreiber? • Wie lässt sich der kontinuierliche Abfall der Maxima erklären?	a) Schülervortrag + Unterrichtsgespräch b) (PC →) OHP

Abb. 56: Verlaufsskizze zu einer Physikstunde

In den schriftlichen Erläuterungen seiner Planung hatte der Referendar ausgeführt:

»*In der Forschung ist es üblich, dass junge Wissenschaftler in kleinen Gruppen an den unterschiedlichsten Problemstellungen arbeiten. Die Schüler werden durch die von mir gewählte Arbeitsform hierauf vorbereitet.*«

Als Intention für die Stunde hatte der Referendar formuliert:

»*Die Schüler sollen ihre Geschicklichkeit im Umgang mit physikalischem Experimentiergerät (Laser/x-y-Schreiber/PC-Interface/Schaltkreise) bei der Erstellung eines komplexen Versuchsaufbaus einbringen und verbessern. Durch die Aufnahme eines Intensitätsdiagrammes und die Interpretation ihrer Messergebnisse verinnerlichen die Schüler auf besonders einprägsame Weise das Huygens'sche Prinzip. Dies gibt ihnen die Möglichkeit zur eigenständigen Erklärung von Beugungs- und Interferenzerscheinungen.*«

Entsprechend dem geplanten Verlauf (siehe Abb. 56) arbeiteten die Schüler/innen nach einer knappen Einführung durch den Referendar während des größten Teils der Stunde selbstständig; in der Schlussphase stellten die Arbeitsgruppen – moderiert durch den Referendar – ihre Ergebnisse vor und diskutierten sie im Sinne der Problemstellung.

Ein Mitglied der Prüfungskommission merkte später an: Man hätte den Referendar beraten sollen, zum Examen eine Stunde zu präsentieren, in der er als Lehrer in Erscheinung tritt, in einer Stunde wie der heutigen kann ich ihn kaum beurteilen. Das Beispiel macht deutlich: Dem Mitglied der Prüfungskommission schwebte ein Stundentypus vor, in dem der Lehrer sichtbar steuernd aktiv ist, für ein Unterrichtskonzept, das den Schülern Freiraum zur Selbststeuerung in einem gegebenen Rahmen lässt, verfügte er in seinem impliziten Analyseraster nicht über die erforderlichen Beobachtungs- und Beurteilungskriterien.

Dieser Schwierigkeit kann man entgehen, wenn man Unterricht nicht nach einem *vorgegebenen Kriteriensatz* analysiert, sondern die *dem jeweiligen Konzept immanenten Kriterien* zum Maßstab der Beobachtung und Beurteilung wählt. Hierzu können die folgenden Leitfragen eine Hilfestellung geben.

Zwei Leitfragen zur Erschließung des unterrichtlichen Konzeptes (Abb. 57)

- Welches *Konzept* liegt der Unterrichtsstunde zugrunde: was sind die zentralen didaktischen und/oder methodischen Entscheidungen, die die Lehrperson getroffen hat? Welche Funktion(en) hat die Stunde im Lern- und Arbeitszusammenhang der Unterrichtsreihe: Eröffnung, Problemstellung, Planung, Problemlösung, Übung, Übertragung, Abschluss …?
- In welchen *unterrichtlichen Dimensionen* hat dieses Konzept seinen Niederschlag gefunden?

Abb. 57: Rekonstruktion des Unterrichtskonzeptes

Die Antworten auf die beiden Leitfragen können von der den Unterricht beobachtenden Person im Sinne der Grafik in ein Modell der Unterrichtsstunde umgesetzt werden, um hierauf die ersten Einschätzungen und Bewertungen stützen. Dazu kann das nachstehend abgedruckte Formular (Abb. 58) genutzt werden.

Das mithilfe des Formulars erstellte Modell der Unterrichtsstunde kann anhand folgender Leitfragen analysiert werden:

- Gibt es einen *plausiblen Zusammenhang* zwischen der zentralen didaktischen und/oder methodischen Entscheidung und
  - den positiven Eindrücken,
  - den Schwierigkeiten?
- Lassen sich *unterrichtliche Dimensionen* identifizieren, in denen die zentrale didaktische und/oder methodische Entscheidung nicht (konsequent genug) umgesetzt worden ist?
- Wird die zentrale didaktische und/oder methodische Entscheidung durch den Unterrichtsverlauf
  - insgesamt *bestätigt* oder
  - muss sie (in Teilen) *revidiert* werden?
- Gibt es neben der zentralen didaktischen und/oder methodischen Entscheidung sowie der Art ihrer Umsetzung *andere Faktoren*, die den Unterrichtsverlauf positiv oder negativ beeinflusst haben könnten?

Entsprechend können nun Überlegungen zur Optimierung des Unterrichts angestellt werden:

- In welchen unterrichtlichen Dimensionen ist es gelungen, die zentrale didaktische/methodische Entscheidung plausibel umzusetzen?
- Welche Möglichkeiten gibt es, um das gewählte didaktisch-methodische Konzept noch konsequenter umzusetzen?
- Muss das gewählte didaktisch-methodische Konzept (in Teilen) revidiert werden? Wie könnte eine solche Revision aussehen?
- Welche anderen Faktoren, die den Unterrichtsverlauf beeinflusst haben, sind bei Revisionsüberlegungen zu berücksichtigen? Zu welchen Veränderungen könnte dies führen?
- Welche Aspekte der beobachteten Unterrichtsstunde sollten als positive Elemente auch künftig Berücksichtigung finden?

Die inhaltliche Offenheit dieses Modells zur Analyse und Optimierung von Unterricht ermöglicht seine Verwendung in unterschiedlichen Zusammenhängen.

Wie das ausgefüllte Formular zu der oben erwähnten Physikstunde in einem Leistungskurs der Jahrgangsstufe 13 zum Thema »Experimentelle Untersuchung der Strahlungsintensität ...« aussehen könnte, zeigt Abb. 59.

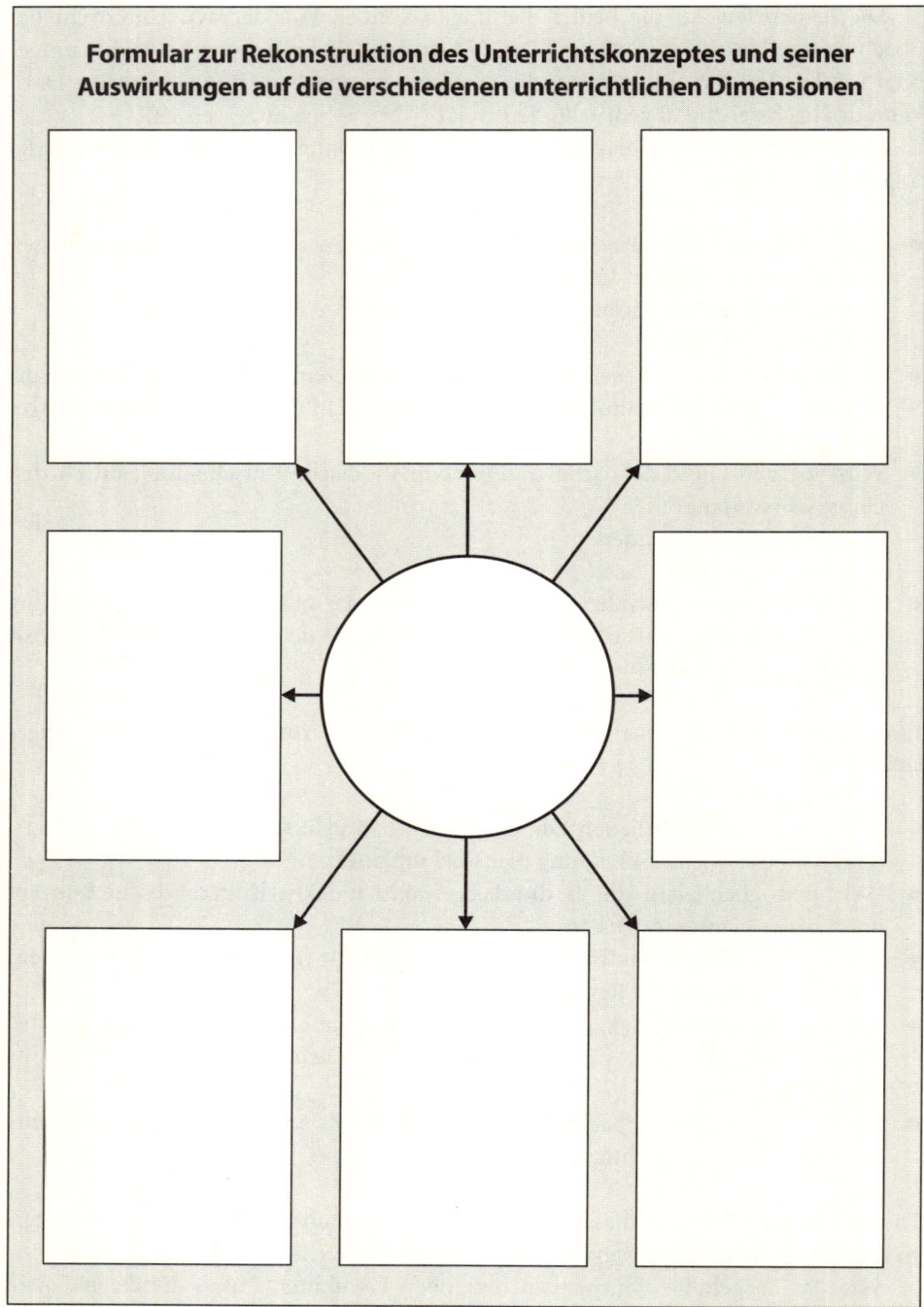

Abb. 58: Formular zur Rekonstruktion des Unterrichtskonzeptes

Abb. 59: Beispiel zur Rekonstruktion eines Unterrichtskonzeptes: Physik LK 13

Wendet man hierauf die Leitfragen zur Analyse und zur Optimierung der Unterrichtsstunde an, ist man nicht mehr in der Verlegenheit des Prüfers, der die Stunde nicht beurteilen konnte, weil die Lehrperson nicht im Mittelpunkt stand.[1]

Es wird erkennbar, dass es ein hohes Maß an Kongruenz zwischen der zentralen didaktischen/methodischen Entscheidung und den verschiedenen Dimensionen der Unterrichtsstunde gibt. Lehrerverhalten, Lehrer-Schüler-Interaktion, Stundenstruktur sowie bereitgestellte Materien ermöglichen eine konsequente und plausible Umsetzung der zentralen didaktischen/methodischen Entscheidung und führen zu einem hohen Ertrag im Sinne der Intention: Die Stunde ist also, auch wenn der Lehrer während des größten Teils der Unterrichtszeit nicht lenkend in Erscheinung tritt, durchaus unter Berücksichtigung zahlreicher Aspekte zu beobachten, zu analysieren und zu bewerten.

Dass sich im Falle dieser Stunde die Frage nach einer möglichen Optimierung nicht stellte, weil an keiner Stelle Inkompatibilitäten zwischen der zentralen didaktischen/methodischen Entscheidung und einzelnen unterrichtlichen Dimensionen beobachtet werden konnten, ist ein Indiz für die Durchdachtheit der Planung und die Angemessenheit ihrer Umsetzung.

8.3 Feedback von Schülerinnen und Schülern

Eine wichtige Ergänzung für das kollegiale Feedback aus der Lehrerperspektive stellt das Feedback durch Schüler/innen dar, das z.B. durch Fragebögen (vgl. Abb. 60) erhoben werden kann. Zu deren Gestaltung merkt Buhren an:

»*Für den Einsatz von Instrumenten zur Schülerbefragung empfiehlt Peterson geschlossene, standardisierte Fragebögen, die je nach Alter der Schüler zwischen drei und fünf Antwortkategorien enthalten sollten. Die Anonymität des einzelnen Schülers sollte in jedem Fall gewährleistet sein.*« (Buhren 1999, S. 31)

Wesentlich umfangreicher ist ein Fragebogen, der aus dem Gymnasium in Oberwil bei Basel stammt (Abb. 61). Auch hierbei handelt es sich um einen standardisierten Bogen, bei dessen Gestaltung Lehrkräfte und Schülerschaft allerdings großen Einfluss nehmen konnten (vgl. UTZ 1998). Der Vergleich der beiden Fragebögen macht sofort einige Unterschiede augenfällig, z.B.:

- Der Fragebogen aus der Schweiz erfasst eine erheblich größere Anzahl von Items als der amerikanische Fragebogen.

---

[1] Die hier in Auszügen dokumentierte Physikstunde wurde von dem Studienreferendar Frank Schäper geplant und durchgeführt. Die mit dieser Physikstunde in Zusammenhang gebrachte Äußerung eines Prüfers bezog sich in der Realität allerdings nicht auf diese Stunde, wohl aber auf eine vergleichbar konzipierte Stunde eines anderen Referendars. Die Äußerung des Prüfers ist auf S. 165 wörtlich zitiert.

- Der Fragebogen aus der Schweiz fokussiert Unterricht unter verschiedenen Hinsichten (Einschätzungen der Lehrperson; Gestaltung von Prüfungen; Wünsche an die Lehrperson – die Klasse – an sich selbst – allgemein an das Fach), während der amerikanische Fragebogen keine derartigen Differenzierungen aufweist.
- Der amerikanische Fragebogen bezieht die vorgegebenen Statements nahezu durchgängig auf das antwortende Subjekt (»Ich lerne Neues ...«), während dies beim Fragebogen aus der Schweiz nur auf den zweiten Teil zutrifft (»Ich wünsche mir ...«).
- Man kann sich vorstellen, dass der amerikanische Fragebogen auch von jüngeren Schülern beantwortet werden kann (»Ich kann das, was ich lerne, auch außerhalb der Schule anwenden«), während sich der Fragebogen aus der Schweiz sprachlich offensichtlich an ältere Schüler richtet (»Bedeutsamkeit des Gelernten für meine Allgemeinbildung«).
- In beiden Fragebögen wird ein unterschiedlich elaboriertes Verständnis von Unterricht vorgestellt.
- Die Möglichkeit, die Ergebnisse der beiden Fragebögen in praktische Konsequenzen umsetzen zu können, ist beim Fragebogen aus der Schweiz im Hinblick auf manche Items weniger unmittelbar gegeben (»Ich wünsche mir von der Klasse mehr Interesse für das Fach statt für Noten«) als beim amerikanischen Fragebogen.

	Zustimmung			Ablehnung	
	5	4	3	2	1
Ich lerne Neues in dieser Klasse.	☐	☐	☐	☐	☐
Lernen ist nicht zu schwer oder zu leicht.	☐	☐	☐	☐	☐
Ich weiß, was ich tun muss.	☐	☐	☐	☐	☐
Ich kann den Lehrer verstehen.	☐	☐	☐	☐	☐
Das Lerntempo in dieser Klasse ist nicht zu schnell oder zu langsam.	☐	☐	☐	☐	☐
Ich kann üben, was ich gelernt habe.	☐	☐	☐	☐	☐
Ich bekomme Hilfe, wenn ich sie brauche.	☐	☐	☐	☐	☐
Ich kann das, was ich lerne, auch außerhalb der Schule anwenden.	☐	☐	☐	☐	☐
Der Stundenplan ist für mein Lernen hilfreich.	☐	☐	☐	☐	☐

Abb. 60: Fragebogen zur Schülerbefragung (Peterson 1995, Übersetzung Buhren)

Stellungnahmen zum Unterricht

Feedback an die Lehrperson

Mein Lehrer/meine Lehrerin ...

1. ist gut auf den Unterricht vorbereitet
2. scheint mir fachlich kompetent
3. weckt mein Interesse am Fach
4. strukturiert den Unterricht klar (roter Faden)
5. gestaltet die Lektionen methodisch abwechslungsreich
6. setzt Anschauungsmaterial sinnvoll ein
7. erklärt so verständlich, dass ich mitkomme
8. bleibt beim Thema
9. fördert selbstständiges Arbeiten und Denken
10. erteilt angemessene Hausaufgaben
11. gibt seine/ihre Unterrichtsziele bekannt
12. überprüft, ob der Unterricht das Ziel erreicht hat
13. stellt Querverbindungen zu anderen Fächern her
14. stellt Bezüge zu aktuellen Themen her
15. lässt uns den Unterricht mitgestalten
16. behandelt alle Schüler/innen gleich (Unparteilichkeit)
17. ... kann aber auf individuelle Bedürfnisse eingehen
18. pauschal: Der Besuch des Unterrichts lohnt sich

Die Prüfungen ...

19. entsprechen dem behandelten Stoff
20. sind verständlich formuliert
21. verlangen mehr als nur Auswendiglernen
22. werden fair und transparent benotet
23. ich kann eine erhaltene Note offen mit der Lehrerin/dem Lehrer diskutieren

Abb. 61: Fragebogen zu einer Schülerbefragung in Oberwil bei Basel (Auszug)

Wünsche betreffend das Unterrichtsklima

Ich wünsche mir ...

... von meiner Lehrerin/meinem Lehrer

24. stärkere Förderung des Teamgeistes
25. ein persönlicheres Verhältnis zu ihm/zu ihr
26. eine entspanntere Atmosphäre im Unterricht
27. mehr Entgegenkommen gegenüber Fragen, wenn ich etwas nicht verstanden habe
28. mehr Gesprächsmöglichkeiten mit ihr/mit ihm
29. mehr konstruktive, auf mich bezogene Kritik
30. generell mehr Ermutigung

... von der Klasse, bezogen auf dieses Fach

31. eine Verbesserung der Beziehung zur Lehrperson
32. mehr Hilfsbereitschaft (d.h. weniger Konkurrenzdenken)
33. mehr Freiheit, im Unterricht mitzumachen
34. mehr Interesse für das Fach (statt für Noten)
35. mehr Ruhe und Konzentration in den Lektionen

... von mir selbst, bezogen auf das Fach

36. mehr Einsatz und Motivation

... allgemein in diesem Fach

37. mehr Zeit zur Vertiefung des Stoffs
38. mehr Bedeutsamkeit des Gelernten für meine Allgemeinbildung
39. Ich bin bereit, die Resultate dieses Feedbacks mit dem Lehrer/der Lehrerin und der Klasse zu diskutieren (Eine Diskussion findet statt, wenn die Mehrheit der Klasse oder die Lehrerin/der Lehrer dies wünscht)
40. Ich wünsche eine Wiederholung dieser Umfrage

Einen weiteren Fragebogen, um die Sicht von Schüler/innen auf den Unterricht zu erheben, bietet das Institut für Schulentwicklungsforschung ISF, Universität Dortmund, unter dem Titel »LiU« (Lehrerhandeln im Unterricht – ein Instrument zur Selbst- und Fremdeinschätzung von Unterricht) an.[2]

> »Der LiU basiert auf insgesamt sechs methodisch-didaktischen Dimensionen, die sich auch so in verschiedenen Unterrichtsdidaktiken wieder finden lassen. (…) Die sechs Dimensionen tragen die Überschriften: Unterricht organisieren und strukturieren, Lernatmosphäre schaffen, Methoden einsetzen und ermöglichen, Lernarrangements herstellen, Verhalten und Entscheidungen transparent machen, Differenzieren und fördern. Jeder Dimension sind sechs Indikatoren in Form von Tätigkeits- oder Verhaltensbeschreibungen zugeordnet, die die Dimensionen in ihren Ausprägungen genauer erfassen.« (Buhren 1999, S. 33)

Bezieht man den LiU auf der Grundlage der genannten sechs Dimensionen in den Vergleich der beiden anderen Fragebögen mit ein, so wird deutlich, dass es den »objektiven« Blick auf den Unterricht nicht gibt, sondern dass jeder Fragebogen ein individuelles Fenster gemäß den spezifischen Interessen seines Verfassers eröffnet. Diese mangelnde Objektivität, die auf den ersten Blick ein Problem zu sein scheint, bietet aber zugleich mehrere Chancen im Umgang mit standardisierten Fragebögen:

- In der Diskussion über die Auswahl unter verschiedenen Fragebögen können sich die potenziellen Nutzer Klarheit über ihre besonderen Frage- und Verwertungsinteressen verschaffen.
- Der auf der Grundlage einer solchen Diskussion ausgewählte Fragebogen kann im Rahmen eines Prozesses der Unterrichtsentwicklung als ein taugliches Instrument zur Ist-Stand-Analyse eingesetzt werden.
- Ein vorgegebener Fragebogen kann als Muster für die Anlage von selbst hergestellten Fragebögen genutzt und im Sinne eigener Frageinteressen ergänzt oder verändert werden.

Im Zusammenhang eines Prozesses der Unterrichtsentwicklung wird es aber schließlich darauf ankommen, eine Schülerbefragung, wenn man sie denn als zusätzliche Erkenntnisquelle nutzen will, inhaltlich an den Zielvereinbarungen zu orientieren, die dem innerschulischen Entwicklungsprozess die Richtung geben sollen. Wenn sich daher ein Kollegium über seine Leitvorstellungen von Unterricht verständigt, hierfür Kriterien aufgestellt und als Maßstab für deren Realisierung Indikatoren formuliert hat, sollten sich innerschulische Datenerhebungen, auch unter den Schülerinnen und Schülern, inhaltlich auf diese Indikatoren beziehen.

---

2 Bezugsadresse: IFS-Verlag, Institut für Schulentwicklungsforschung, Universität Dortmund

Beispiel

Im Kapitel 3.3 (Teil II) war angenommen worden, ein Kollegium habe für das Kriterium »Fehler als Lerngelegenheiten nutzen« die folgenden *Indikatoren* aufgestellt:

- zu einer Aufgabenstellung werden im Unterricht unterschiedliche Lösungsvorschläge der Schüler/innen vorgestellt,
- die Lehrperson hält sich mit eigenen Kommentaren zurück,
- die Schüler/innen haben genügend Zeit, unterschiedliche Lösungen zu diskutieren und zu überprüfen,
- ein falsches Ergebnis wird von den Mitgliedern der Lerngruppe nicht personenbezogen kommentiert,
- Lernwege werden ebenso ausführlich behandelt wie Lernergebnisse,
- die Schüler/innen werden ermutigt, unterschiedliche Lösungswege zu finden.

Will dieses Kollegium die unterrichtliche Realisierung dieser Indikatoren bei den Schüler/innen erheben, so müsste es einen Schülerfragebogen entwickeln, der etwa (in Anlehnung an das Muster von Peterson, vgl. Abb. 60) folgende Gestalt (Abb. 62) haben könnte:

Will man die möglicherweise umfangreiche Arbeit, die mit der Entwicklung eines eigenen Fragebogens verbunden ist, ein wenig reduzieren, kann man dies tun, indem man einen vorgegebenen Modellfragebogen zum Ausgangspunkt nimmt, um ihn im Sinne der eigenen Leitideen, Zielvorstellungen und Indikatoren zu überarbeiten. Das folgende Schema (Abb. 63), das sich an eine Vorlage der Salzburger Projektgruppe »Feedback-Materialien« anlehnt, zeigt, in welcher Schrittfolge solche vorgegebenen Modellfragebögen überarbeitet und eingesetzt werden können. Besonders wichtig ist in diesem Zusammenhang der Schritt 4, Präsentation und Diskussion, in dem die quantitativ ausgewerteten Daten an diejenigen zurückgegeben werden, bei denen sie erhoben worden sind. Es ist die Aufgabe dieses Personenkreises, die Daten zu diskutieren und sich über die aus ihnen abzuleitenden Konsequenzen zu verständigen.

	Zustimmung			Ablehnung	
	5	4	3	2	1
Bei der Besprechung von Aufgaben lässt der Lehrer regelmäßig mehrere Schüler zu Wort kommen.	☐	☐	☐	☐	☐
Wenn ein Schüler seine Lösung einer Aufgabe vorgetragen hat, darf ich oder ein anderer Schüler dazu Stellung nehmen, ohne dass sich der Lehrer einmischt.	☐	☐	☐	☐	☐
Ich habe genügend Zeit, über die Beiträge von Mitschülern nachzudenken und sie mit anderen Schülern zu diskutieren.	☐	☐	☐	☐	☐
Wenn ich eine falsche Antwort gebe, werde ich dafür von meinem Lehrer nicht kritisiert.	☐	☐	☐	☐	☐
Wenn ich eine falsche Antwort gebe, werde ich dafür von meinen Klassenkameraden nicht verspottet.	☐	☐	☐	☐	☐
Wenn ich zu einer Aufgabe keine Lösung finde oder eine falsche Antwort gegeben habe, arbeiten wir in der Klasse die Aufgabe gemeinsam durch.	☐	☐	☐	☐	☐
Wenn ich zu einer Aufgabe eine andere Lösung als meine Klassenkameraden gefunden habe, darf ich sie im Unterricht vorstellen.	☐	☐	☐	☐	☐
Wenn wir eine neue Aufgabe besprechen, notiert der Lehrer an der Tafel, wie man zu einer Lösung kommt.	☐	☐	☐	☐	☐
Ich bekomme von meinem Lehrer Pluspunkte, wenn ich den Lösungsweg für eine Aufgabe kenne, auch wenn nachher das Ergebnis falsch ist.	☐	☐	☐	☐	☐

Abb. 62: Schülerfragebogen zur Indikatorenabfrage

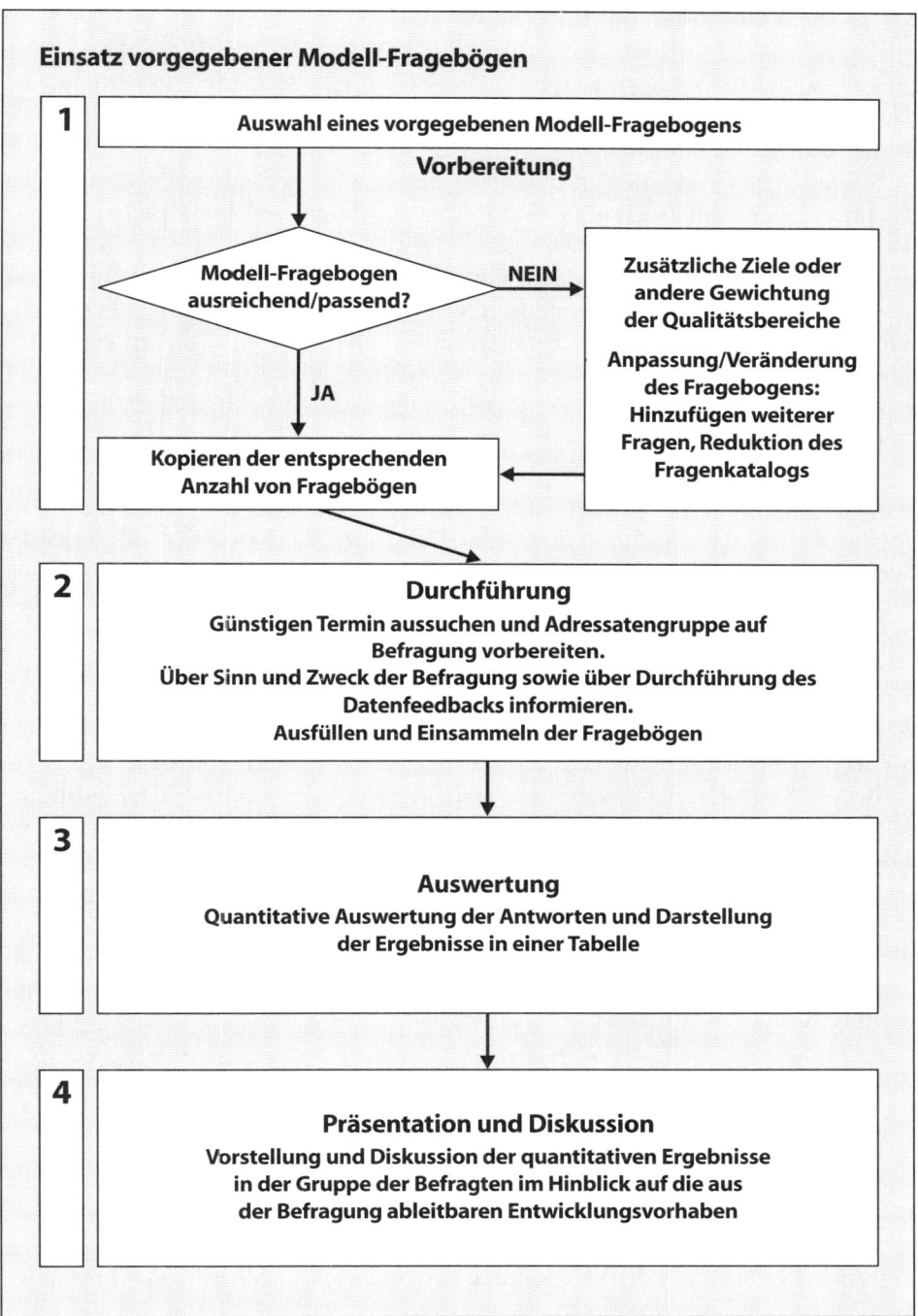

Abb. 63: Ablaufschema zum Einsatz vorgegebener Fragebögen

8.4 Weitere Methoden der Datensammlung

Interviews und strukturierte Gespräche, Beobachtungen sowie die Auswertung vorhandener Daten und Dokumente stellen neben dem Fragebogen weitere Möglichkeiten der Datengewinnung dar.

Strukturierte Gespräche und Interviews sind besonders dann geeignet, wenn sich das Interesse der Untersuchung weniger auf quantifizierbare Ergebnisse richtet sondern eher auf das Aufdecken tiefer gehender Zusammenhänge, die durch direktes Nachfragen geklärt werden können; die Analyse vorhandener Dokumente erspart möglicherweise neue Datensammlungen oder gibt Hinweise darauf, in welcher Richtung diese zu fokussieren sind; Beobachtungen schließlich ermöglichen einen unmittelbaren Einblick in soziale Prozesse. Detaillierte Hinweise für die Anlage und den Umgang mit den genannten Verfahren finden sich bei Burkard/Eikenbusch (2000, S. 127).

Will man sich dieser Verfahren bedienen, so kommt es im Sinne der in den bisherigen Überlegungen entfalteten Kombination von Unterrichts- und Organisationsentwicklung darauf an, die Fragen für Interviews, die Kategorien für Beobachtungen bzw. die Aspekte der Dokumentenanalyse aus dem Arbeitszusammenhang abzuleiten, der von der Verständigung über Bilder von Unterricht zu der Vereinbarung von Kriterien und der Identifizierung von Indikatoren geführt hat.

Dies soll am Beispiel der Indikatoren für das Kriterium »Fehler als Lerngelegenheiten nutzen« demonstriert werden, die an anderer Stelle bereits für die Entwicklung eines Fragebogens genutzt worden sind und hier nun exemplarisch in die Kategorien eines Beobachtungsbogens übersetzt werden sollen (vgl. Abb. 64).

Bei der Evaluation komplexer Gegebenheiten wird man wahrscheinlich nicht nur *ein* Evaluationsverfahren einsetzen, sondern *unterschiedliche* Vorgehensweisen kombinieren. Denkbar ist zum Beispiel, dass man aufgrund der mit einem *Fragebogen* gewonnenen Ergebnisse aus einer Schülerbefragung einen *Beobachtungsbogen* entwickelt, der für die Unterrichtsanalyse bei den Lehrpersonen einer bestimmten Jahrgangsstufe genutzt wird. In einem weiteren Schritt könnten in einem *strukturierten Gespräch* mit den Lehrkräften die Gründe für den Einsatz bzw. Nichteinsatz bestimmter Unterrichtsverfahren erhoben werden.

8.5 Verarbeitung von Evaluationsergebnissen in Konferenzen

Evaluation als Selbstevaluation, als kollegiales Feedback oder als Feedback von Schüler/innen hat zweifellos schon dann einen Wert, wenn sie der einzelnen Lehrperson zu Einsichten in Verbesserungsmöglichkeiten und -notwendigkeiten des eigenen Unterrichts verhilft. Für die Verbesserung der Unterrichtsqualität insgesamt sind jedoch Quervergleiche erforderlich, die die einzelnen Verbesserungsnotwendigkeiten auf einen innerschulischen Gesamtzusammenhang beziehen.

Indikatoren für das Kriterium »Fehler als Lerngelegenheiten nutzen« ...

- Zu einer Aufgabenstellung werden im Unterricht unterschiedliche Lösungsvorschläge der Schülerinnen und Schüler vorgestellt,
- die Lehrperson hält sich mit eigenen Kommentaren zurück,
- die Schülerinnen und Schüler haben genügend Zeit, unterschiedliche Lösungen zu diskutieren und zu überprüfen,
- ein falsches Ergebnis wird von den Mitgliedern der Lerngruppe nicht personenbezogen kommentiert,
- Lernwege werden ebenso ausführlich behandelt wie Lernergebnisse,
- die Schülerinnen und Schüler werden ermutigt, unterschiedliche Lösungswege zu finden.

... in einen Beobachtungsbogen übersetzen

Beobachtungsbogen zu den Indikatoren für das Kriterium »Fehler als Lerngelegenheit nutzen«		
Fach: Name: Datum: Klasse:		
Die Lehrperson ...	Ja	Nein
... begnügt sich nicht mit einer »richtigen« Lösung zu einer Aufgabe		
... ermutigt die Schüler/innen, unterschiedliche Lösungsmöglichkeiten zu einer Aufgabe zu suchen		
... fordert die Schüler/innen auf, unterschiedliche Lösungen zu diskutieren		
... fragt nach Argumenten, die für die unterschiedlichen Lösungen sprechen		
... lässt Argumente, die für die unterschiedlichen Lösungen sprechen, gegeneinander abwägen		
... gibt bei fehlerhaften Lösungen/Lösungswegen keine wertenden Kommentare ab		
... unterbindet bei fehlerhaften Lösungen/Lösungswegen wertende Kommentare durch die Lerngruppe		
... lässt für jeden neuen Aufgabentypus die Lösungswege diskutieren		

Abb. 64: Beobachtungsbogen zu »Fehler nutzen«

Das bedeutet, dass die in den unterschiedlichen Evaluationsprozessen gewonnenen Daten in der Schulöffentlichkeit diskutiert und im Hinblick auf mögliche Konsequenzen gemeinsam bedacht werden müssen. Dieser sachlichen Erfordernis steht jedoch hindernd entgegen, dass Evaluation von den meisten Lehrkräften als ein Instrument externer Kontrolle und nicht als ein Verfahren der Selbstreflexion in einem Entwicklungszusammenhang betrachtet wird. Entsprechend wird man sich auf Widerstand gegenüber Quervergleichen einstellen müssen.

Um vor diesem Hintergrund für größere Akzeptanz zu sorgen, empfiehlt es sich, die in den Evaluationsprozessen gewonnenen Daten wenigstens ein Stück weit von den Personen abzulösen, um so eine größere Bereitschaft zu schaffen, Daten zur Kenntnis zu nehmen und gemeinsam mit anderen zu diskutieren. Hierzu sind verschiedene Zugangsweisen denkbar:

- Haben mehrere Kollegiumsmitglieder in einem Hospitations- und Feedback-Zirkel zusammengearbeitet, sollten sie innerhalb des Zirkels die gewonnenen Einsichten zusammenfassen. Auf diese Weise erhält man aggregierte Daten zu der Frage, in welcher Hinsicht die unterrichtliche Arbeit zu verbessern ist, ohne dass dies von außen erkennbar einer bestimmten Person zuzumessen wäre.
  Die von den Mitgliedern eines Zirkels erarbeiteten Folgerungen können innerhalb einer Fach- oder Jahrgangsstufenkonferenz durch Zusammenfassung mit Ergebnissen anderer Zirkel weiter vervollständigt und zu einer Beschreibung des insgesamt vorhandenen Entwicklungsbedarfs zusammengefasst und in einem Arbeits- und gegebenenfalls Fortbildungsprogramm umgesetzt werden. Die einzelne Lehrperson erkennt in diesem Programm ihren individuellen Entwicklungsbedarf wieder, über den sie sich bereits mit den Kollegiumsmitgliedern innerhalb des Feedback-Zirkels ausgetauscht hat, sie muss sich aber nicht mit ihren möglichen Defiziten vor einer größeren Schulöffentlichkeit offenbaren.
- Ähnlich kann mit Ergebnissen aus Schülerbefragungen umgegangen werden. Es empfiehlt sich, Schülerbefragungen nicht isoliert durchzuführen, sondern nach Möglichkeit von Lehrpersonen des gleichen Faches in parallelen Lerngruppen zu den gleichen Fragestellungen. Die dabei gewonnenen Ergebnisse sind zunächst von den Lehrpersonen mit ihren jeweiligen Lerngruppen im Hinblick auf mögliche Konsequenzen zu diskutieren. In einem weiteren Schritt sollte aber auch hier der Quervergleich erfolgen, der analog zu den im Zusammenhang mit den Feedback-Zirkeln geschilderten Abläufen gedacht werden kann und wiederum in die Arbeit von Fach- und Jahrgangsstufenkonferenzen einmündet.

Die auf diese Weise aus unterschiedlichen Quellen gespeisten Impulse für die Arbeit der Fach- und Jahrgangsstufenkonferenzen wird man längerfristig über die Lehrerkonferenz auch für die weitere Konkretisierung und Umsetzung des Schulprogrammes nutzen, um zwischen den allgemein proklamierten pädagogischen Leitvorstellungen und der tatsächlichen unterrichtlichen Arbeit keine allzu große Lücke entstehen zu lassen.

Teil III: Prozesssteuerung

Guten Unterricht zu praktizieren ist der Kern des Dienstauftrages von Lehrpersonen. Für guten Unterricht zu sorgen, gehört zu den zentralen Aufgaben der Schulleitung. Tatsächlich hat die Schulleitung diese Verpflichtung in vielen Fällen den einzelnen Lehrpersonen als deren alleinige Aufgabe und Verantwortung überlassen. Erst die aktuelle Qualitätsdebatte hat daraus ein zentrales Thema für alle Lehrer/innen, für Schule insgesamt und für Schulleiter/innen im Besonderen gemacht und es um einen Entwicklungsaspekt ergänzt: Die Qualität des Unterrichts gilt es nicht nur zu sichern, was angesichts schwieriger werdender Umfeldbedingungen schon anspruchsvoll genug ist, sondern auch zu entwickeln, wie es die sich rasant verändernden gesellschaftlichen Anforderungen verlangen. Dies zu leisten ist zweifellos Aufgabe jeder einzelnen Lehrkraft in ihrem Fach wie auch aller in einer Schule tätigen Lehrerinnen und Lehrer. Die Summe von Einzelbemühungen ergibt aber noch kein Gesamtkonzept im Sinne von abgestimmter und gemeinsam verantworteter Arbeit. Ein Gesamtkonzept ist nur erreichbar durch die kritische und koordinative Wahrnehmung der Prozesssteuerung durch die Schulleitung und möglichst durch eine Steuergruppe. Die ultimative Aufgabe der Schulleitung besteht darin, die Unterrichtsentwicklung mit Organisationsentwicklung zu verbinden.

1. Führung, Management und Moderation

Schulleitung kann durch drei Funktionsanforderungen gekennzeichnet werden:

- Führung,
- Management,
- Moderation.

Alle drei sind für UE von Belang.

Führung

Führung ist immer Personalführung. Sie bedeutet zielbezogene Einflussnahme und sie beruht auf Gegenseitigkeit: Führung kann es nur geben, wenn sich andere führen lassen, wenn es Geführte gibt. Wirksame Führung ist stark situationsabhängig. Einen idealen Führungsstil und ein für alle Situationen gleichermaßen gültiges Führungsverhalten gibt es nicht. Zentrale Felder von Führung sind:

- Arbeitsbedingungen zu schaffen, die motivieren und Anreize zur Innovation auslösen,
- Ziele gemeinsam zu entwickeln,
- Prozesse zu initiieren sowie Wege aufzuzeigen und zu ebnen,
- andere zu befähigen, selbst zu handeln und
- zu fördern und zu bestätigen, auch auf der Gefühlsebene.

Zur Führung gehört die Initiation und Unterstützung von UE, damit sie in Gang kommt und nachhaltig wirkt.

Deshalb zählt es zu den vornehmsten Aufgaben der Schulleitung, sich für den Unterricht der Lehrpersonen sichtbar zu interessieren, ihnen ggf. Anregungen zu geben, z.B. durch Feedback zu Fragen von Unterricht ohne eigene Teilnahme oder aber auch durch verabredete Hospitationen. Führung auf dem Felde des Unterrichts bedeutet letztlich den schrittweisen Aufbau eines Gesamtkonzepts von UE.

Management

Management bedeutet allgemein eine systematische, rational mit Ressourcen (Personal- und Sachmittel) umgehende Gestaltung und Verwaltung einer Institution und der in ihr fachlich zu leistenden Arbeit. Die UE einer Schule insgesamt erfolgreich zu betreiben, gehört zu den zentralen Managementaufgaben. Das beinhaltet u.a. die Sicherung der Ressourcen allgemein und in besonderer Weise die Aufrechterhaltung des Unterrichtsbetriebs in möglichst routinierter, d.h. entlastender Weise. Dazu gehört die Schaffung einer angemessenen Arbeitsstruktur für die Sicherung und für die Weiterentwicklung der Qualität des Unterrichts. Dies sollte in der Regel im Rahmen der bestehenden Arbeitsstruktur geschehen, die im Wesentlichen aus Fachkonferenzen bzw. Jahrgangsstufenkonferenzen, in kleinen Schulen aus Klassenkonferenzen besteht.

Das Konzept einer erweiterten Selbstständigkeit von Schule kann zum Entstehen neuer Binnenstrukturen führen z.B. in Form von Initiativ-, Projekt- oder Steuergruppen, vielleicht auch von schulischen Qualitätszirkeln. Schulleitungen sollten darauf achten, dass keine Doppelstrukturen und Unübersichtlichkeiten entstehen. Deshalb sollten möglichst viele neue Aufgaben in die bestehenden Arbeitsstrukturen integriert werden. Zum Management durch Schulleitung gehört nicht zuletzt die Koordination der Ergebnisse der UE, die dezentral an unterschiedlichen Orten stattfindet. Da wo es rechtlich oder faktisch eine differenzierte Leitungsstruktur gibt, wachsen im Übrigen die Koordinationsaufgaben der Leiterinnen und Leiter durch die Abstimmungsarbeit innerhalb des Leitungsteams.

Wenn es richtig ist, dass Lehrer/innen ihre berufliche Identität wesentlich in ihrer fachlichen Arbeit finden, stellen die Fachkonferenzen für die Schulleiterin bzw. den Schulleiter eine zentrale Herausforderung.

Im Rahmen der UE sind schließlich die Moderationsfähigkeiten der Schulleitung gefordert. Moderation wird hier verstanden als die an gemeinsam definierten Zielen und den Interessen der Beteiligten orientierte Leitung des Arbeitsprozesses einer Gruppe. Dies bedeutet z.B. Beratung im Bereich der Arbeitsmethodik und Unterstützung bei Verständigungsprozessen sowie der Zusammenarbeit der Beteiligten.

Moderation

Die *Moderationsaufgaben* der Schulleitung sind nahezu allgegenwärtig. Sie sind vor allem in Lernsituationen angebracht, in denen es darum geht, voneinander und miteinander zu lernen. Beispielsweise könnte die Schulleitung mit einer Fachkonferenz ein Brainstorming verabreden, um gemeinsam Indikatoren für guten Unterricht zu erarbeiten. Dabei nimmt sich die Schulleitung als Entscheidungsinstanz zurück und bringt nur ihr Prozess-Know-how ein. Ähnliches gilt für Workshops aller Art, z.B. zu Parallelarbeiten und deren Bedeutung für UE, für die Bearbeitung von Konflikten (bei der die Schulleitung allerdings nicht selbst betroffen sein darf), für Elterngesprāche oder für die Initiierung von Entwicklungsprozessen, was im Folgenden konkreter ausgeführt werden soll.

UE ist in erster Linie Angelegenheit derjenigen, die unterrichten, also der Lehrerinnen und Lehrer. Aber es ist ebenso klar, dass über den eigenen Klassenraum hinausgehende UE nicht ohne und schon gar nicht gegen die Schulleitung möglich ist. Schulleitungen haben normalerweise mehr Kenntnisse von Schulentwicklung als einzelne Lehrpersonen, und sie verfügen über einige der dazu notwendigen Ressourcen. Insofern ist die Schulleitung hauptsächlich für die Initialzündung und im weiteren Verlauf für die Koordinierung und Stabilisierung des Prozesses verantwortlich. Dies klingt einfach, bedeutet in der Realität aber oft das Überwinden langer Durststrecken. Was dies konkret heißt, soll im Folgenden weiter ausgeführt werden.

2. Initiieren von UE

Wir wissen aus Forschung und Erfahrung, dass Schulleitungen neue Entwicklungen oder Weiterentwicklungen nicht einfach anordnen können. Wenn sich Lehrpersonen solche Entwicklungsvorhaben nicht zu Eigen machen können oder wollen, »tauchen sie drunter hinweg« oder konstruieren sie so um, dass sie in die Alltagsroutine einfach eingebaut werden, ohne diese zu verändern. Deshalb muss sich moderne Schulleitung in erster Linie an anderen Handlungsformen orientieren, an:

- Informieren,
- Interpretieren,
- Interessieren,
- Inspirieren,
- Integrieren, aber auch
- Intervenieren.

Diese sechs Handlungsformen laufen darauf hinaus, Notwendigkeiten zu identifizieren, die sich aus Richtlinien und Lehrplänen sowie Schulprogrammen ergeben, und Anlässe für UE aufzuspüren, auszukundschaften und im Zweifel selbst zu schaffen. Derartige Anlässe sind vielfältig und variabel.

Information ist auf den ersten Blick die einfachste und grundlegendste Form der Initiierung. Schulleiter/innen haben in der Regel durch ihr Beziehungsnetz sowie die Kenntnis der pädagogischen Literatur Zugang zu vielfältigen Informationen, die für die einzelnen Akteure der UE von Bedeutung sein können und ihnen deshalb weitergeleitet werden müssen. Dies kann geschehen, indem Artikel für die Lehrkräfte fotokopiert, Kontakte hergestellt oder aber spezifische Weiterbildungsmöglichkeiten angeboten werden.

Es empfiehlt sich, die entsprechenden Lehrkräfte oder auch Fachkonferenzen von Zeit zu Zeit auf diese Angebote anzusprechen, um Rückmeldung darüber zu erhalten, ob die Informationen zu irgendwelchen Initiativen geführt haben, oder zu prüfen, ob die Angebote überhaupt hilfreich waren. Dies kann auch in Beratungsgesprächen mit einzelnen Lehrpersonen oder mit Fachkonferenzvorsitzenden geschehen.

Informationen sind in der Regel interpretationsbedürftig: TIMSS-Ergebnisse müssen z.B. vor dem Hintergrund der Messinstrumente im Allgemeinen und der japanischen Lernkultur im Besonderen interpretiert werden, ebenso die Erlasse zu Aufgabenbeispielen (»Wie weit dürfen wir von den Mustern abweichen?«).

Solche Interpretationen können Interesse wecken, aber auch erlöschen lassen. Bezüglich der Weiterentwicklung von Unterricht sollte man zudem nicht unterschätzen, wie viel Interesse an UE im Kollegium ohnedies vorhanden ist, stellt doch Unterricht die Kernarbeit von Lehrpersonen dar. Solche Interessen hervorzulocken und ausformen zu lassen gehört zu den wichtigsten Führungsaufgaben.

Dies alles vermag, insbesondere wenn es sich in einem moderativen Rahmen vollzieht, auch zu inspirieren. Inspirationen haben vielfältige Quellen; sie finden sich in Wettbewerben (z.B. »Jugend forscht«), auf Messen und Kongressen, in SCHILF-Veranstaltungen, in Schülerbefragungen, auf »Tagen der offenen Tür« von Universitäten und sonst wo. Aufgabe von Schulleitungen ist es, nicht nur zu inspirieren, sondern vor allem Inspirationen, die im Kollegium angelegt sind, zur Artikulation zu verhelfen.

Dabei wird es nicht selten vorkommen, dass bestimmte Inspirationen anderen Inspirationen entgegenstehen: aus persönlichen, fachlichen, ideologischen oder sonstigen Gründen. In diesen Fällen fällt der Schulleitung eine Integrationsfunktion zu, damit die Kraft der Inspiration nicht verpufft. Schulleitung kann integrieren, indem sie den »gemeinsamen Grund« aufzuzeigen versucht oder Kombinationsmöglichkeiten oder Rangfolgen vorschlägt, die erst das eine und dann das andere zur Geltung kommen lässt.

Schulleitung, die initiieren will, muss ggf. auch zur Intervention bereit sein. Wenn sich ein fauler Kompromiss abzeichnet, Friedhofsstimmung im Kollegium herrscht, bestimmte Vorhaben nicht realisierbar sind oder auch falsche Euphorie entstanden ist, muss Schulleitung die Komfortgrenze überschreiten, weil sonst Prozesse in die falsche Richtung laufen oder sich gar nichts bewegt. Die Schulleitung kann beispielsweise konfrontieren durch herausfordernde Berichte von anderen Schulen (noch besser durch Besuche bei anderen Schulen), durch Auseinandersetzung mit Schülerbefragungen, durch eigens dazu anberaumte Sitzungen oder je nach Konstellation durch Konfliktgespräche, die möglicherweise besser extern moderiert werden.

Vermutlich entsteht mehr Klarheit darüber, was Initiierung UE heißt, wenn einige besonders gut geeignete Anlässe aufgezählt werden:

- Auseinandersetzung mit einschlägigen Materialien des MSWWF, vor allem mit dem »Rahmenkonzept zur Qualitätsentwicklung und -sicherung« und der Aufgabenbeispiele.
- Arbeit am Schulprogramm, die nur dann gelingt, wenn der Unterricht als Kern von Schularbeit dabei erreicht wird.
- Eine Sitzung der Fachkonferenz Mathematik über die Ergebnisse von TIMSS und die sich vielleicht daran anschließende Absicht, die TIMSS-Aufgaben in den eigenen 8. Klassen lösen zu lassen.
- Eintritt mehrerer neuer Kolleg/innen, die nach dem Unterrichtskonzept fragen.
- Teilnahme einiger Kollegiumsmitglieder am Methodentraining nach Klippert (vgl. dazu Klippert 1995).

- Eine Befragung der Schüler/innen der ganzen Schule zu Fragen des Unterrichts und eine Diskussion darüber. Ähnliches ist in Bezug auf Eltern denkbar.
- Ein Jubiläum, das die Schule zum Anlass nimmt, sich selbst auf den Prüfstand zu stellen, ihre Arbeit zu evaluieren und die Zukunft zu planen.

Die Anlässe sind offensichtlich zahlreich und äußerst variabel. Sie verlangen allesamt nach der Schulleitung. Vorschläge, die von Lehrer/innen kommen, die die Schulleiterin bzw. der Schulleiter aufgreifen, haben häufig bessere Realisierungschancen als spezifische Vorschläge aus der Schulleitung. Das verdeutlicht auch, dass die Initiationsfunktion der Schulleitung keinesfalls paternalistisch zu verstehen ist. Es geht im Wesentlichen um Aufgreifen von Ideen anderer oder Anstoßen im Sinne von Ermöglichen, um Austausch zu organisieren und um Schaffung eines Rahmens für Aktivitäten des Kollegiums. Vieles können Fachkonferenzen oder zuweilen auch Steuergruppen selber übernehmen.

3. Arbeitsstrukturen nutzen bzw. schaffen

UE ist eine Daueraufgabe der Schule. Sie auf Dauer zu stellen, obliegt vor allem der Zuständigkeit und Verantwortung der Schulleitung. UE liefe Gefahr, als einmaliges Ereignis missverstanden zu werden wie so manche SCHILF, wenn der Dauer-, d.h. auch Prozesscharakter keine organisatorische Basis fände. An dieser Stelle wird besonders einsichtig, dass UE nach Organisationsentwicklung verlangt: Es müssen die vorhandenen Arbeitsstrukturen für Unterrichtsentwicklung genutzt und darüber hinaus neue geschaffen werden. Beides ist eine Domäne von Organisationsentwicklung. Sie verlangt vor allem nach der Managementfunktion der Schulleitung.

3.1 Fachkonferenzen aktivieren

Fachkonferenzen bzw. Fachgruppen existieren de jure in fast allen Schulen. In Berufskollegs treten an ihre Stelle zunehmend die Bildungsgangkonferenzen; für sie gelten diese Ausführungen analog. Sie sind für die Entwicklung des Unterrichts zentral. Insofern eignen sie sich gut zur Nutzung als Arbeitsstrukturen für UE.
    Alle Lehrerinnen und Lehrer – zumindest in weiterführenden Schulen – gehören einer oder mehreren Fachkonferenzen, Fachschaften oder Fachgruppen an, wo sie sich je nach personeller Zusammensetzung unterschiedlich oft treffen, die nach dem SchMG aufgegebenen Aufgaben lösen, ihr Fach betreffende grundsätzliche und alle Mitglieder bindende Entscheidungen treffen, Fachfragen diskutieren und gemeinsame Maßnahmen vereinbaren. Unserer Erfahrung nach sind sich viele Fachkonferenzen ihrer verantwortlichen Rolle für Qualitätsarbeit noch nicht hinreichend bewusst. Von ihrem Potenzial her bilden sie die ideale Arbeitsstruktur für die Entwicklung, Realisierung und Evaluierung der pädagogischen Qualitätsarbeit; denn wenn Schulentwicklung als ein von allen getragener Prozess angesehen wird und den Fachkonferenzen darin eine essenzielle Bedeutung zukommt, dann sollten sie mehr sein als Routineveranstaltungen, die zweimal im Jahr tagen und nur die nötigsten Geschäfte klären. Vielmehr sollten sie mindestens vier wesentliche – möglichst aus dem Leitbild bzw. dem Schulprogramm abgeleitete – Funktionen haben:

- Verantwortung für die fachliche Qualitätsentwicklung und Qualitätssicherung in ihrem Fach tragen,
- Mitverantwortung für die Personalförderung in ihrem Fach übernehmen,
- Verantwortung für die eigene Infrastruktur zeigen und
- Interessenvertretung der fachlichen Anliegen wahrnehmen.

Fachkonferenzen müssen die Gremien sein, in denen unter Fachkolleginnen und Fachkollegen fachliche Aspekte diskutiert und auf ihre Relevanz für den Unterricht hin überprüft werden. Hier erfolgt bislang, aber oft eher implizit und informell, das Festlegen von Qualitätsstandards von Unterricht, häufig ohne Verbindlichkeit, ohne Kontrolle und ohne Feedback. Dieser Zustand muss abgelöst werden durch Verbindlichkeit aufgrund von förmlichen Beschlüssen und durch eine Überprüfung ihrer Umsetzung. Dazu eignen sich u.a.:

- Analyse, Diskussion und Entscheidungen zur fachmethodischen und fachdidaktischen Arbeit und zur Leistungsbewertung,
- Austausch von Informationen über pädagogisch-didaktische Fragen,
- Austausch von Unterrichtserfahrungen und Unterrichtsmaterialien,
- gemeinsame Erarbeitung von Unterrichtsreihen,
- Entwicklung und Überprüfung des Curriculums,
- wissenschaftlicher Diskurs z.B. über neue Veröffentlichungen im Fach,
- Organisation von gegenseitigen Unterrichtsbesuchen,
- Evaluation neuer Unterrichtsmittel.

Besonders schwierig, aber auch besonders bedeutsam für UE sind gemeinsam erarbeitete und beschlossene Kriterien für Lernerfolgsfeststellungen. Man kann, auch und vor allem aus der Sicht der Schülerinnen und Schüler und ihrer Eltern, gar nicht oft genug betonen, wie sensibel gerade dieser Bereich der Lehrerarbeit ist. Es ist deshalb unumgänglich, innerhalb von Fachkonferenzen möglichst einen Konsens in diesem Bereich zu suchen. Die Schulleitung und die Fachkonferenzvorsitzenden müssen hier ihre Führungsfunktion bzw. ihre Vorsitzfunktion wahrnehmen. Dies kann in Mitarbeitergesprächen, in Zielvereinbarungen – oder Beratungsgesprächen mit den Fachkonferenzvorsitzenden geschehen, durch gelegentliche Teilnahme der Schulleitung an den Konferenzen (deren Einladungen einschließlich Tagesordnung immer zur Kenntnis an die Schulleitung gehen müssen) oder aber durch Informationen der Fachkonferenzen über Notenstatistiken, die zur Diskussion anregen können. Außerdem erhält die Schulleiterin bzw. der Schulleiter die Ergebnisübersichten der Klassenarbeiten, die Informationen über gefährdete Versetzungen und schließlich die Zeugnisnoten in allen Fächern.

Um diesen Aspekt zu gewährleisten, sollten Fachkonferenzen von Zeit zu Zeit:

- Klassenarbeitssätze austauschen,
- Parallelarbeiten konzipieren,
- wechselseitige Korrekturen organisieren,
- Aufgabenbeispiele für die Feststellung der Qualität des Unterrichts herleiten, von den Schülerinnen und Schülern lösen lassen und über die Ergebnisse miteinander sprechen,
- Indikatoren für die Qualität von Unterricht gemeinsam entwickeln (vgl. II, 3 und Buhren u.a. 1999)

Die Schulleitung muss dafür sorgen, dass die Notwendigkeit der Unterrichtsentwicklung vom gesamten Kollegium verstanden, akzeptiert und angegangen werden muss. Dies ist ohne Alternative. Einiges davon kann im laufenden Schuljahr angegangen werden und einiges in besonderen Veranstaltungen, weil es sich um neue, schwirige und Zeit raubende Prozesse handelt. Auch wenn es sich um Obligatoriken handelt, ist Schulleitung gut beraten, sich nicht auf bloße Anordnungen und Kontrollen zu verlassen, sondern vielmehr darauf hinzuwirken, dass die Fachkonferenzen sich weitgehend selber steuern. Dafür benötigen diese eine bestimmte Eigenständigkeit, die auch das eigene Budget umfasst.

Die Schulleitung sollte realistischerweise davon ausgehen, dass jede Fachkonferenz zuerst einmal ihre eigenen Interessen vertritt und erst in zweiter Linie gesamtschulische. Ob sie selbst an Fachkonferenzen teilnehmen soll, wird sich nach der Einschätzung der jeweiligen Tagesordnung richten können. Zwischenbilanzgespräche mit den Fachkonferenzvorsitzenden sind sinnvoll. Eine gewisse Konkurrenz zwischen den einzelnen Fachkonferenzen kann auch einen wesentlichen Erfolgsfaktor für die Unterrichtsentwicklung darstellen. Damit Arbeit und Vorstellungen der Fachkonferenzen über den eigenen Kreis hinaus bekannt werden und auch in den überfachlichen bzw. außerfachlichen Entscheidungsprozess einfließen können, ist es für diese wichtig, über geeignete Kanäle zu verfügen.

Auch wenn je nach Schulkultur die konkrete Aufgabenverteilung eher von der Schulleitung übernommen wird, ist zu bedenken, dass die Veranstaltung Schule von möglichst vielen getragen und bewegt werden sollte. Insofern ist es unumgänglich, den Fachgremien mehr Selbstständigkeit einzuräumen bzw. sie zur Übernahme zu veranlassen. Die Art und Weise, wie diese Aufgaben wahrgenommen werden, ist Sache jeder einzelnen Schule. Wichtig für das Funktionieren und die Kontinuität der Fachschaftsarbeit ist aber eine klare Organisation, eine zusammenfassende Verschriftlichung der Aufgaben, Rechte sowie Pflichten der Mitglieder und der Vorsitzenden und darüber hinaus der Vereinbarungen, die im Zusammenhang der Gremien getroffen werden.

Ansprechpartner der Schulleitung ist in erster Linie die als Vorsitzende von dem Fachgremium für ein Schuljahr gewählte Lehrperson. Diese gewährleistet die Realisierung der durch die einschlägigen Rechtsvorschriften aufgegebenen Ziele und Aufgaben.

Zu klären bleibt für jede Schule, wie der Prozess der UE in und durch Fachkonferenzen im Einzelnen verläuft. Zu verhindern ist auf alle Fälle, dass mit der Funktion des Fachkonferenzvorsitzenden lediglich eine – aus Lehrersicht gesehen – zweite weisungsbefugte Hierarchieebene entsteht. Jedoch müssen die Vorsitzenden die Möglichkeit haben, die im Rahmen des gesetzlichen Auftrags gefällten Beschlüsse für alle Mitglieder verbindlich durchzusetzen. Die Anwesenheit und Mitarbeit bei den Sitzungen gehört zu den selbstverständlichen Dienstpflichten.

Ebenso gehört es zu den Dienstpflichten der Schulleitung, dass sie auf vielfache Weise die Bedeutung dieser Arbeit für die Unterrichtsqualität deutlich macht und erkennbar stützt. Die Kontinuität und Verbindlichkeit der Fachkonferenzarbeit kann förmlich z.B. dadurch sichergestellt werden, dass die Schulleitung regelmäßig und systematisch Mitarbeitergespräche mit den Vorsitzenden führt, in denen die Fachkonferenzarbeit, ihre Entwicklung, Schwierigkeiten usw. Gegenstand von Rückblick und neuen Zielvereinbarungen ist.

Informelle oder formelle Gespräche (z.B. Mitarbeitergespräche) zwischen Schulleitung und der einzelnen Lehrperson über die aus der Fachkonferenzarbeit resultierende Umsetzung in die Praxis, das Herstellen von Kontakten zur Arbeit anderer Kolleg/innen oder Fachkonferenzen, Hinweise auf Veröffentlichungen, sensibles Wahrnehmen von Widerständen und Schwierigkeiten sind meistens sehr wirksame Mittel zur Stützung einer möglichst selbstständigen und selbstbewussten Fachkonferenzarbeit.

Eine aus Sachgründen und aus Motivationsabsichten hilfreiche Praxis kann eine in den Lehrerkonferenzen zur Verfügung stehende kleine regelmäßige Zeiteinheit sein, in der turnusmäßig alle Fachkonferenzen ihre Arbeitsstände vorstellen oder eine einzelne Fachkonferenz aus besonderem Anlass ein Thema mit der Bitte um Beratung, um Kenntnisnahme, um Diskussion, um Unterstützung usw. vorträgt.

Dies kann auch einer zu engen Fixierung der pädagogischen Qualitätsentwicklung auf die Fachkonferenz entgegenwirken, die nicht über die Fachgrenzen hinwegschaut. Beim Sachunterricht in der Grundschule wird dies möglicherweise weniger problematisch sein, weil er ohnehin fachübergreifend angelegt ist. Im Sinne der neueren Ergebnisse der Unterrichtsforschung ist es angebracht, bei der UE die Fachgrenzen kennen zu lernen, aber auch zu überschreiten. Dies kann in vielfältiger Form von Projekten geschehen, aber auch in weniger anspruchsvollen Unterrichtsformen.

Passende Arbeitsstrukturen für die Koordinierung des Fachunterrichts wie der Entwicklung fachüberschreitenden Unterrichts können auf verschiedenste Art und Weise entstehen, so etwa durch gezielte Zusammenarbeit einzelner oder aller für die Stufe zuständigen Fachkolleginnen und Fachkollegen oder auf der Grundlage von Jahrgangsstufenteams.

3.2 Jahrgangsteams auf Qualitätsentwicklung orientieren

Jahrgangsteams sind in den Schulen durchaus verbreitet, auch und vor allem in Grundschulen, in denen Fachkonferenzen eher eine geringere Rolle spielen. Jahrgangsteams gewinnen für die UE in dem Maße an Bedeutung, in dem Aufgabenbeispiele entwickelt oder Parallelarbeiten für die Jahrgänge 10 (bereits jetzt) und 7 sowie 3 (demnächst) erstellt werden, deren Ergebnisse analysiert und auf Konsequenzen hin überprüft werden. Da mit Deutsch, Englisch und Mathematik mehrere Fächer gleichzeitig betroffen sind, sind die meisten Lehrpersonen eines ganzen Jahrgangs angesprochen.

Unterricht im umfassenden Sinne zu verändern belastet die einzelne Lehrkraft, bedeutet sie konsequenterweise doch Abstimmung mit den Fachkolleginnen und

Fachkollegen, Kooperation, Koordinierung des Stundenplans, Fortbildung u.v.a. Unterrichtsentwicklung überfordert also jede Lehrkraft als Einzelperson. Sie ist besser mit anderen zusammen durchzuführen und sie benötigt eine organisatorische und alltagskulturelle Abstützung, also eine institutionelle Basis. Es gibt sicherlich Schulen, die sich eine solche Basis bereits geschaffen haben. Andere benötigen Beratung und Anregung durch erfolgreiche Beispiele. Wirtschaft und Verwaltung haben positive Erfahrungen mit dem Modell der Qualitätszirkel gemacht, das man hinsichtlich seiner Verwendung für Schule daraufhin erproben könnte, wie weit es bei der UE im Jahrgang hilfreich sein kann, ohne dass neue Gremien geschaffen werden müssen.

Ziel ist, durch Eigeninitiative die Qualität der eigenen Arbeit zu verbessern. Dies ist zweifellos eine Daueraufgabe, die bewältigt werden muss, solange es etwas zu verbessern gibt.

Wie bei Qualitätszirkeln orientiert sich die Arbeit an einem Fünfphasenschema:

1) *Problemerfassung.* Dabei geht es um Unvoreingenommenheit, um eine offene, zwanglose Atmosphäre, bei der alle zu Wort kommen, um zu Anfang eine authentische Stärken-Schwächen-Analyse durchführen zu können.
2) *Gemeinsame Diagnose.* Die Lehrpersonen tragen alle relevanten Fakten zusammen, versuchen Ursprünge für Probleme zu ergründen, Zusammenhänge herzustellen und zu gemeinsamen Bewertungen zu kommen.
3) *Prioritätensetzung.* Vor diesem Hintergrund einigt man sich über maximal zwei Prioritäten zur Problemlösung.
4) *Handlungsplanung.* Die Prioritäten sind Anlass für konkrete Verbesserungsvorhaben, für die Handlungsvorschläge und Realisierungsmaßnahmen entwickelt werden.
5) *Umsetzung.* Darüber entscheidet die Schulleitung in Absprache mit den Lehrerinnen und Lehrern. Dabei ist zu prüfen, ob und ggf. inwieweit weitere Fachkonferenzen oder Lehrerkonferenzen betroffen und zu beteiligen sind, insbesondere wenn Grundsätze der fachlichen methodischen, didaktischen Arbeit und die Leistungsbewertung infrage stehen.

Jahrgangsteams sind fächerübergreifend zusammengesetzt. Sie richten deshalb den Blick zumeist auf allgemeindidaktische bzw. allgemeinpädagogische Fragen des Unterrichts. Sie könnten z.B. gemeinsam Projekte planen und durchführen, Konzepte der reflexiven Koedukation entwickeln oder mit Unterrichtsbeurteilung durch Schülerinnen und Schüler experimentieren.

Die wichtigste Neuerung bei dieser Arbeit ist wohl die Entwicklung von Qualitätsindikatoren (vgl. Kap. II und Buhren u.a. 1999). Qualitätsindikatoren sollen so konkret gefasst sein, dass die Ergebnisse der Unterrichtsentwicklung erkennbar bzw. ablesbar werden. Sie bringen nicht nur eine Diskussion über die Qualität des Unterrichts in Gang, bei der die Lehrpersonen selbst die Experten sind, sie führen auch zu Handlungen, die überprüfbar und deren Ergebnisse gemeinsam besprechbar sind –

und zwar jenseits von Ideologie und Meinung auf der Basis von Daten und Analysen.

Schulen, die in dieser Wiese arbeiten, sollten darüber hinaus besonders gut gelungene Unterrichtsbeispiele austauschen, vor allem solche, die exemplarisch für das Leitbild bzw. Schulprogramm oder einzelne Indikatoren sind.

Joyce/Showers (1995) haben anhand von empirischen Untersuchungen und Erfahrungsberichten belegt, dass solche Gruppen die intensivste und effektivste Form der innerschulischen Lehrerfortbildung und der Unterrichtsentwicklung sind. Berufskolleginnen und Berufskollegen (»peers«) regen sich dabei gegenseitig an und lernen voneinander. Sie planen gemeinsam z.B. Sequenzen von Unterricht, führen ihn durch und werten die Erfahrungen und Ergebnisse gemeinsam aus. Kollegien entwickeln dabei eine gemeinsame Sprache. Beispielsweise ist Schülerorientierung in den meisten Kollegien ein wohl positiv besetztes, aber leeres Wort, eine Stopfgans, in die jede und jeder hineinpackt, was gerade passt. Die Arbeit in Jahrgangsteams, vor allem die Erstellung von Arbeitsmaterialien und die Einigung auf Qualitätsindikatoren, veranlasst indes alle, mit klaren Begriffen zu arbeiten und diese miteinander abzustimmen. Es geht dabei um das Teilen von Zielvorstellungen, Problemsichten und Normen der Zusammenarbeit. Aus Lehrerkollegien werden dann Lernkollegien.

Letztes gelingt allerdings nur, wenn es institutionelle Unterstützung gibt. Das begründet Schubert (1994, S. 1079) für Qualitätszirkel in Wirtschaft und Verwaltung, für die er Steuer- oder Lenkungsgruppen fordert, und das belegen Joyce/Showers (1995, S. 11ff.) für den Schulbereich. Ob die einzelne Schule einer solchen Forderung folgen sollte, hängt weitgehend von der jeweiligen Praxis, der Größe und Differenziertheit, den eingeführten Arbeitsstrukturen und nicht zuletzt ihrer Kultur ab.

In jedem Fall muss die Schulleitung die Entwicklung und Arbeit von in dieser Weise tätigen Gruppen symbolisch und organisatorisch unterstützen. Sie muss sicherstellen, dass Austausch gewährleistet ist, dass Kollegium und Schule insgesamt informiert sind und Isolierung und Auseinanderlaufen vermieden werden. Vor allem sollte sie versuchen, alles zu tun, um den Investitionen solcher Gruppen zum Erfolg zu verhelfen. Darüber hinaus muss sie berücksichtigen, dass die Institutionalisierung auch eine kulturelle Seite hat, die mindestens ebenso wichtig, aber schwieriger zu etablieren ist. Damit ist eine anhaltende Qualitätsdiskussion gemeint, wozu ein Klima der Unterstützung, der Hilfe, der Fehlertoleranz und des gegenseitigen Verständnisses gehört und bei der Konflikte nicht nur als Probleme, sondern auch als Lernchancen angesehen werden.

Um Enttäuschungen zu vermeiden und Lehrpersonen vor Überforderungen und vor Misserfolgen zu schützen, empfiehlt es sich, klein anzufangen. Beispielsweise könnte sich eine Jahrgangsgruppe oder eine Fachkonferenz, die sich sowieso gemeinsam mit Aufgabenbeispielen auseinander setzen muss, entscheiden, mit dem beschriebenen Verfahren Erfahrungen zu sammeln. Die Unterstützung der Schulleitung ist stets vonnöten. Erweitert die Fachkonferenz die Anzahl ihrer Sitzung in einer über das Normalmaß hinausgehenden Weise, sodass die Teilnahme nicht grundsätzlich als verbindlich vorausgesetzt werden kann, oder schließt sich eine Gruppe von Fachlehrerinnen und Fachlehrern außerhalb sie verpflichtender Gremienarbeit zusammen, ist es wichtig festzuhalten, dass die Entscheidung strikt freiwillig sein sollte. Es wäre allerdings sinnvoll, wenn sich alle Kolleginnen und Kollegen des Faches bzw. des Jahrgangs beteiligten. Kommt eine vollständige Teilnahme nicht zustande, sollte eine andere Jahrgangsgruppe beginnen.

Bei der Beschäftigung mit Aufgabenbeispielen bzw. mit Parallelarbeiten handelt es sich um Pflichtaufgaben, der sich weder die einzelne Lehrperson noch die Fachkonferenz entziehen können. Die Anzahl der Fachkonferenzen wird sich jedoch ggf. in einem engeren quantitativen Rahmen bewegen müssen.

Die Entwicklung von Qualitätsindikatoren ist Ausdruck von Professionalität. Entschließen sich Fachkonferenzen oder Arbeitsgruppen zur Indikatorenentwicklung, dann sollten sie sich zunächst auf zwei oder drei beschränken und anhand derer am Ende des Schuljahres das Erreichte überprüfen und so erste Erfahrungen mit Evaluation sammeln. In keinem Fall darf es dabei zu einer gezielten Lehrerbeurteilung durch Vorgesetzte kommen, weil dann die Offenheit des Lernklimas gefährdet wäre. Lehrerbeurteilung ist ein wichtiges Thema, aber ein Thema für sich, das von dieser Arbeit strikt getrennt werden sollte. Gerade wenn es um freiwillige Initiativen geht, aber auch wenn Mitwirkungseinrichtungen sich beteiligen, wäre ein unterstützender Beschluss der Lehrerkonferenz für die Installierung dieser Gruppen sicherlich nützlich. In jedem Fall sollte es regelmäßige Protokolle oder geeignete Informationen geben, die dem Kollegium zur Einsicht offen stehen.

3.3 Klassenteams anregen und stützen

Im Lande verbreitet sich immer mehr das so genannte Methodentraining nach Klippert, das erweiterte Lehr- und Lernformen durch Fortbildung vermittelt und durch unmittelbare Anwendung im Unterricht systematisch trainiert. Dieses Konzept setzt auf Klassenteams als Arbeitsstruktur. Dieses besteht aus drei aufgeschlossenen Lehrer/innen, die mit wöchentlich mindestens 15 Stunden in der betroffenen Klasse eingesetzt sind. Dieses 3er-Team fungiert als Lernteam. Die drei unterschiedliche Fächer unterrichtenden Lehrpersonen planen und bereiten die methodischen Aspekte des Unterrichts gemeinsam vor, koordinieren ihre Zusammenarbeit in der Klasse, hospitieren gelegentlich untereinander und nehmen auch gemeinsam an Fortbildung teil.

Auch hier gilt, was eingangs dieses Kapitels bereits angedeutet wurde und wie es der Leiter des einschlägigen Projekts des MSWWF und der Bertelsmann-Stiftung prägnant ausdrückt:

> »Lernprozesse für die mit der Verbesserung ... ihres Unterrichts befassten Lehrerinnen und Lehrer müssen im Sinne von Organisationsentwicklung schulintern strukturell abgesichert werden, damit die gewünschte Nachhaltigkeit erreicht wird.« (Lohre 1999, S. 8)

Zu einer strukturellen Absicherung gehören zunächst stundenplantechnische Maßnahmen wie mehr Doppelstunden und insgesamt größere Zeitblöcke (für zeitintensivere methodische Vorgehensweisen) sowie regelmäßige Koordinierungsstunden. Wenn erweiterte Lernformen konsequent im Unterricht eingesetzt werden sollen, müssen zudem die didaktischen Jahresplanungen neu und die Stoffverteilungspläne umgestaltet werden.

Es ist einleuchtend, dass derart weitgehende Änderungen des Arbeitsalltags der Schule nicht dem Zufall oder der Initiative einzelner Lehrpersonen überlassen werden können. Der Schulleitung fällt die neue Aufgabe zu, derartige Klassenteams anzuregen und organisatorisch wie auch symbolisch zu stützen.

Günstig für ein Gelingen ist, wenn sich im Kollegium zwei Lehrpersonen befinden, die nach dem Konzept von Klippert ausgebildet wurden. Diese könnten ein Methodentraining mit der eigenen Schule durchführen, bräuchten dafür allerdings Entlastungsstunden und die ausdrückliche Akzeptanz des Kollegiums. Ist diese nicht gegeben, empfiehlt sich das Engagement von Trainern aus anderen Schulen.

Schulleitungen könnten möglicherweise ein Methodentraining auch mit Bordmitteln durchführen. In vielen Schulen gibt es Lehrer/innen, die über ein für andere Kolleg/innen interessantes Methodenrepertoire verfügen. Sie könnten zu einem Vorbereitungs- und Trainingsteam zusammengefasst werden und die unterschiedlichsten Varianten von Methodentraining planen, vielleicht unter Einschluss von Hospitationen oder SCHILF-Tagen.

Ob ein solches Vorgehen für die internen Fortbildner und ihre Kolleginnen und Kollegen möglich ist, ohne zu verdeckten oder offenen Widerständen zu führen, sollte von der Schulleitung vorher sorgfältig geprüft werden.

3.4 Unterrichtsbezogenes Feedback einführen

Kein guter Unterricht ohne gute Lehrkräfte! UE muss also durch die Lehrerinnen und Lehrer getragen werden, gerade auch die Neuerungen. Aber je länger Lehrkräfte im Beruf sind, desto schwieriger wird es, eingefahrenen Routinen zu entkommen. Das gilt im Übrigen auch für andere Berufe. Mit der Zeit können sich die immer gleichen »Fehler« einschleichen, die nicht einmal von einem selbst bemerkt werden. Wenn viele Lehrkräfte diese blinden Fehler zwar unbewusst spüren, sie aber nicht bewusst wahrnehmen und somit auch nicht ändern können, hilft hier Rückspiegelung (Feedback) durch Dritte weiter. Dies können Schülerinnen und Schüler, Kolleginnen und Kollegen oder aber Schulleiterinnen und Schulleiter sein.

Bisher sind Unterrichtsbesuche von Schulleitern (außer in der Schweiz und in Süddeutschland) eher selten. Vielleicht werden Unterrichtsbesuche deshalb oft als Alarmzeichen gedeutet. Kaum jemand kommt auf die Idee, dass ein Unterrichtsbesuch auch einen fördernden Charakter haben kann. Obwohl die tagtägliche Arbeit von Lehrerinnen und Lehrern nun einmal das Unterrichten ist und Verbesserungen logischerweise nur durch Reflexion der eigenen Tätigkeit auf der Grundlage von Datenerhebungen, wie z.B. Unterrichtsbeobachtungen, erreicht werden können, wird dieses oftmals als unerwünschtes Eindringen in die »Privatsphäre« der Unterrichtenden missverstanden.

Kann man den Schulleitungen zumuten, dass sie sowohl Inspektions- als auch Beratungsfunktionen übernehmen? Können sie jedes Mal unterscheiden, ob sie gerade den Chefhut oder den Kollegenhut tragen? Mindestens ebenso wichtig ist die Frage, ob die Lehrperson diese höchst gegensätzlichen Rollen ihrer Vorgesetzten unterscheiden können und wollen. Wäre es nicht logischer, beide Rollen auch personell klar zu trennen?

Wir halten es für plausibel, hier keinen unlösbaren Widerspruch zu konstatieren: Unterrichtsbesuche durch Schulleiter/innen stellen nicht nur eine Chance zur Qualitätsverbesserung des Unterrichts dar, sondern sind für das Qualitätsmanagement einer guten Schule geradezu zwingend notwendig. Sie müssen allerdings klipp und klar von Unterrichtsbesuchen zum Zwecke von Bedarfsbeurteilungen (anlässlich von Laufbahnentscheidungen) auseinander gehalten werden.

Einige Schweizer Gymnasialrektor/innen praktizieren ein interessantes Modell, Unterrichtsbesuche zum Zwecke des Aufbaus einer unterrichtsbezogenen, fördernden Feedback-Kultur durchzuführen und dieses von Laufbahnbeurteilungen vollkommen zu lösen (vgl. Kempfert/Rolff 1999). Nach diesem Modell werden alle Lehrerinnen und Lehrer im Verlauf eines Jahres oder zweier Jahre von der Schulleitung besucht. Die Lehrkräfte werden auf die Mitglieder der Schulleitung verteilt. Dabei wird überhaupt nicht für erforderlich gehalten, dass der Beobachter das gleiche Fach unterrichtet, also quasi als Fachperson auftritt, um dadurch seine Autorität unter Beweis zu stellen. Gerade der fremde Blick bzw. der Blick auf die vom Fach unabhängige Beobachtungsfrage erhöht die Akzeptanz – vielleicht auch, weil der heimliche Konkurrenzdruck wegfällt. Die Mitglieder der Schulleitung sind von dieser Zuteilung ausgenommen und besuchen sich gegenseitig.

Der fördernde Unterrichtsbesuch läuft in diesen Schweizer Gymnasien in drei Schritten ab: Zunächst gibt es ein Gespräch mit der Lehrperson, dann einen Unterrichtsbesuch (oder mehrere) und schließlich erfolgt ein Auswertungsgespräch, welches verbunden ist mit einer Art Zielvereinbarung. Dabei ist die Beobachtung auf ein einziges Phänomen beschränkt, das die Lehrperson allein bestimmt und das der Beobachter protokolliert. Dieses Protokoll ist Grundlage der Auswertung. Da der Unterrichtsbesuch einen ausschließlich fördernden/beratenden Charakter hat, soll die Lehrerin bzw. der Lehrer selbst angeben, worauf beim Unterrichtsbesuch geachtet werden soll.

Bei der Beratung versuchen die Rektorin bzw. der Rektor und ihre bzw. seine Konrektor/innen, die Fragestellung genau zu klären und auch hinsichtlich ihrer Protokollierbarkeit zu überprüfen. Sie halten es für nahezu undurchführbar, die komplexe Sprache einer Lehrkraft zu protokollieren. Hier sei eine spezialisierte Aufgabenstellung unumgänglich. Möglich wäre eine Beobachtung einzelner Facetten, wie z.B. Modulation der Stimme, Verständlichkeit, Lautstärke, Ironie etc. Diese Präzisierung ist deshalb so wichtig, weil der nächste Schritt darin besteht, ein Protokollraster zu erstellen. Je nach Aufgabenstellung drängt sich eine andere Beobachtungsmethode mit der entsprechenden Technik auf.

Mögliche Instrumente der Unterrichtsbeobachtung sind Zeichnungen (vom Bewegungsablauf im Unterricht), Zählungen (Anzahl Fragen, Anzahl Antworten etc.), Zeitmessungen (Zeitanteil der Lehrkraft sowie Zeitanteil der Schülerinnen und Schüler) und Tonband- bzw. Videoprotokolle.

Während des Unterrichtsbesuchs besteht die Aufgabe des Beobachters lediglich darin, ein möglichst präzises Protokoll des vereinbarten Beobachtungskriteriums anzufertigen. Auswahl ist immer Bewertung. Es ist im Sinne der Prozessethik nicht statthaft, andere Kriterien ebenfalls zu protokollieren, auch wenn man den Eindruck hat, es bestünde in jenem Bereich noch ein Verbesserungsbedarf. Ebenso wenig dürfen Kommentare oder gar Interpretationen bereits auf dem Protokoll erscheinen. Der Sinn der Feedback-Besuche besteht ja gerade in der Unterstützung der Lehrpersonen und die Analyse und Interpretation soll gemeinsam aufgrund des Unterrichtsprotokolls erfolgen. Dies schließt natürlich nicht aus, dass sich die Rektorinnen und Rektoren Notizen machen, die das Beobachtungskriterium betreffen.

Wichtig ist, dass sich das Schulleitungsmitglied beim Protokollieren und auch beim Auswertungsgespräch auf empirische, d.h. durch Daten belegbare Wahrnehmungen beschränkt und dies auch deutlich macht. Ein Feedback ist erfahrungsgemäß erfolgreich, wenn beide Partner auf nahezu gleichberechtigter Ebene ihre Wahrnehmungen austauschen und anschließend gemeinsam interpretieren können. Insofern bilden Feedback-Besuche auch einen Meilenstein in der Entwicklung einer Feedback-Kultur im Kollegium.

Voraussetzung für ein lernförderndes Feedback ist, dass es im Bewusstsein der eigenen Subjektivität gegeben wird und die momentane Situation des Empfängers berücksichtigt wird.

Merkmale des lernfördernden Feedbacks sind:
- Es erfolgt in gegenseitigem Einverständnis.
- Es bezieht sich auf konkrete Wahrnehmungen und beschreibt diese.
- Es konzentriert sich auf die Stärken, ohne die Schwächen zu ignorieren.
- Der Geber macht die eigenen Werte transparent.
- Der Geber verletzt den Empfänger nicht (z.B. durch Abwertung).
- Der Geber spricht in Ich-Botschaften.

Dabei sollten Empfängerinnen und Empfänger
- einverstanden sein, ein Feedback zu erhalten,
- einfach zuhören,
- bei Unklarheiten Rückfragen stellen,
- sich nicht verteidigen (wohl aber Klarstellungen machen) und
- abschließend ihre Gefühle äußern.

Die Interpretationen erfolgen abschließend gemeinsam und bilden die Grundlage von Zielvereinbarungen. Aus den Interpretationen und Vorschlägen für Zielvereinbarungen können sich leicht Gespräche entwickeln, die über das beobachtete Phänomen hinausgehen; denn die pädagogische Grundhaltung spiegelt sich schließlich in allen Bereichen. Insofern muss auch nicht befürchtet werden, dass Feedback-Besuche und deren Besprechungen lediglich minimale Kosmetikoperationen ohne positive Nachwirkungen darstellen.

Nach einer gemeinsamen Interpretation ergibt sich am Ende zwangsläufig die Frage, was aufgrund der gewonnenen Erkenntnisse geschieht. An diesem Punkt ist es unerlässlich, dass Zielvereinbarungen getroffen werden. Dies kann allerdings nur gelingen, wenn die betroffene Lehrperson einwilligt, den Sinn der Vereinbarung erkennt und auch akzeptiert. Im gemeinsamen Gespräch können mögliche Maßnahmen erörtert und schriftlich festgehalten werden. Hierbei funktioniert der Beobachter als Experte, da er einerseits eine Vielzahl von Feedback-Besuchen durchgeführt hat und andererseits die entsprechenden neueren Veröffentlichungen zu Schul- und Unterrichtsentwicklung (hoffentlich) kennt. Insofern dienen Zielvereinbarungsgespräche sowohl der Entwicklung der einzelnen Lehrperson, aber dadurch auf längere Sicht auch des gesamten Kollegiums. Ausgangspunkt der Vereinbarungen ist – wie ausgeführt – immer das beobachtete Phänomen. Die zu treffenden Maßnahmen orientieren sich an folgenden Kriterien:

- Sie werden in gegenseitigem Einverständnis ausgehandelt,
- sie beschränken sich auf das tatsächlich Machbare und
- sie werden nach einem vereinbarten Zeitpunkt evaluiert.

Es hat keinen Sinn, Maßnahmen zu vereinbaren, die finanziell aus dem Rahmen fallen oder nur durch eine längere Beurlaubung der Lehrkraft zu erreichen wären. Besonders wichtig ist es zudem, dass eine Erfolgskontrolle abgesprochen wird; schließlich hat eine Maßnahme ohne Evaluation unverbindlichen Charakter, verschleißt unnötig Energien und führt zu Frustrationen, da der Einsatz der Lehrperson nicht gewürdigt wird.

Der Aufbau einer unterrichtsbezogenen Feedback-Kultur aktiviert nachdrücklich die Führungsfunktion der Schulleitung. Statt Lehrkräfte in Fachgruppen zusammenzuführen, könnten den Schulleitungsmitgliedern Teams, z.B. Klassenteams zugeteilt werden, die sowohl von der Schulleitung besucht werden als auch gegenseitige Unterrichtsbesuche vornehmen. Dadurch würden nicht nur Schulleitungsmitglieder regelmäßig Unterrichtsbeobachtungen vornehmen, sondern auch Lehrpersonen untereinander, und die Praxis des Unterrichtsbesuchs würde noch mehr als normale und auch hilfreiche Unterstützung empfunden.

Feedback-Besuche können nur im Einverständnis mit dem Lehrerkollegium durchgeführt werden. Wie bei allen Methoden gilt es auch bei Feedback-Besuchen, mit den Schulen jeweils den richtigen Weg zu suchen und behutsam auszuprobieren und immer wieder auch den Mut zu haben, das bisherige Vorgehen infrage zu stellen und neue Wege auszuprobieren.

Selbstverständlich stellen Feedback-Besuche nur einen Teil einer schulischen Feedback-Kultur dar, die Schritt für Schritt durch kollegiales sowie von Schülerinnen und Schülern kommendes Feedback ergänzt werden sollten.

Ausgeschlossen werden sollten dabei Unterrichtsbesuche, die die Schulleitung mit dem Argument erzwingt, sie wolle eine freiwillige Lösung bzw. Vereinbarung herbeiführen. Dies ist ein Widerspruch in sich, der die Idee einer Feedback-Kultur diskreditieren würde.

3.5 Leitungsstrukturen erweitern

Vorhandene Arbeitsstrukturen für UE zu nutzen bzw. diese Arbeitsstrukturen überhaupt erst zu schaffen ist nicht alleinige Aufgabe der Schulleiterin bzw. des Schulleiters, auch wenn diese die Letztverantwortung tragen, sondern aller Personen in der Schule, denen Leitungsfunktionen zukommen. So geben beispielsweise beim erwähnten förderlichen Feedback in Schweizer Gymnasien nicht nur die Rektor/innen Feedback, sondern sie teilen sich diese Aufgabe mit ihren Konrektorinnen und Konrektoren. Die Konrektor/innen führen auch die sich anschließenden Zielvereinbarungsgespräche. Rektorinnen und Rektoren und deren (in der Regel zwei bis drei) Konrektorinnen und Konrektoren besuchen auch diesbezügliche Fortbildungen gemeinsam, was dem Aufbau von Teamstrukturen in der Leitung zugute kommt.

Wenn Schulleiter/innen die Leitungsstrukturen erweitern, um die UE zu intensivieren, dann kommen dafür vor allem Funktionsstelleninhaber in Betracht wie Konrektor/innen, Abteilungsleiter/innen, Stufenkoordinator/innen und Didaktische Leiter/innen bzw. Koordinator/innen. Diese Beispiele zeigen schon, dass hier vor allem große Schulen mit differenzierten Binnenstrukturen angesprochen sind wie Gymnasien, Gesamtschulen und Berufskollegs.

Voraussetzung für eine wirkungsvolle Erweiterung der Schulleitung ist allerdings, dass Schulleiter/innen bestimmte Aufgaben der UE auch förmlich und sichtbar an diese Funktionsstelleninhaber delegieren, damit diese nicht wie »Titularbischöfe«, also ohne eigenes Terrain, dastehen. So könnte z.B. in einem Gymnasium dem Erprobungsstufenleiter nicht nur die Leitung der Erprobungsstufenkonferenz obliegen, sondern auch die Aufgabe, mit dieser Konferenz verbesserte, vielfältigere oder auch neue Unterrichtskonzepte zu entwickeln. Analoges gilt für Mittelstufen- und Oberstufenkoordinatorinnen und -koordinatoren.

In Gesamtschulen gehören die Abteilungsleiter/innen und Didaktischen Leiter/innen auch formell zur Schulleitung. Didaktische Leiter/innen (und entsprechend die Didaktischen Koordinatoren, die es zunehmend in Gymnasien gibt) sind sozusagen qua Amt für UE zuständig, genauer für die allgemeindidaktische Konzeption des Unterrichts und deren Weiterentwicklung. Aufgabe der Schulleiterin bzw. des Schulleiters ist es, sie darin schulöffentlich zu bestätigen und sie kontinuierlich zu unterstützen, damit sie diese Aufgabe auch nachhaltig erfüllen können.

In Berufskollegs kommt den Abteilungsleiter/innen ebenfalls eine gestaltende und koordinierende Rolle bei der UE zu. In der aktuellen Umstellungsphase von Fach- zu Bildungsgangkonferenzen spielen die Vorsitzenden der Bildungsgangkonferenzen eine besonders wichtige Rolle, geht es doch vielfach darum, neue schuleigene Lehrpläne zu erstellen.

Anzumerken bleibt, dass die Schulleiter/innen nicht nur UE delegieren, sondern auch koordinieren müssen. Erweiterte Schulleitungskonferenzen mit dem genannten Personenkreis sind dafür besonders geeignet. Erweiterte Leitungsstrukturen bereiten schließlich auch guten Boden für Personalentwicklung.

3.6 Mit einer Steuergruppe arbeiten

Unterrichtsentwicklung verlangt zum einen die Nutzung bzw. Aktivierung vorhandener Arbeitsstrukturen und zum anderen die Schaffung neuer, vor allem (aber nicht nur) dann, wenn sich die vorhandenen nicht aktivieren lassen oder wenn sie unzulänglich sind. Von der Organisationsentwicklung haben wir gelernt, dass sich Steuergruppen dafür vorzüglich eignen.

In Steuergruppen sollten zwei bis neun Kollegiumsmitglieder mit dem Schulleiter bzw. der Schulleiterin bei der UE zusammenarbeiten. Sie sollten dafür ein Material des Kollegiums erhalten, das zeitlich befristet ist, damit sich die Steuergruppe nicht verselbstständigt bzw. nicht zur »Nebenregierung« mutiert. Sie sollte plural zusammengesetzt sein, d.h. alle an UE Beteiligten oder davon Betroffenen müssen vertreten sein.

Die Bildung einer Steuergruppe könnte vom Kollegium ausgehen oder von der Schulleitung angeregt werden. Manchmal liegt sie gleichsam auf der Hand: wenn in unterschiedlichen Arbeitsbereichen der Schule unterschiedlich weit entwickelte Vorhaben der UE erkenntlich werden, die nach Koordination und Unterstützung rufen.

Koordination und Unterstützung ist auch die Hauptaufgabe einer Steuergruppe. Hinzu kommt die Aktivierung des gesamten Kollegiums z.B. durch Organisation des Transfers der Erfahrungen aus den vereinzelten Vorhaben, durch Pädagogische Tage bzw. Studientage oder eine Bilanzkonferenz, die eine Bestandsaufnahme des bisher Erreichten durchführt. Zu den Aufgaben einer Steuergruppe gehört ferner die Erarbeitung eines Konzepts der UE, das auf Fachkonferenzen auf die Bildung von Klassenteams (nach Klippert) oder auf regelmäßige Koordinierungssitzungen bauen kann, die fest im Stundenplan verankert sind. Auch die Initiierung, Betreuung und Dokumentation der Unterrichtsevaluation gehört zu den Aufgaben einer Steuergruppe. Schließlich hätte sie für unterrichtsnahe Fortbildung zu sorgen, die sinnvollerweise in eine Fortbildungsplanung einzubetten wäre.

Die Einrichtung einer Steuergruppe ist nicht immer nötig, vor allem dann nicht, wenn eine erweiterte Schulleitung besteht, welche sich intensiv um UE kümmert. Aber sie ist immer angebracht, wenn sich UE in Aktivitäten vereinzelter Lehrpersonen erschöpft, welche weder die Chance zur Nachhaltigkeit noch zur Ausstrahlung haben, also Eintagsfliegen sind.

4. Ein Gesamtkonzept im Auge haben

Es gibt viele Wege der UE, einige haben wir zu beschreiben versucht. Welchen Weg eine Schule geht, entscheidet in Zeiten verstärkter Eigenverantwortlichkeit nicht zuletzt die Schule selbst. Sie kann so beginnen bzw. fortfahren, wie in Kap. 4.1 aufgeführt. Sie kann aber auch ganz neue Schwerpunkte setzen, wie z.B.

- stärkere Berücksichtigung der Basis- und Schlüsselqualifikationen,
- Kompetenz in der deutschen Sprache als Aufgabe des gesamten Unterrichts,
- Förderung des fremdsprachlichen Lernens,
- Verbesserung der Kenntnisse in Mathematik und Naturwissenschaften,
- Medienkompetenz und verstärkte Nutzung neuer Medien,
- Förderung der Entwicklung einer mündigen und sozial verantwortlichen Persönlichkeit (vgl. MSWWF, S. 22ff.).

Eine Schule kann aber nicht alles gleichzeitig anfassen; denn dann betriebe sie nichts wirklich intensiv und bildete sie auch kein eigenes Profil heraus. Ein oder zwei Entwicklungsschwerpunkte für die nächsten zwei Schuljahre erweisen sich als Optimum. Deshalb ist es ratsam, nicht zu vielfältige verschiedene Gruppierungen, Gremien oder Arbeitsgruppen entstehen zu lassen. Hier kommt der Schulleiterin bzw. dem Schulleiter eine sehr wichtige Steuerungsfunktion zu. Jede einzelne Lehrperson und jede Gruppierung muss die anderen Entwicklungen mindestens im Überblick kennen. Das klassische Entscheidungs- und Steuerungsorgan dafür ist die Lehrerkonferenz. Bei Bedarf kann diese eine kleinere Koordinations- oder Steuergruppe einrichten.

Andererseits ist zu konstatieren: Die Schulen stehen unter Druck. Es scheint so, als müssten sie eine beträchtliche Fülle von Maßnahmen unverzüglich durchführen, weil es sich dabei um Landesvorgaben handelt, wie z.B. die Erstellung eines Schulprogramms, Arbeit mit Aufgabenbeispielen in Deutsch, Mathematik und Englisch zunächst in den 10. Klassen, bald aber auch in den Klassen 7 und 3, wechselseitige Korrekturen; Parallelarbeiten und Evaluation.

Diese Anforderungen zu optimieren, also vieles gleichzeitig machen zu müssen und dennoch nicht zu viel gleichzeitig, ist ein kompliziertes Puzzlespiel, wobei die Schulleitung die Spielleitung hat. Sie ist dabei in ihrer Führungs- und Managementfähigkeit und insbesondere in ihrer Moderationsfähigkeit gefordert.

Zunächst ist es wichtig, dass es sich dabei um ein und denselben Prozess der Schulentwicklung handelt und Schulprogramm, Parallelarbeiten oder wie bei Qualitätszirkeln ständig arbeitende Gruppen nur dessen Komponenten sind, die allesamt der Sicherung und Qualität der Schule dienen. Dieser Prozess ist nur in einem langen Zeitraum zu bewältigen. Schließlich haben auch Wirtschaft und Verwaltung ca. 10 Jahre gebraucht, um das heute hohe Niveau des Qualitätsmanagements zu erreichen.

Die Schulleitung ist gut beraten, der Schule kein Konzept überzustülpen, sondern Initiativen Einzelner oder Gruppen von Kollegen/innen zu fördern und zu fordern. Aber sie wird nicht davon ausgehen können, dass daraus auch ein »runder« Zusammenhang entsteht: Einiges wird gegeneinander stehen, einiges nebenher – und wiederum einiges gar nicht laufen. Am Gesamtkonzept muss systematisch gearbeitet werden, aber es sollte sich aus den Vorgaben, d.h. auch der Tradition des Kollegiums speisen. Deshalb ist es auch empfehlenswert, das Kollegium in einer zur einzelnen Schule passenden Weise an der Konzeptarbeit zu beteiligen.

Der Ertrag des Denkens in Gesamtkonzepten besteht darin, UE und Schulprogrammarbeit nicht als zwei Paar Stiefel zu betrachten, auch nicht Aufgabenbeispiele und Schulprogramm, sondern als Einheit. Das erbringt Synergie und entlastet zugleich.

Zur pädagogischen Führung der UE gehört aber noch die Bearbeitung eines weiteren, ebenso wichtigen Gesamtzusammenhangs: Schulentwicklung verläuft in Wellen. Im Augenblick schlägt die empirische Welle besonders hoch, die sich auf Fachleistungen bezieht, vor allem auf kognitive und solche, die man mit Tests messen kann. Diese Welle hat im Augenblick nationale Konjunktur, weil sie in den Jahren zuvor vernachlässigt wurde und sie zudem von der Standortdebatte angesichts globalen Wettbewerbs noch überhöht wird.

Aber Fachleistungen in den drei Fächern Deutsch, Mathematik und Englisch bilden nicht die ganze Welt der Schule ab, sie sind nur Teil davon. Es gibt genauso die anderen Fächer und deren Bildungswert ist nicht geringer, auch wenn hierfür keine Aufgabenbeispiele und auch keine TIMSS- oder PISA-Tests entwickelt wurden. Es ist Aufgabe der Schulleitung, diesen Gesamtzusammenhang im Kollegium präsent zu halten.

Ebenso wichtig ist es, das Kind nicht mit dem Bade auszuschütten, indem vor lauter empirischer Unterrichtsorientierung das in den 70er- und 80er-Jahren Erreichte vergessen wird, nämlich intensivierte Schülerorientierung in allen Schulformen, die Wiederentdeckung der Reformpädagogik und die Erkenntnis, dass jeder Unterricht auch eine andere Seite hat, die Erziehung, sowohl in individueller als auch in sozialer, sowohl in »mitgebrachter« als auch in schulisch intendierter Form.

Anfang der 90er-Jahre haben wir gelernt, dass Schule mehr ist als das Denken in Begriffen wie »Ich und meine Klasse« oder enger noch »Ich und mein Fach« ausdrückt. »Wir und unsere Schule« ist eine wichtige Botschaft, die auch zu Zeiten der Konzentration auf Unterrichtsentwicklung ihren Wert behält.

5. Fortbildung stimulieren und koordinieren

»*Erwünschte Verbesserungen der Schulleistungen erfordern Verbesserungen der Unterrichtsqualität; Verbesserungen der Unterrichtsqualität sind nur durch eine verbesserte Lehreraus- und -weiterbildung erreichbar.*« (Weinert 1999, S. 31)

Unterrichtsentwicklung kann also nur gelingen, wenn sie durch Fortbildung begleitet wird – und wenn diese von den Lehrpersonen ausgeht. UE bedeutet, dass Lehrpersonen ihre Kompetenzen verbessern – und zwar die Sach-, Methoden- und Sozialkompetenzen als auch die Arbeit am »professionellen Selbst« (Bauer). Zwei Beispiele mögen das illustrieren:

- Jede Fachkonferenz braucht genau wie jede Lehrkraft gelegentlich einen Input, um dem Unterricht wieder neue Impulse verleihen zu können. Dies kann gemeinsam oder allein geschehen, sollte in irgendeiner Form aber immer wieder in die Fachkonferenz zurückfließen, damit auch die anderen Kolleginnen und Kollegen von den Erfahrungen profitieren können. Dies kann geschehen durch
  - Ausarbeitung, Organisation, Durchführung und Evaluation von gemeinsamen fach(schafts)internen oder fach(schafts)übergreifenden Weiterbildungsanlässen oder
  - durch individuelle Fortbildung.

  Auch wenn aus Schulentwicklungs- und Kostengründen der gemeinsamen Fortbildung gegenüber der individuellen oft der Vorzug gegeben wird, darf der Wert individueller Weiterbildung nicht unterschätzt werden. Schließlich kann dort nicht nur dem Bedürfnis nach maßgeschneiderter Fortbildung entsprochen werden, sondern man erhält durch den Kontakt mit Teilnehmerinnen und Teilnehmern aus anderen Schulen und Regionen einen wertvollen Blick über den eigenen Gartenzaun und dieses kommt letztendlich auch wieder der eigenen Fachkonferenz zugute.
- Auch bei der Einrichtung von Gruppen, die sich gezielt der Verbesserung der Unterrichtsqualität widmen, bedarf es etlicher Fortbildungen, die am besten von den Mitgliedern gemeinsam durchgeführt werden. Gegenstand der Fortbildung wären vor allem
  - Moderationstechniken,
  - Feedback und Beratungsgespräche,
  - Konfliktmanagement,
  - Konstruktion von Qualitätsindikatoren,
  - Selbstevaluation,

– Videodokumentation.

Solche Fortbildung kann einerseits extern und andererseits intern durchgeführt werden. Bei der externen Fortbildung gehen die Gruppenmitglieder zusammen zur Fortbildung, sodass auch eine Chance zur Teamentwicklung besteht. Bei der internen Fortbildung kommt eine Trainerin bzw. ein Trainer oder eine Beraterin bzw. ein Berater in die Schule und arbeitet mit der Gruppe, und zwar am besten so, dass das Know-how in der Schule bleibt, wenn Beraterin bzw. Berater oder Trainerin bzw. Trainer wieder gehen.

Die größte und meist ungenutzte Ressource der Lehrkräfte sind die anderen Lehrkräfte. Alle Lehrer/innen haben Interesse an Hilfe und Unterstützung, um über ihr Tun nachzudenken und ihre Praxis zu entwickeln. Schulen, in denen Lehrkräfte gemeinsam nachdenken und handeln und sich gegenseitig unterstützen, sind viel eher erfolgreich. Jeder ist dann ein Lehrerfortbildner für einen anderen.

Wenn Unterrichten keine einsame und isolierte Tätigkeit mehr sein soll, dann gilt das auch für Fortbildung. Lehrkräfte brauchen Gelegenheiten – nicht nur, um miteinander zu sprechen, sondern auch miteinander zu arbeiten, zu lernen und sich gegenseitig als Ressource in Anspruch zu nehmen.

Fortbildung sollte im Idealfall zwar von den Lehrpersonen ausgehen, aber die Schulleitung muss sie im Sinne des Gesamtkonzepts von Schule und Schulprogramm und im Interesse qualifizierter Personalentwicklung koordinieren.

Koordination bedeutet auf dieser Grundlage zunächst die Sichtbarmachung und Dokumentation des Fortbildungsbedarfs und auch der bereits erfolgten Fortbildungen. Dokumentation bedeutet ferner die Herbeiführung von Prioritätenentscheidungen, die sich am Schulprogramm bzw. Gesamtzusammenhang orientieren sollten. Koordination bedeutet nicht zuletzt Standardisierung. Solche Standards der Fortbildung könnten beispielsweise sein:

- Nähe zum Unterricht,
- Anwendungsbezogenheit,
- Teamorientiertheit.

Die Schulleitungen müssten dafür sorgen, dass die Ergebnisse jeglicher Fortbildungen ins Kollegium fließen und somit der ganzen Schule zugute kommen.

Koordination kann auch den Abschluss von Zielvereinbarungen beinhalten, z.B. zwischen Schulleitung und einer Fachkonferenz, die Methodentraining betreiben und dafür Ressourcen beanspruchen will. Inhalt der Zielvereinbarung kann auch sein, die Fachkonferenz (selbst) zu verpflichten, Unterrichtsausfall zu minimieren, Vertretungen untereinander zu organisieren und das Neugelernte an andere Fachkonferenzen weiterzuvermitteln. Koordination beinhaltet zudem die Verpflichtung, den Gang des Prozesses aufrechtzuerhalten bzw. die Verbindlichkeit zu garantieren. Koordination kann darüber hinaus außerschulische Aspekte enthalten, z.B. den Aufbau eines Fortbildungsnetzwerkes mit anderen Schulen.

6. Aufbau einer Evaluationskultur

Schließlich muss die Schulleitung dafür sorgen, dass eine Kultur der Evaluation entsteht. Nur eine Schule, die ihre Arbeitsgrundlage und ihre Lernergebnisse fortlaufend überprüft, die ihre Stärken und Schwächen analysiert und diagnostiziert, kann ihren Unterricht im Sinne einer lernenden Schule selber weiterentwickeln.

Aber Evaluation ist ein außerordentlich heikles Thema und eine hoch delikate Angelegenheit. Sie ist mit vielfältigen Widersprüchen und Ambivalenzen verbunden: Evaluation braucht Vertrauen und gleichzeitig schafft sie Misstrauen. Evaluation kann äußerst nützlich sein und gleichzeitig viel Ärger bringen. Evaluation schafft keine unmittelbar sichtbaren Vorteile oder Erleichterungen und wird deshalb von vielen Schulen anfangs spontan abgelehnt.

Es gibt viele Aspekte, die zu problematisieren wären, und gleichzeitig ist dieses Problematisieren auch schon wieder selbst problematisch. Den Schulen muss eher Mut gemacht werden.

Evaluation ist keine nebenher zu erledigende Aufgabe. Es müssen Prozesse eingeleitet, Beteiligungen geklärt und Beschlüsse über Konsequenzen herbeigeführt werden. Dies ist vor allem, aber nicht allein Schulleitungsaufgabe, nicht nur der Belastung, sondern der Betroffenheit der Gremien und Personen wegen. Die Schulleitung muss die Evaluation gewährleisten und organisieren. Und sie muss dafür sorgen, dass die Evaluation so angelegt wird, dass auch unangenehme Tatsachen zu Tage gefördert werden, ohne dass es persönliche Schuldzuweisungen und Verletzungen gibt. Sie muss also ein Klima der Offenheit schaffen und gleichzeitig die zu erwartenden Ängste abbauen. Geschieht das nicht, werden Schulen versucht sein, eine so genannte Fassadenevaluation zu betreiben, bei der nicht die wesentlichen Probleme und häufig auch nicht die wirklichen Stärken der Schule zur Sprache kommen.

Es gibt vermutlich kein Evaluationsverfahren, schon gar kein externes, das nicht zu »unterlaufen« wäre. Wenn Evaluation von außen »aufgesetzt« wird, wenn es keine gemeinsamen Vereinbarungen gibt, dann entstehen Fassaden. Deshalb ist Evaluation nur oder vor allem wirksam, wenn sich eine Kultur *authentischer* Evaluation entwickelt.

Zu einer Kultur authentischer Evaluation gehört erstens, dass niemand an den Pranger gestellt werden darf. Wenn eine Lehrerin bzw. ein Lehrer sich selbst evaluieren will oder wenn die Schulleitung das möchte, muss die einzelne Person geschützt werden. Und nur wenn die betroffene Person es will, dürfen personengebundene Daten weitergegeben werden.

Damit ist bereits ein zweiter wichtiger Punkt – nämlich der Datenschutz – angesprochen. Diesbezüglich führen externe und interne Evaluation derzeit zu einer gewissen Rechtsunsicherheit. Es sind viele Fragen ungeklärt und die ethische Forderung wäre, dass eine Datenhoheit bestehen muss: Die Daten, die Personen erheben, gehören den Personen. Folglich gehören auch die Daten, die von den Schulen erhoben werden, den Schulen. Die Schulen entscheiden darüber, was mit den Daten geschieht, ob sie weitergegeben werden oder nicht. Das schließt selbstverständlich nicht aus, dass auch Behörden an den Schulen Daten erheben und diese Daten veröffentlichen dürfen.

Drittens gehört auch Mehrperspektivität zu einer Ethik der Evaluation: Sich nicht nur selber zu bespiegeln, sondern sich auch fremd evaluieren zu lassen von Schülerinnen und Schülern sowie von Kolleginnen und Kollegen. In der Schulforschung wird hierfür der Begriff der Triangulation benutzt. Triangulation meint, von mehreren Winkeln aus zu schauen, mehrere Datenquellen zu benutzen.

Viertens gehört zur Kultur authentischer Evaluation, dass das Grundmuster der Kommunikation dialogisch ist. Dialogisch vorgehen heißt auch, die Kriterien und Indikatoren, nach denen evaluiert wird, untereinander zu klären. Es müssen gemeinsame Zielvereinbarungen ausgehandelt werden, intern mit anderen Kolleginnen und Kollegen und – bei externer Evaluation – mit den Behörden.

Unter Evaluationskultur verstehen wir in erster Linie die Herstellung von Transparenz und Akzeptanz. Es muss so etwas wie Zuverlässigkeit geben und Verfahren müssen transparent sein. Vertrauen muss – wie Niklas Luhmann sagt – durch Verfahren hergestellt werden und darf nicht nur vom Glauben an einzelne Personen abhängen. Das setzt voraus:

- Den Nutzen antizipieren; also deutlich machen, wozu die Evaluation eigentlich dient, ob sie die Selbstreflexion der Lehrpersonen fördert und die Entwicklungsprozesse steuern hilft.
- Einen Evaluationsausschuss bilden. Dies sollte die Steuergruppe übernehmen. Niemand sollte alleine evaluieren, schon aus Gründen der kommunikativen Validierung nicht. Evaluation darf also nicht allein durch die Schulleitung geschehen. Deren Funktion besteht vielmehr darin, einen Ausschuss zu bilden, Personenschutz zu sichern, rechtliche Fragen zu klären und für anspruchsvolle, professionelle Verfahren sowie für die Umsetzung der Ergebnisse zu sorgen.
- Klein anfangen; also für UE keine Breitbandevaluation durchführen, sondern eine Fokus- bzw. Bereichsevaluation für ein Fach oder einen Entwicklungsschwerpunkt.
- Interne Berichte erstellen. Erfahrungen aus anderen Ländern, z.B. Schweden, zeigen, dass Berichte nicht länger als 15 Seiten lang sein sollten, damit sie noch rezipierbar sind. Das Kollegium entscheidet mit, was von diesen Berichten nach außen geht.

- Vorhandene Daten nutzen. Daten müssen nicht immer neu erhoben werden. An vielen Schulen finden sich riesige »Datenfriedhöfe«, auf denen die Daten bisher nur ruhen, also nicht genutzt werden, z.B. die »Oktoberstatistik«.
- Vorhandene Instrumente übernehmen und modifizieren: Instrumente müssen nicht immer wieder neu erfunden werden. Vorhandene Instrumente sollen aber an die eigene Situation, die eigene Fragestellung angepasst, können also nicht einfach übernommen werden.
- Feedback üben. Entscheidend bei Evaluation ist, dass man über die Ergebnisse spricht, dass man sie kommunikativ validiert. Und man muss denjenigen, von denen die Daten stammen, Feedback geben. Das verlangt nach einer pädagogischen Grundqualifikation, die zwar trivial erscheint, aber schwierig ist und deshalb trainiert werden muss.
- Konsequenzen aus der Evaluation ziehen, sonst tritt ihr Nutzen nicht zutage.

Evaluation ist ein unverzichtbarer Bestandteil der Erstellung und erst recht der Verwirklichung von Unterrichtsentwicklung. Sie sollte – will sie der Schulentwicklung und der Qualitätssicherung dienen – in erster Linie Selbstevaluation sein. Die Initiierung von Evaluationsprozessen muss also von den Schulen selbst ausgehen.

Selbstevaluation reicht allerdings nicht aus. Deshalb bedarf es auch der externen Evaluation. Diese darf den Schulen allerdings nicht »übergestülpt«, sondern muss mit ihnen vereinbart werden. Dies zu organisieren und auszuhandeln ist in erster Linie Aufgabe der Schulleitung.

Dabei geht es nicht darum, Evaluation anzuordnen. Es geht auch nicht darum, um Vertrauen zu buhlen. Es geht darum, Akzeptanz durch transparente und dialogische Verfahren zu erzielen. Dabei sind leitende Prinzipien: Fassadenevaluation vermeiden durch realistische Berichterstattung und authentische Analysen, schuleigene Wege gehen und die Erfahrungen miteinander auswerten.

Schulleitungen sind beim Aufbau einer Evaluationskultur dreifach gefordert. Sie müssen führen, managen und moderieren. Etwas locker, aber durchaus pointiert, könnte man formulieren, dass UE durch Schieben, Schätzen und Schonen stattfindet.

- *Schieben* heißt initiieren, wie in III, 2 beschrieben. Aber es ist mit dem Initiieren nicht getan. Die Schulleitung muss darauf achten, dass Prozesse weitergehen, auch wenn es Schwierigkeiten und Durchhänger gibt. Ein Know-how in Projektmanagement mag hier nützlich sein, vor allem, wenn dabei »Meilensteine« gesetzt und eine Selbstkontrolle des Projektteams eine Rolle spielt.
Die Qualität von Schule ist auch daran zu erkennen, dass die Lehrpersonen zusammen daran arbeiten, gemeinsame Ziele zu entwickeln. Gemeinsame Ziele resultieren nicht nur daraus, die Visionen einzelner Lehrkräfte und von Gruppen von Lehrkräften unter einen Hut zu bringen, sondern sie darüber hinaus mit einer Reihe externer Visionen über guten Unterricht in Einklang zu bringen, die Schulen berücksichtigen müssen.

Gemeinsames Handeln, um etwas zustande zu bringen, bedeutet, sich gezielt vorwärts bewegen, Dinge angehen, für die eine realistische Chance auf Erfolg besteht, in einer gesunden Mischung von Veränderung und Stabilität, von Weiterentwicklung und Erhaltung. Schulleiterinnen und Schulleiter nehmen auf diesen Gebieten eine entscheidende Rolle ein. Sie müssen der Unterrichtspraxis nahe bleiben und die Kommunikationskanäle offen halten. Schulen, die zu hierarchisch sind, betonen die Distanz zwischen Menschen und tragen nicht zur Zusammenarbeit und Arbeitsteilung bei. Schulen werden gestärkt, wenn sie neben den Lehrkräften andere Gruppen in diesen Prozess einbeziehen, vor allem die Eltern, das lokale Umfeld und die jungen Menschen selbst.

- *Schätzen* hat einen Doppelsinn: Einmal geht es um die Fähigkeit zur Selbsteinschätzung im Sinne von Evaluation, zum anderen um eine Kultur der Würdigung anderer Personen, deren Eigenarten und Leistungen. Schulleitung sollte beides fördern.

  Erfolgreiche Schulen sind jene, die einen realistischen Blick auf die gegenwärtige Qualität des Unterrichts zu werfen und zu teilen gewillt sind. Solche Praxisreflexion betrifft sowohl einzelne Lehrpersonen (und auch die Leitung) als auch Gremien und Arbeitsstrukturen. Dass Selbsteinschätzung hin und wieder nach einer Spiegelung von außen verlangt, sei hier nur am Rande vermerkt.

  Ebenso wichtig ist der zweite Aspekt des »Schätzens«: Unterricht zu entwickeln, wobei Menschen Gefühle, Ideen, Probleme und Erfolge teilen und sich gerne gegenseitig ihre Fach- und Sachkenntnisse sowie Unterstützung anbieten, kann ein schwieriger und langsamer Prozess sein. Oft bedeutet er zuallererst, das Selbstvertrauen der Lehrkräfte durch Hervorhebung ihrer Erfolge, durch Vertrauen und Übertragung von Verantwortung zu stärken.

  Neigung zu Kritik und Beurteilung macht Zusammenarbeit schwieriger, während Verständnis für die Lage, die Gefühle und Bestrebungen der anderen hilft.

- *Schonen* ist ein Aspekt, der häufig übersehen wird – und doch gehört er konstitutiv dazu. Es geht im Kern darum, dass die Schulleitung »kontrolliert«, dass sich keine Lehrkraft gesundheitlich übernimmt, niemand (z.B. durch Evaluation des Unterrichts) an den Pranger gestellt wird, die Arbeit untereinander so gerecht wie möglich aufgeteilt ist, nicht übermäßig viele Projekte gleichzeitig durchgeführt werden und sich lebendige Streitkultur strikt von Mobbing unterscheidet.

Unterrichtsentwicklung verlangt nach einer in diesem Sinne lernfähigen Schule. Es muss jeder am Prozess beteiligten Person klar sein, dass wichtige Entwicklungen nicht über Nacht passieren und nicht als Resultat isolierter Einzelveranstaltungen, auch dass Probleme ein unvermeidliches und wesentliches Element jedes Entwicklungsprozesses sind. Wenn dieses allerdings klar und akzeptiert ist, wird Unterrichtsentwicklung zur Basis innerer Schulreform.

Literaturverzeichnis

Altrichter, H./Posch, P.: Lehrer erforschen ihren Unterricht. Eine Einführung in die Methoden der Aktionsforschung. Bad Heilbrunn ³1998.
Altrichter, H./Posch, P.: Möglichkeiten und Grenzen der Qualitätsevaluation und Qualitätsentwicklung im Schulwesen. Innsbruck/Wien 1997.
Aronsen, E.N. et al.: The Jigsaw Classroom. Beverly Hills 1978.
Baumert, J.: Ansprüche an den Unterricht in heutiger Zeit. In: LSW (Hrsg.): Fächerübergreifendes Arbeiten. Landesweite Fachtagung. Soest 1997.
Baumgartner, I. u.a.: OE-Prozesse. Die Prinzipien systemischer Organisationsentwicklung. Bern 1988.
Becker, G.E.: Unterricht beurteilen und auswerten. Weinheim und Basel ⁶1998.
Bildungskommission NRW. Zukunft der Bildung – Schule der Zukunft. Neuwied 1995.
BLK (Hrsg.): Gutachten zur Vorbereitung des Programms »Steigerung der Effizienz des mathematisch-naturwissenschaftlichen Unterrichts«. Bonn 1997.
Bourdieu, P.: Die feinen Unterschiede. Frankfurt a.M. 1983.
Brater, M.: Schule und Ausbildung im Zeichen der Individualisierung. In: Beck, U. (Hrsg.): Kinder der Freiheit. Frankfurt a.M. 1997.
Bruer, J.T.: Brain Science, Brain Fiction. In: Educational Leadership 3 (1998) 56, S. 14–18.
Buchen, H./Horster, L./Rolff, H.-G. (Hrsg.): Schulleitung und Schulentwicklung. Berlin 1995ff.
Buchen, H./Horster, L./Rolff, H.-G. (Hrsg.): Unterricht und Schulentwicklung. Berlin 1998.
Buhren, C.G./Rolff, H.-G.: Qualitätsevaluation mit Qualitätsindikatoren. Die Entwicklung begründeter Bewertungsurteile. In: Buchen, H./Horster, L./Rolff, H.-G. (Hrsg.): Schulleitung und Schulentwicklung. Berlin 1995ff.
Buhren, C.G.: Lehrerbeurteilung – und was SchülerInnen dazu beitragen können. In: Journal für Schulentwicklung 1/1999.
Buhren, C./Killus, D./Müller, S.: Qualitätsindikatoren für Schule und Unterricht. Dortmund 1999.
Buhren, C./Rolff, H.-G.: Qualitätsevaluation mit Qualitätsindikatoren. In: Buchen, H. u.a. (Hrsg.): Schulleitung und Schulentwicklung. Berlin 1998.
Burkard, C./Eikenbusch, G.: Praxishandbuch Evaluation. Berlin 2000.
Castells, M.: Überleben im Netzwerk. In: Der Spiegel 14/2000, S. 148–152.
Dalin, P./Rolff, H.-G./Buchen, H.: Institutioneller Schulentwicklungs-Prozess. Bönen 1995
Dalin, P./Rolff, H.-G./Buchen, H.: Institutioneller Schulentwicklungsprozess. Ein Handbuch. Bönen 1995 (zuerst 1990).
Decker, F.S.: Die neuen Methoden des Lernens und der Veränderung. Lern- und Organisationsentwicklung mit NLP, Kinesiologie und Mentalpädagogik. München/Lichtenau 1995.
Ditton, H.: Qualitätskontrolle in Schule und Unterricht. In: Helmke, A./Hornstein, W./Terhart, E. (Hrsg.): Qualitätssicherung im Bildungsbereich. 41. Beiheft der Zeitschrift für Pädagogik. Weinheim 1999.
Dubs, R.: Lehrerverhalten. Zürich 1995.
Dubs, R.: Qualitätsmanagement für Schulen. Landesinstitut für Schule und Weiterbildung, Soest 1998.
Eggenberg, F./Hollenstein, A.: mosima. Unterrichtsvorschläge für das 6. bis 9. Schuljahr. Zürich 1999.

Eikenbusch, G.: Systematische Planungs- und Entwicklungsgespräche in der Schule. In: Organisationsberatung – Supervision – Clinical Management 2 (1995) 1, S. 123–139.
Einsiedler, W.: Unterrichtsqualität und Leistungsentwicklung. In: Weinert, F.E./Helmke, A. (Hrsg.): Entwicklung im Grundschulalter. Weinheim und Basel 1997.
Endres, W. u.a.: So macht Lernen Spaß. Praktische Lerntipps für Schüler und Schülerinnen (11–16 Jahre). Weinheim und Basel [16]2000.
Endres, W.: 99 starke Lerntipps (6.–10. Klasse). Weinheim und Basel [2]1998.
Engel, P.: Japanische Organisationsprinzipien. Verbesserung der Produktivität durch Qualitätszirkel. Zürich 1981.
Focus: Wie klug sind die Deutschen. 25/1999.
French, W.L./Bell, C.H.: Organisationsentwicklung. Bern [3]1990.
Frommer, H./Körsgen, S.: Über das Fach hinaus. Fachübergreifender Unterricht, Praktisches Lernen, Pädagogische Tradition. Düsseldorf 1989.
Fullan, M.: Schulentwicklung im Jahr 2000. In: Journal Schulentwicklung 4(2000)4.
Gardner, H.: Frames of Mind – The Theory of Multiple Intelligences. New York 1983 (dt.: Abschied vom IQ. Stuttgart 1991).
Gardner, H.: Multiple Intelligences. The Theory in Practise. New York 1993.
Glasersfeld, E. v.: Radikaler Konstruktivismus. Frankfurt a.M. 1996.
Goleman, D.: Emotionale Intelligenz. München 1997.
Gudjons, H.: Didaktik zum Anfassen. Lehrer/in-Persönlichkeit und lebendiger Unterricht. Bad Heilbrunn 1982.
Gugel, G.: Methoden-Manual I: »Neues Lernen«. Tausend Praxisvorschläge für Schule und Lehrerbildung. Weinheim und Basel [3]2000.
Habermas, J.: Die neue Unübersichtlichkeit. Frankfurt a.M. 1985.
Haenisch, H.: Gute und schlechte Schulen im Spiegel der empirischen Schulforschung. In: Westermanns Pädagogische Beiträge 7/8 (1986) 3+6.
Hasselhorn, M.: Metakognition. In: Rost, D.H. (Hrsg.): Handwörterbuch Pädagogische Psychologie. Weinheim 1998, S. 348–351.
Helmke, A./Schrader, F.-W.: Determinanten der Schulleistung. In: D.H. Rost (Hrsg.): Handwörterbuch Pädagogische Psychologie. Weinheim 1998, S. 60–67.
Helmke, A./Weinert, F.E.: Bedingungsfaktoren schulischer Leistungen. In: Weinert, F.E./Helmke, A. (Hrsg.): Entwicklung im Grundschulalter. Weinheim und Basel 1997.
Helmke, A./Weinert, F.E.: Unterrichtsqualität und Leistungsentwicklung: Ergebnisse aus dem Scholastik-Projekt. In: Weinert, F.E./Helmke, A.: (1997), a. a .O..
Helmke, A.: Leistungssteigerung und Ausgleich von Leistungsunterschieden in Schulklassen. In: Zeitschrift für Entwicklungspsychologie und Pädagogische Psychologie 10 (1988) 1, S. 45–76.
Hentig, H.v.: Ach, die Werte. München 1999.
Horster, L.: Wie Schulen sich entwickeln können. Der Beitrag der Organisationsentwicklung für schulinterne Projekte. Bönen 1996.
Horster, L.: Schulentwicklung im Dialog. Zur Bedeutung intermediärer Systeme. In: Schulverwaltung 3 (1997) 1.
Hüholdt, J.: Wunderland des Lernens. Lernbiologie, Lernmethodik, Lerntechnik. Bochum [8]1998.
Hurrelmann, K./Ulich, D. (Hrsg.): Handbuch der Sozialisationsforschung. Weinheim und Basel [5]1998.
Hussong, M./Schütt, A./Stuflesser, B.: Textanalyse optisch. Düsseldorf 1971.
Ingenkamp, K.H.: Die Fragwürdigkeit der Zensurengebung. Weinheim und Basel [9]1995.
Joyce, B./Showers, B.: Student Achievement through Staff Development. New York [2]1995.
Kagan, S.: The Structural Approach to Cooperative Learning. In: Educational Leadership, Dec. 89/Jan. 90, pp. 12–15.
Kagan, S./Kagan, M.: Multiple Intelligences. San Clemente 1998.

Kanders, M./Rösner, E./Rolff, H.-G.: Das Bild der Schule aus der Sicht von Schülern und Lehrern. Bonn 1977.
Kempfert, G./Rolff, H.-G.: Pädagogische Qualitätsentwicklung. Weinheim und Basel ²2000.
Kline, P.: Das alltägliche Genie oder: Wie man sich in das Lernen (neu) verlieben kann. Paderborn 1997.
Klippert, H.: Kommunikations-Training. Übungsbausteine für den Unterricht. Weinheim und Basel ⁸2001.
Klippert, H.: Methodentraining. Übungsbausteine für den Unterricht. Weinheim und Basel ¹¹2000.
Klippert, H.: Schule entwickeln – Unterricht neu gestalten. In: Pädagogik 2/1997, S. 13.
Klippert, H.: Teamentwicklung im Klassenraum. Übungsbausteine für den Unterricht. Weinheim und Basel ⁴2000.
Klippert, H.: Unterrichtsentwicklung, Methodentraining als Basisstrategie. In: Buchen, H./Horster, L./Rolff, H.-G. (Hrsg.): Schulleitung und Schulentwicklung. Berlin 1998.
KM NRW (Hrsg.): Richtlinien und Lehrpläne. Gymnasium Sekundarstufe I. Frechen 1993.
Korte, J.: Schulreform im Klassenzimmer. Weinheim und Basel 1998.
Kreibich, R.: Die Wissensgesellschaft. Frankfurt a.M. 1986.
Labudde, P.: Thesen zur Steigerung der Effizienz des mathematisch-naturwissenschaftlichen Unterrichts. Veröffentlicht als Thesenpapier im Rahmen der Fachtagung des MSWWF »Sicherung und Entwicklung der Qualität des mathematisch-naturwissenschaftlichen Unterrichts an allgemeinbildenden Schulen«. 10. November 1998 in Dortmund.
Landesinstitut für Schule und Weiterbildung (Hrsg.): Evaluation und Schulentwicklung. Bönen 1995.
Landesinstitut für Schule und Weiterbildung: Schulentwicklung und Schulaufsicht (Quess). Bönen 1998.
Landesinstitut für Schule und Weiterbildung (Hrsg.): Richtlinien- und Lehrplanentwürfe, Deutsch. Gymnasiale Oberstufe NRW. Oktober 1998.
Landwehr, N.: Neue Wege der Wissensvermittlung. Aarau 1994.
Langhammer, R.: Lehrvortrag – »Gut« gemacht. Einige kommunikative und rhetorische Hilfen. In: Pädagogik 5 (1998) 5.
Lohre, W. (Hrsg.): Heinz Klippert – Auf dem Wege zu einer neuen Lernkultur. Gütersloh 1999.
Ludwig-Tauber, M.: Der Unterrichtsbesuch in der Aufsicht und Beratung von Lehrpersonen. In: Beiträge zur Lehrerbildung 1 (1995), S. 50–59.
Meersmann, W. (Hrsg.): Die Fundgrube für den Erdkunde-Unterricht. Berlin 1998.
Meyer, H.: Leitfaden zur Schul(programm)entwicklung. Oldenburg 1999.
Meyer, H.: Schulpädagogik, Bd. II. Berlin 1997.
Meyer, H.: Unterrichtsmethoden I. Frankfurt a.M. 1988.
Meyer, H.: Unterrichts-Methoden I: Theorieband. Frankfurt a.M. 1994.
Miller, R.: Beziehungsdidaktik. Weinheim und Basel ³1999.
Miller, R.: Lehrer lernen. Ein pädagogisches Arbeitsbuch. Weinheim und Basel 1999.
MSWWF (Hrsg.): »Qualität als gemeinsame Aufgabe«. Rahmenkonzept »Qualitätsentwicklung und Qualitätssicherung schulischer Arbeit«. Schriftenreihe Schule in NRW, Nr. 9029. Düsseldorf 1998.
Pädagogik Heft 2/1999: Praxishilfen Schulentwicklung. Weinheim.
Philipp, E./Rolff, H.-G.: Leitbilder und Schulprogramme entwickeln. Weinheim und Basel ³1999.
Philipp, E.: Gute Schule verwirklichen. Ein Arbeitsbuch mit Methoden, Übungen und Beispielen der Organisationsentwicklung. Weinheim und Basel ⁴1996.
Pädagogisches Institut (Hrsg.): Erfolgreich Lehren und Lernen. Nürnberg 1999.
Prognos/Infratest Burke: DELPHI-Befragung 1996/98 über »Potentiale und Dimensionen der Wissensgesellschaft«. München/Basel 1998.

Projektgruppe Praktisches Lernen (Hrsg.): Bewegte Praxis. Praktisches Lernen und Schulreform. Weinheim und Basel 1998.
Rolff, H.-G.: Soziologie der Schulreform. Weinheim/Basel (Beltz) 1980.
Rolff, H.-G./Zimmermann, P.: Kindheit im Wandel. Weinheim und Basel ^{5}1997.
Rolff, H.-G.: Unterrichtsentwicklung durch Qualitätszirkel. In: Buchen, H./Horster, L./Rolff, H.-G. (Hrsg.): Schulleitung und Schulentwicklung. Berlin 1998.
Rolff, H.-G. u.a. (Hrsg.): Jahrbuch der Schulentwicklung, Bd. 10. Weinheim/Basel (Beltz) 1998.
Rolff, H.-G. u.a.: Manual Schulentwicklung. Weinheim und Basel ^{2}1999.
Rolff, H.-G.: Wandel durch Selbstorganisation. Weinheim/Basel (Beltz) ^{2}1995.
Rolheiser, C. (Ed.): Self-Evaluation. Helping Students Get Better At It. Toronto 1996.
Rosenbladt, B.v. (Hrsg.): Bildung in der Wissenschaft. Münster 1999.
Salovey, P./Mayer, J.D.: Emotional Intelligence. In: Imagination, Cognition and Personality, 9 (1990), pp. 185–211.
Salzburger Projektgruppe »Feedback-Materialien« (Hrsg.): Feedback-Materialien zur Qualitätsentwicklung. Pilotversion 1997. Universität Salzburg.
Schley, W.: Change Management. In: Altrichter u.a. (Hrsg.): Handbuch zur Schulentwicklung. Innsbruck 1998.
Schmuck, R. et al.: Handbook of Organization Development in Schools. Palo Alto 1972.
Schräder-Naef, R.: Schüler lernen Lernen. Vermittlung von Lern- und Arbeitstechniken in der Schule. Weinheim und Basel ^{6}1996.
Schratz, M./Steiner-Löffler, U.: Die lernende Schule. Arbeitsbuch pädagogische Schulentwicklung. Weinheim und Basel ^{2}1999.
Schratz, M.: Gemeinsam Schule lebendig gestalten. Anregungen zur Schulentwicklung und didaktischen Erneuerung. Weinheim und Basel 1996.
Schratz, M.: Schulleitung als change agent. In: Altrichter u.a. (Hrsg.): Handbuch zur Schulentwicklung. Innsbruck 1998.
Schubert, M.: Qualitätszirkel. In: Masing, W. (Hrsg.): Handbuch Qualitätsmanagement. München 1994, S. 1075–1100.
Sliwka, A.: Was ist guter Unterricht? In: Journal Schulentwicklung, 2 (2000) 4.
Stehr, N.: Arbeit, Eigentum und Wissen. Frankfurt a.M. 1994.
Strittmatter, A.: Evaluation: »Eine knüppelharte Sache«. In: Pädagogik 5 (1997) 49.
Terhart, E.: Konstruktivismus und Unterricht. In: Zeitschrift für Pädagogik 5 (1999) 45.
Tillmann, K.J. (Hrsg.): Was ist eine gute Schule? Hamburg 1989.
Utz, H.: Das »Abenteuer« Feedback. Schüler bewerten den Unterricht. In: Buchen, H./Horster, L./Rolff, H.-G. (Hrsg.): Schulleitung und Schulentwicklung. Berlin 1995.
Vaupel, D.: Das Wochenplanbuch. Schritte zum selbständigen Lernen. Weinheim und Basel ^{3}1998.
Vester, F.: Denken, Lernen, Vergessen. München ^{19}1992.
Weinert, F.E. (Hrsg.): Enzyklopädie der Psychologie. Serie Pädagogische Psychologie, Band 3: Psychologie des Unterrichts und der Schule. Göttingen 1997, S. 71–176.
Weinert, F.E./Helmke, A. (Hrsg.): Entwicklung im Grundschulalter. Weinheim und Basel 1997.
Weinert, F.E.: Ansprüche an das Lernen in der heutigen Zeit. In: LSW (Hrsg.): Fächerübergreifendes Arbeiten. Dokumentation einer landesweiten Fachtagung. Soest 1997.
Weinert, F.E.: Die fünf Irrtümer der Schulreformer. In: Psychologie heute 7 (1999) 29, S. 28–34.
Werning, R.: Konstruktivismus – eine Anregung für die Pädagogik. In: Pädagogik 7–8 (1998) 50, S. 39–41.
Willke, H.: Supervision des Staates. Frankfurt a.M. 1997.
Wöbken-Ekert, G.: »Vor der Pause habe ich richtig Angst.« Gewalt und Mobbing unter Jugendlichen. Was man dagegen tun kann. Frankfurt a.M. 1998.
Wolf, P./Brandt, R.: What Do We Know from Brain Research? In: Educational Leadership 3 (1998) 56, S. 8–13.

Die Schule entwickeln

Elmar Philipp / Hans-Günter Rolff
**Schulprogramme
und Leitbilder entwickeln**
2. Auflage 1999. 128 Seiten. Broschiert.
ISBN 3-407-25199-8

Detailliert und beispielhaft werden die einzelnen Schritte der Arbeit am Schulprogramm beschrieben: »Der erste Schritt ist der halbe Weg« könnte auch das Motto des Einstiegs sein; »Keine Maßnahme ohne Diagnose« beschreibt das Grundprinzip jedweder Schulentwicklung. Mit der Vorstellung praktizierbarer Planungsverfahren wird gezeigt, wie Entwicklungsschwerpunkte gemeinsam gesetzt und realisiert werden. Die Rolle von Steuergruppen und der Aufbau von Teamstrukturen wird dargelegt. Zum Schwierigsten gehört in mancher Schule, wie sich 50 und mehr Menschen auf einen Text einigen können; denn das Schulprogramm muss aufgeschrieben werden. Auch hierzu gibt es Arbeitshilfen. Gelungene Fallbeispiele von Schulprogrammentwicklung in unterschiedlichen Schulformen ergänzen den Band.

»Im Mittelpunkt stehen jedoch nicht theoretische Erörterungen, sondern ganz konkrete Schritte, die praxisnah dargestellt und erläutert werden. Und genau diese durchgehende Perspektive macht dieses Buch so hilfreich, denn bei allen Schritten wird deutlich, dass die Entwicklung eines Schulprogramms nur gemeinschaftlich durchgeführt werden kann (...) Und diese Kommunikations- und Teamfähigkeit umschließt alle Mitglieder des Kollegiums - auch und gerade die Schulleitung. Ein ebenso informatives wie hilfreiches Buch.«
Schulmagazin

»Das Buch kommt den LeserInnen entgegen, die sich an die Arbeit machen, in den Analyseprozess und die konkrete Planung einzusteigen.«
Neue deutsche Schule

Beltz Verlag · Postfach 10 01 54 · 69441 Weinheim · www.beltz.de

Die Schule entwickeln

Hans-Günter Rolff / Claus G. Buhren / Detlev Lindau-Bank / Sabine Müller
Manual Schulentwicklung
Handlungskonzept zur pädagogischen Schulentwicklungsberatung (SchuB)
2. Auflage 1999. 366 Seiten. Gebunden.
ISBN 3-407-25219-6

Ein umfassendes Handlungskonzept zur pädagogischen Schulentwicklungsberatung (SchuB). Es ist entstanden auf dem Hintergrund langjähriger Forschungs- und Praxiserfahrung in der Beratung von Schulen und der Fortbildung von Lehrern, Schulleitung und Schulaufsicht.
Die Ausbildungsinhalte zur pädagogischen Schulentwicklungsberatung werden konkret und anschaulich beschrieben und die vielfältigen Handlungsfelder und Arbeitsbereiche der Berater dargestellt:

- Arbeit mit Steuergruppen,
- Diagnostizieren,
- Ziele klären,
- Projekte planen,
- Unterricht entwickeln,
- mit Konflikten umgehen,
- Schulleitung beraten,
- Schulprogramme entwickeln,
- Evaluieren und Supervision

sind einige der Themen, die praxisnah, verständlich und anwendungsbezogen dargestellt werden. Dabei liefert jedes Kapitel neben einer kurzen theoriegeleiteten Einführung eine Vielzahl von Anregungen, Materialien, Übungen und Beispielen für die Beratungspraxis. (Mit Kopiervorlagen.)

»Dabei wird jeder Aspekt ausführlich beleuchtet und die damit verbundenen Arbeitsprozesse werden durch die im Anhang mitgelieferten Übungshinweise und Kopiervorlagen unterstützt.«
Lernende Schule

Beltz Verlag · Postfach 10 01 54 · 69441 Weinheim · www.beltz.de